비스마르크

독일 제국을 구축한 정치외교술

BISMARCK : DOITSU TEIKOKU WO KIZUITA SEIJI GAIKOUJUTSU

by Yosuke IIDA

ⓒ 2015 Yosuke IIDA

Korean translation copyright ⓒ 2022 by HanulMPlus Inc.

First published in Japan by CHUOKORON-SHINSHA, INC.

Korean translation rights arranged with CHUOKORON-SHINSHA, INC.

through Imprima Korea Agency.

비스마르크

독일 제국을 구축한 정치외교술

ビスマルク

ドイツ帝国を築いた政治外交術

이이다 요스케(飯田洋介) 지음

이용빈 옮김

한울

한국어판 서문

이 책은 19세기 프로이센·독일의 정치가 오토 폰 비스마르크에 대한 평전(評傳)이며, 그의 탄생 200주년에 해당하는 2015년에 일본에서 출판되었다. 그로부터 7년의 세월이 흐른 이후, 이번에 한국에서 이 책의 '한국어판'이 출판된다는 소식을 접하게 되었다. 필자로서는 더할 나위 없는 기쁨이며, 이 책을 번역해 주신 이용빈 연구원과 출간해 주신 한울엠플러스(주)를 포함한 모든 관계자 분들에게 진심으로 감사의 말씀을 전해 드리고자 한다.

최근 7년 동안에도 비스마르크는 현대에 '소환(召喚)'되어졌다. 독일 제국의 창건 150주년에 해당하는 2021년에 비스마르크 재단에 의한 특별전시회 개최 및 관련 강연회가 독일에서 행해졌으며, 그에 의해 창건된 독일 제국이 후세에 어떠한 영향을 미쳤는지에 대해 경축하는 분위기와는 다소 거리감이 있는 비판적인 회고가 이루어지기도 했다. 혹은 그 전년(2020년)에는 [당시 식민지 정책에 연루되었던 역사적인 인물에 대한 기념비가 반(反)인종차별운동에 의해 파괴되는 사건이 연이어 발생하는 가운데] 베를린 및 함부르크에 있는 비스마르크 동상도 누군가에 의해 페인트 칠을 당하며 훼손되어 화제가 되었다.● 이러한 사건이

● 다만 비스마르크는 식민지의 확장을 선호하지 않았다는 평가를 받고 있기도 하다. _옮긴이 주

때로는 정치 정세 및 정치가를 논할 때에 인용되며 논해지는 일도 있었다.

그런데 여기에서 문제가 되는 것은 이처럼 현대에 '소환'되고 있는 비스마르크 상(像) 및 비스마르크 이미지가 과연 어디까지 그의 실태(實態)에 입각해 있는가 하는 점이다. 그것은 반드시 사실이라고는 단언할 수 없으며, 그가 사망한 이후 신화화(神話化)되고 증폭된 것이 아닐까 한다. 학계에서는 비스마르크의 '탈(脫)신화화'가 진행되고 있지만, 그럼에도 종종 비스마르크의 허상(虛像)을 지금도 발견하게 될 때도 있다. 이와 관련해 한국의 경우에는 어떠한지 궁금하다.

이 책에서는 최신의 연구 동향에 입각하고 1차 사료(一次史料)에 근거해 실증적으로 논하면서 등신대(等身大)의 비스마르크에 접근하고자 많은 노력을 기울였다. 그것이 지금까지 성공을 거두고 있는지 여부는 독자 분들의 판단에 맡길 수밖에 없겠지만, 이 책을 통해 비스마르크의 실상(實像) 가운데 일부분이라도 모든 분들에게 전달함으로써, 기존에 품었던 '비스마르크 이미지'를 제고시키는 데 조금이라도 기여할 수 있다면 기쁜 일이라고 할 수 있을 것이다.

2022년 6월
이이다 요스케

머리말

　이 책의 주인공인 오토 폰 비스마르크(Otto von Bismarck, 1815~1898)는 19세기 독일이 낳은 최대의 정치가이자 당시 유럽 굴지의 대정치가였다고 평가해도 과언이 아닐 것이다. 그 이유는 그가 성취한 것, 혹은 그가 초래한 것을 살펴본다면 자연스럽게 눈에 들어올 것이다.

　그의 주도 아래에서 장기간 분열 상태에 있던 독일은 국민국가로서 통일을 이루어, 1871년에 독일 제국이 창건되었다. 이에 수반된 세 차례의 전쟁(이른바 독일 통일전쟁)의 결과, 덴마크는 근대 이전 시기에 계속되어왔던 슐레스비히(Schleswig)·홀슈타인(Holstein)과의 연계가 사라지게 되었다. 또한 신성로마제국 이래 독일을 구성해왔던 오스트리아는 거기에서 배제되었고, 게다가 '이중 군주제'(아우스구라히 체제)로 체제 변동에 내몰리게 되었다. 프랑스는 제2제정이 붕괴되고 새롭게 제3공화정이 발족했으며, 패전과 영토 상실의 경험으로 인해 독일에 대해서 격렬한 복수심을 갖게 된다. 이것이 그 이후 독일-프랑스 대립을 초래하여 제1차 세계대전의 중요한 복선이 되었던 것은 주지하는 바와 같다.

　그렇지만 비스마르크가 성취한 것, 혹은 초래한 것은 이것뿐만이 아니다. 그의 아래에서 독일 제국의 수도 베를린은 국제정치의 중심지가 되었다. 그의 교묘한 외교정책에 의해 독일을 중심으로 '비스마르크 체제'라고 일컬어지는

오토 폰 비스마르크

하나의 거대한 동맹 네트워크가 형성되었다. 거기에서 그가 주최했던 두 차례의 대규모 국제회의에 의해 발칸 반도를 둘러싼 유럽 열강 간의 전쟁은 회피되었고 아프리카 대륙에서의 열강 간의 식민지를 둘러싼 대립도 일시적이기는 했지만 평화 속에 조정되었다.

독일 국내로 눈을 돌려보면 그에 의해 제국 수준에서의 보통선거제도나 근대적인 사회보험제도가 도입되었고, 교육을 위시한 시민생활의 세속화가 추진되어, 20세기에 본격적으로 도래하는 대중민주주의를 향한 길이 열리게 되었다. 또한 그의 아래에서 독일은 동시대 다른 유럽 열강과 마찬가지로 해외 식민지 보유국이 되었다. 파푸아뉴기니에는 현재도 그의 이름을 붙인 제도(諸島)

가 존재하고 있다. 그렇지만 이러한 독일 식민지 정책은 후에 제국주의의 조류 아래에서 '세계정책'과 연동되어 제1차 세계대전을 초래하게 되는 커다란 원인이 되어버리기도 한다.

이와 같이 보면 19세기 후반에서 제1차 세계대전에 이르기까지의 독일, 나아가서는 유럽의 역사에서 비스마르크는 피해서 지나갈 수 없는 존재이며 그의 공적 및 영향력은 막강한 것으로 결코 간과할 수 없다고 할 수 있다.

압도적이기까지 한 그의 존재감 및 영향력은 결코 독일과 유럽에 그치지 않았다. 메이지유신 이후 일본의 역사를 본다면 이와쿠니 사절단(岩倉使節團, 1871~1873)의 경험도 있어서 오쿠보 도시미치(大久保利通)와 이토 히로부미(伊藤博文), 나아가서는 야마가타 아리토모(山縣有朋) 등 메이지의 원훈이 경외하고 동경하거나 혹은 비판적인 눈으로 바라보면서도 근대화를 추진하는 데에 비스마르크를 중요한 모델로서 자리매김했던 것은 잘 알려져 있다. 청조 시기의 중국에서도 독일에 대한 관심이 높아서 1896년에 리훙장(李鴻章)이 러시아 황제 니콜라이 2세의 대관식 후에 프리드리히스루(Friedrichsruh)에 은거하고 있는 비스마르크를 특별히 방문하여, 청일전쟁 이후 중국이 지향해야 할 방향성에 대해서 조언을 구했던 바가 있다. 이렇게 보면 각국에 의해 정도의 차이는 있지만 실로 19세기의 세계사를 살펴보는 데에 있어서 결코 무시할 수 없는 거대한 존재였다고 평가할 수 있을 것이다.

그렇지만 비스마르크의 평가를 둘러싸고는 이제까지 커다란 동요가 보이는데, 역사학계에서는 '비스마르크 문제'로서 격렬한 논쟁이 전개되어왔다. 제2차 세계대전 직후까지는 그가 퇴진한 직후에 발생한 비스마르크 숭배의 현상, 이른바 '비스마르크 신화'(상세한 내용은 제7장 참조)의 영향도 있어서 독일을 건국한 국민적 '영웅', 나아가서는 '영령(英靈)'으로서 비스마르크를 찬미에 가까운 형태로 평가하는 것이 압도적이었다. 그렇지만 제2차 세계대전 이후부터 그를 비판적으로 평가하는 연구가 두드러지게 되고, 1960년대 후반 이래가 되자, 의회주의를 억제하고 나치즘에서도 일관되는 지배구조를 구축했다고 하며 그를 '악령(惡靈)' 혹은 '아돌프 히틀러의 선구자'로서 단죄하는 일마저 볼 수 있게 되었다.

비스마르크 탄생 200주년의 시기에 해당하는 2015년 현재, 계속해서 요동치는 비스마르크 평가는 어느 정도 결론이 내려지고 있다. 다소의 예외 자체는 보이고 있지만, 과거와 같이 그를 영웅시하고 현저하게 칭찬하는 일도 없는가 하면, 히틀러와 직접 결부시켜 단죄하는 것도 거의 보이지 않고 있다. 그를 둘러싼 시대 상황 속에서 그 인물상에 접근하든지, 아니면 어느 특정의 주제를 설정하여 그중에서 그를 다시 파악하고자 하는 것이 주류가 되고 있다. 여기에 이르러 비스마르크는 신화로부터도 '독일의 비극'으로 결부되는 저주로부터도 (완전히는 아니지만) 해방되어 '영령'도 아니고 '악령'도 아닌 결국 한 사람의 인간이자 정치가로서 간주되었던 것이다.

이러한 사정으로 인해서 오늘날에 이르기까지 방대한 수의 비스마르크 연구가 존재한다. 필자에게 비스마르크와 관련된 역사 문헌 자료의 목록이 있는데, 해당 자료가 간행된 1966년의 시점에서 259쪽, 6,138점에 달하고 있기 때문에 오늘날에는 도대체 어느 정도의 수에 달할 것인지 헤아릴 수가 없다.

연구의 충실함은 그를 형용하는 표현의 다양함으로부터도 간취할 수 있다. 본인의 발언에서 유래하는 '철혈 재상'이나 '성실한 중매인'을 위시해서 '제국 창조자', '국민적 영웅', '영령', '악령', '악마', '현실 정치가', '위로부터의 혁명가', '마법을 사용하는 제자', '전사', '순수 프로이센인', '대(大)프로이센주의자', '보나파르티스트', '카리스마적 지도자', '지고한 자아를 지닌 인물' 등, 오늘날 더 이상 통용되지 않고 있는 것을 포함해 필자에게 떠오른 주요한 것만 나열해도 이 정도이다. 또한 구체적으로 살펴보면 아마도 그 밖에도 더 많이 있을 것이며, 향후에 증가하게 될지도 모른다. 이러한 수많은 표현에 필자가 이론(異論)을 제기할 생각은 없다. 그렇지만 본인의 구체적인 공적에 기초한 것은 별도로 하고, 이러한 것은 어느 시기나 장면에 한정한다면 확실히 타당하더라도 그의 생애 전체를 망라하는 것인지 질문하자면 수긍할 수는 없다. 아마도 어떤 특정한 이명(異名, 별칭)을 갖고 비스마르크라는 한 인물을 묘사하는 것 등은 도저히 불가능한 일일 것이다.

이 책은 이러한 문제의식 아래에서 어떤 특정한 별칭에 구애받으며 재평가하지 않고, 최근의 연구 성과에 입각하여 비스마르크가 어떤 인물이었는지, 등신대와 같은 그의 모습에 접근해가는 것을 목적으로 하고 있다. 그러한 측면에서 이 책은 이미 수많은 선행 연구가 이구동성으로 주장하고 있는 것이지만, 비스마르크라는 인물의 양면성에 주목하고자 한다. 그가 성취하고자 했던 것과 결과적으로 성취한 것을 대비해보면, 그가 태어나서 자랐던 그때까지 시대의 전통적인 가치관과 그것에 정면에서 상대하는 새로운 시대조류에 합치한 혁신적인 요소가 혼입되어 있다. 말하자면 차의 두 바퀴와 같이 상호 간에 보완하면서 비스마르크의 입신출세를 돕고, 나아가서는 수많은 정책을 만들어냈던 것이다. 이 책에서는 '이러한 양면성이 그의 유례가 드문 정치외교술에 어떻게 반영되었으며 그의 생애와 공적을 형성했는가'라는 점에 유의하면서 논의를 진행하고자 한다.

비스마르크의 탈신화화가 진행되는 가운데 그가 얼마나 민족주의라는 새로운 시대조류와는 이질적인 존재이며 구태의연한 프로이센의 융커 신분의 정치가였는지, 얼마나 '임기응변'의 연속 가운데 일련의 사태를 극복해왔는지가 명백해지며, 그 '정치적 천재'라는 이미지에서 벗어난, 절대적 존재가 아닌 그의 모습이 부각되었다. 최근 『비스마르크 전기』*를 집필한 조나단 슈타인버그(Jonathan Steinberg)의 논법을 빌리자면, 그는 절대적인 군주도 아니었고 또한 독재자도 아니며 국왕에 봉사하는 일개 신하였을 뿐이다. 또한 그는 의회 여당의 지도자도 아니었고 군의 중추에 있었던 것도 아니며, 오래된 귀족의 가계였지만 프로이센 국왕하의 최대 권문세가 출신도 아니다. 그렇지만 그와 같은 절

---

* 이 책의 서지 사항은 다음과 같다. Jonathan Steinberg, *Bismarck: A Life*(Cambridge University Press, 2011). _옮긴이 주

대적인 존재가 아니었던 그가 프로이센 총리에 취임하고 모두(冒頭)에서 제시했던 바와 같이 수많은 '위업'을 성취했던 것이다.

왜 프로이센 군주주의를 받들어 따랐으며 독일 민족주의와는 이질적인 존재였던 비스마르크에 의해 독일 제국 창건이 가능했던 것일까? 왜 탄생한 지얼마 되지 않는 불안정한 독일 제국의 재상이었던 비스마르크가 당시의 국제 정치를 주도하는 것이 가능했을까? 또한 왜 그는 그러한 입장을 20년 이상에 걸쳐서 계속 유지할 수 있었을까? 83년에 걸친 그의 생애를 살펴보면서 이러한 문제를 그에게 내재하는 두 가지의 상반되는 요소에 주목하면서 해명하는 것이 작은 '비스마르크 전기'로서의 이 책이 지향하는 바이다.

차례

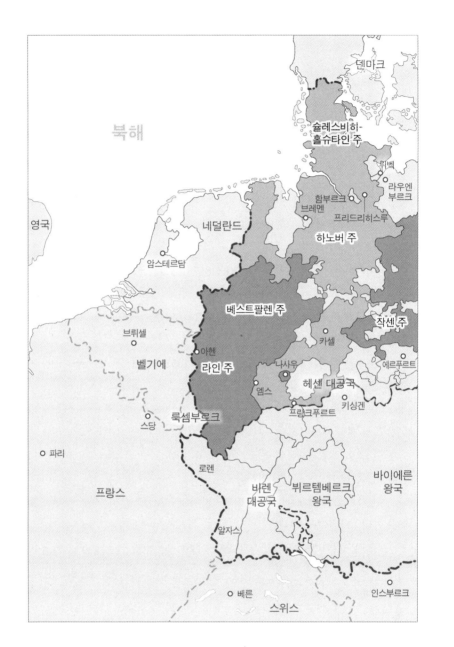

북해

영국

덴마크

슐레스비히-
홀슈타인 주

뤼벡

라우엔
부르크

함부르크

브레멘

프리드리히스루

네덜란드

하노버 주

암스테르담

베스트팔렌 주

작센 주

카셀

브뤼셀

에르푸르트

벨기에

아헨

나사우

라인 주

엠스

헤센 대공국

키싱겐

룩셈부르크

프랑크푸르트

스당

파리

로렌

프랑스

바렌
대공국

뷔르템베르크
왕국

바이에른
왕국

알자스

베른

인스부르크

스위스

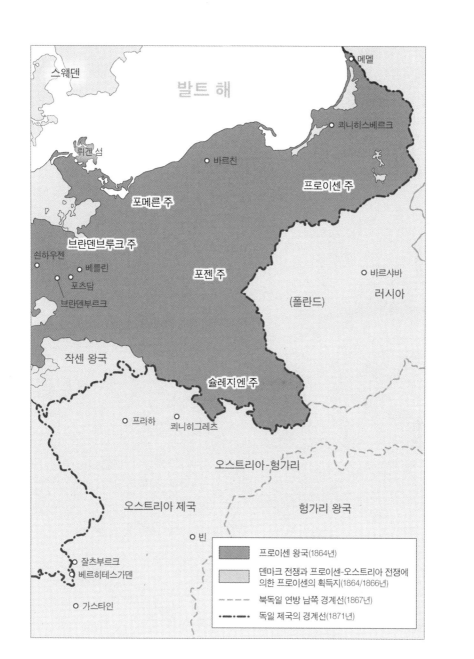

스웨덴

발트 해

메멜

뤼겐 섬

쾨니히스베르크

바르친

프로이센 주

포메른 주

브란덴브루크 주

쇤하우젠

베를린

포츠담

브란덴부르크

포젠 주

바르샤바

러시아

(폴란드)

작센 왕국

슐레지엔 주

프라하

쾨니히그레츠

오스트리아-헝가리

오스트리아 제국

헝가리 왕국

빈

잘츠부르크

베르히테스가덴

가스타인

프로이센 왕국(1864년)

덴마크 전쟁과 프로이센-오스트리아 전쟁에
의한 프로이센의 획득지(1864/1866년)

북독일 연방 남쪽 경계선(1867년)

독일 제국의 경계선(1871년)

제1장

파천황으로서의 비스마르크 : 한 젊은 융커의 고뇌
(1815~1847)

대조적인 부모 아래에서

쇤하우젠(Schönhausen)은 마르크 브란덴부르크(Mark Brandenburg) 지방에 있는 작은 마을로 베를린에서 100km 정도 서쪽으로 떨어진 곳에 있다. 이 책의 주인공 오토 에두아르트 레오폴트 폰 비스마르크(Otto Eduard Leopold von Bismarck)는 1815년 4월 1일 이 땅에서 대농장을 경영하는 페르디난트(Karl Wilhelm Ferdinand von Bismarck, 1771~1845)와 그의 아내 빌헬미네(Wilhelmine Luise Mencken, 1789~1839)의 사남(위의 두 명은 일찍 세상을 떠나서 실질적으로는 차남에 해당함)으로 태어났다.

비스마르크 가문은 일반적으로는 융커(Junker)라고 불리는 엘베 강(Elbe River) 동쪽 지역에서 대농장을 경영하는 지주 귀족의 가계이며, 그 기원이 14세기까지 소급될 수 있는 유서 깊은 가문이었다. 그런데 이 땅을 다스리는 프로이센 왕국에 있어서 융커는 지역 사회에 군림하고 정치·군사의 요직을 차지하는 등 대단히 큰 영향력을 갖고 있었다. 그와 같은 정치적 환경 가운데에서 비스마르크 집안도 대대로 프로이센군의 장교를 배출해왔는데, 요직을 담당하게 되었던 적은 거의 없었다.

비스마르크의 아버지 페르디난트는 단순하고 박눌(朴訥)한, 사람 좋은 성격을 갖고 있던 인물로서 조상의 예를 본받아 기병 장교에 근무한 후에는 농장 경영에 종사하는, 일개 평범한 시골귀족 융커였다. 그와 같은 '융커의 세계'에서 태어난 아버지를 비스마르크는 후년에 평생 반려자가 되는 요한나(Johanna von Puttkamer, 1847~1894)에게 다음과 같이 술회한 바가 있다.

　　나는 아버지를 진심으로 사랑했다. 그가 없을 때에 나는 스스로 취했던 태도를 후회하고 태도를 고치고자 결심했는데, 그것도 별로 오래 지속되지는 못했다. 아버지의 진정한 끝없는 무사(無私)하고 온후한 상냥함에 대해서 나는 어느 정도 빈번하게 냉담해지고 또한 그리고 불쾌해져 버렸는가. **그리고 나는 혼자만으로는 그와 같이 판단할 수 없음에도 (아버지의) 유약한 듯한 느낌을 보자, 내심 냉혹하게 매정한 기분이 되어, 자신의 체재(體裁)를 그러한 자신만의 체재를 상처받게 하고 싶지 않다는 일심(一心)으로부터 자주 아버지를 사랑하는 모습을 보였던 것이다**[1847년 2월 23일, GW, XIV/1, 67. 약기(略記)를 포함하여 출전에 관해서는 이 책의 참고문헌을 참조하기 바란다. 강조한 부분은 『비스마르크 전집』에는 누락되어 있어서 이 책에서는 오리지널 서간을 사용해서 보완했다. OBS, A-1].

그렇지만 어머니와 관련된 일이 되면, 비스마르크는 곧바로 냉담해져 버린다. 그는 같은 편지 속에서 다음과 같이 서술하고 있다.

　　나의 어머니는, 그녀는 아름다운 여성으로 외면적인 화려함을 사랑했으며 명석하고 생생한 지력을 지닌 분이었지만 베를린 사람들이 말하는 감정이라는 것을 거의 갖고 있지 않았다. 그녀는 내가 많은 것을 배워서 뛰어난 인물이 되는 것을 바랐지만, 자주 내 눈에는 나에 대해서 엄격하고 냉담한 사람으로 비추어졌다. **유년 시기 무렵에 나는 그녀를 증오했으며 후에는 거짓으로 곧잘 그녀를 속**

였다(GW, XIV/1, 67; OBS, A-1).

그의 어머니 빌헬미네는 대대로 학자를 배출한 멘켄(Mencken) 가문 출신이고 그녀의 아버지는 프로이센의 프리드리히 대왕을 보필했으며 그 이후 2대 왕의 관방고문관으로 재직하는 등, 프로이센 왕실인 호엔촐레른 가문(House of Hohenzollern)과 베를린의 지식인 서클에 대해서 그 나름의 영향력을 갖고 있는 인물이었다. 베를린의 지적·문화적인 환경 가운데 '관료의 세계'에서 육성된 그녀는 앞의 비스마르크의 서한에서 보이는 바와 같이, 지적으로 총명하기는 했지만 신경질적이고 허영심이 강하며 가정적인 여성이라고 말할 수는 없었다.

즉, 비스마르크는 대단히 대조적인 부모 아래에서 태어났던 것이다. 독일의 역사가 로타르 갈(Lothar Gall)의 표현을 빌리자면, 그의 생애는 아버지가 체현하는 '전통적, 귀족적, 농촌적'인 세계와, 어머니가 체현하는 '시민적, 관료적, 도시적'인 세계의 사이에서, 그 고뇌로부터 부모에 대해서 굴절된 감정을 품고 어딘가 순종적이지 않게 되어 내면적으로 소원해져 버렸던 것이다.

이 점을 그는 후일에 요한나의 아버지 하인리히(Heinrich von Puttkamer)에게 보낸 이른바 '구혼 서간' 중에서 다음과 같이 솔직하게 서술하고 있다. "나는 다소 어렸을 때부터 부모님의 가정과 소원해져 그것에 완전히 동화되었던 일이 한 번도 없었습니다"(1846년 12월 21일, GW, XIV/1, 46). 이와 같은 대조적인 부모(과 그들이 체현하는 세계의 충돌)가 비스마르크의 인격 형성에 막대하고 또한 심각한 영향을 주었음에 틀림이 없다는 것은 선행 연구가 이구동성으로 지적하는 바이다. 이것은 후에 '파천황 비스마르크'로 일컬어지게 되는 그의 기행의 복선이 된다.

비스마르크가 태어난 시대

여기에서 비스마르크가 출생한 당시의 시대 배경에 눈을 돌려보고자 한다. 그의 내면에 있어서 부모가 체현하는 두 가지의 세계가 충돌한다면, 그를 둘러싼 외적 환경도 역시 신구(新舊) 두 가지의 시대조류가 충돌하는 상황이었다.

그가 태어난 1815년 4월은 엘바 섬에서 탈출한 나폴레옹 1세에 의한 '100일 천하'의 한가운데에 있었다. 독일의 역사가 토마스 니퍼데이(Thomas Nipperdey)가 그의 대작 『독일사』의 모두에서 "처음에 나폴레옹이 있었다"라고 적절하게 논하고 있는 바처럼, 19세기의 독일을 고려하는 데에 있어서 그가 미친 영향을 무시할 수 없다.

중세 이래 독일의 땅을 지배했던 것은 신성로마 제국이었는데 17세기 이래 이 제국은 유명무실해지고 오스트리아와 프로이센을 위시해 수많은 제방(諸邦)이 할거했다. 나폴레옹 전쟁으로 신성로마 제국이 1806년에 멸망하자, 중앙 유럽 정세는 커다란 변경에 내몰리게 되었다. 이러한 제방의 반 이상은 나폴레옹에 의해서 정리·통합되어, 그 수는 격감했다. 프랑스에 병합되든지 혹은 라인연방(Rheinbund)으로서 그 세력권에 포함되어, 나폴레옹 주도하에서 국내 개혁 및 재편이 추진되었다. 한편 나폴레옹에 크게 패배한 프로이센은 가까스로 독립을 유지했지만 국토의 절반을 상실하는 등 괴멸적인 타격을 받고, 대국으로서의 지위를 유지할 수 없게 되어버렸다. 그래서 국가를 재건하기 위해 이른바 '프로이센 개혁'에 착수하여 정치, 군사, 사회의 각 분야에서 그때까지의 시스템이 재검토되고 (완전하다고는 말할 수 없지만) 근대적인 요소가 도입되었던 것이다.

그런데 나폴레옹이 독일에 미친 영향 가운데 도외시할 수 없는 것은 독일 민족주의를 각성시켰던 점이라고 할 수 있다. 나폴레옹의 지배체제는 독일 각지에 프랑스에 대한 반발과 동시에 독일 국민으로서의 의식을 불러일으켰다. 그 결과, 프랑스로부터의 '해방'을 추구하는 동시에 독일 국민에 의한 통일국가의 건국을 지향하며 민족주의의 움직임은 그 이후에 크게 고양된다.

그렇지만 워털루 전투에서 나폴레옹이 패배하고 정치의 무대에서 퇴출된 이후에 나타났던 것이 '비엔나 체제'라고 불리는 새로운 국제질서였다. 그것은 민족주의라는 프랑스 혁명/나폴레옹 전쟁에 의해 환기되어 19세기를 통해서 유럽을 석권하게 되는, 새로운 시대조류에 합치되는 듯한 것은 아니었다. 프랑스 혁명 이전의 지배 관계를 부활시키고자 하는 '정통주의'로서 한편에서는 민족주의와 그 담당자가 되는 자유주의 세력을 억압하고, 다른 한편에서는 5대국(영국, 프랑스, 러시아, 오스트리아, 프로이센)을 중심으로 회의를 통해서 각자의 이익을 조정함으로써 세력 균형을 유지한다는 것이었다. 이 체제가 '유럽 협조'라고 불리는 까닭이다.

이때 프로이센은 열강 간의 영토 보상에 기초하여 본토에서 떨어진 지역에 위치하게 되었지만 (그 이후 독일 최대의 공업지역이 되는) 라인(Rhein) 지방을 획득하는 등, 부자연스러운 형태이기는 했지만 영토를 확대하는 데에 성공했다. 다만 독일 땅에는 신성로마 제국의 부활도, 민족주의에 기초한 독일 국민국가의 창설(독일 통일)도 인정되지 않았고, 대신하여 오스트리아와 프로이센이 주도하는 형태로 약 35개의 군주국과 4개의 자유도시(신성로마 제국 아래에서 제방과 동격의 지위를 얻은 황제 직속의 자치도시를 말하며, 여기에는 나폴레옹 전쟁에서 살아남은 프랑크푸르트, 함부르크, 뤼벡, 브레멘을 지칭함)로 구성되는 국가연합 조직으로서 '독일 연방'이 성립되었다(상세한 내용은 제3장 참조).

여기에서 성립된 비엔나 체제는 국제정치의 관점에서 볼 때, 확실히 '유럽 협조'라고 일컬어지는 일련의 평화를 유럽에 가져온, 획기적인 국제질서였을지도 모른다. 그렇지만 독일에 있어서는 혁명 이전의 '구체제(앙시엥 레짐)'의 논리에 기초한 복고적인 보수반동 체제이며, 독일 통일을 추구하는 민족주의 운동은 탄압의 고통을 당한다. 실로 전통적·보수반동적인 낡은 시대조류와, 프랑스 혁명 이전의 지배 원리에 대항하는 민족주의라는 새로운 시대조류가 격렬하게 충돌하는 상황 속에서 비스마르크는 다감한 청년 시기를 보냈던 것이다.

어머니의 교육방침 아래에서

소년 비스마르크의 진로와 그에 따른 교육방침의 주도권을 장악했던 것은 온후하며 박눌한 아버지가 아니라 화려하고 허영심이 강하며 지성의 면에서 훨씬 나은 어머니 쪽이었다. 그녀는 자신의 아들이 남편과 같은 출세를 못한 농촌마을의 융커가 아니라 자신의 아버지와 같은 정부 고관이 되기를 바랐다.

그녀의 교육방침 아래에서 비스마르크는 6세가 되던 해에 형 베른하르트(Bernhard)와 마찬가지로 베를린의 프라만 기숙학교에 보내졌다. 이곳에서의 6년간은 그에게 있어서는 상당히 가혹한 것이었으며 그는 항상 자신이 유소년 시기를 보냈던 포메른(Pommern) 지방(현재의 독일 동북부와 폴란드 서북부 일대에 걸쳐 있는, 발트 해에 면해 있는 지역으로 프로이센 왕국의 주 중의 하나)에 있는 크나이프호프(Kneiphof, 종형의 사망에 따라 부친이 이 땅을 상속하고 1816년 봄에 일가는 이곳으로 이주했음)에 대한 생각을 더욱 갖게 만들었다. 그는 후년 이 때의 일을 줄곧 사그라지지 않는 혐오감을 갖고 다음과 같이 술회한 바가 있다.

> 나의 유년 시대는 프라만 학교에서 엉망이 되어버렸는데, 그곳은 나에게는 실로 감옥과 같았다. 그 때문에 어린 나는 당연한 일이지만 삐뚤어져 버렸다. ……
> 창문으로부터 우차(牛車)가 마차 수레바퀴 자국을 새기는 것을 볼 때마다 크나이프호프가 생각나서 울지 않을 수 없었다(1864년 6월 18일의 코이델과의 대담 중에서, Keudell, 160f.).

1827년이 되자, 소년 비스마르크는 결국 '감옥' 생활에서 해방된다. 12세 때, 그는 (대학 진학을 염두에 둔) 고전어 중시의 중등교육 기관인 김나지움〔최초에는 베를린의 프리드리히 빌헬름 김나지움(Friedrich Wilhelm Gymnasium), 그 3년 후에는 같은 베를린에 있는 그라우 수도원 부설 인문계 고등학교(das Gymnasium zum Grauen Kloster)〕으로 적을 옮겼다. 베를린에서는 부모님이 마련해둔 거주지에서 형 및 가정부와 함께 생활하게 되었고, 그를 둘러싼 외부 환경은 크게 변했다. 그렇지만 이 시기를 회상할 때에도 그는 어딘가 냉소적인 바가 있었다. 만년에 저술한 회상록『성찰과 회상』(자세한 내용은 제8장 참조) 중에서마저 그는 자신에 대해서 "우리나라 교육의 표준적인 산물"(회상록에 의함, GW-NFA, IV, 5)이라고 술회할 정도였다.

이 시기에 특필할 만한 일이 있다면, 그것은 가정교사의 진력(盡力)이 있었는지, 그가 프랑스어를 완전히 습득했을 뿐만 아니라 영어도 유창하게 구사할 수 있게 되었다는 점일 것이다. 이 어학 능력은 후에 그가 정치·외교 활동을 하게 되면서 비로소 그 진가를 발휘하게 된다.

파천황의 대학 생활

1832년 4월에 아비투르(abitur, 졸업·대학입학 자격시험)에 합격하자, 그는 어머니가 깔아놓은 궤도로부터 이탈하지 못하고 5월에 괴팅겐대학에 진학하고, 그리고 그 이듬해 가을부터는 베를린대학으로 옮겼다. 당시 프로이센에서는 관리 임용시험 제도가 도입되었으며 신분이나 문벌에 관련 없이 시험에 합격할 경우 관리가 되는 길이 열려 있었다. 그렇지만 그 수험 자격을 얻기 위해서는 대학에서 법학을 일정 기간 전공할 필요가 있었다. 이 때문에 그 또한 대학에서 법학과 국가학을 배웠는데, 그를 강의실에서 거의 발견할 수가 없었다.

대학생이 된 이후부터 그는 어머니로부터의 '해방'을 만끽하려는 듯이, 어느 동향회에 소속하여 술 파티와 결투에 열중했다. 펜싱의 명수이기도 했던 그는 결투에서 수많은 상대를 때려눕히고, 그 '무용담'을 형에게 자랑스럽게 전했던 일도 있었다. 커다란 애견을 부리면서 기발한 복장으로 거리를 활보하고 술집에서 술을 단숨에 들이켜고, 돈을 빌리고 결투와 시끄러운 논쟁으로 날이 밝을 때까지 밤을 지새우는 등의 행동거지로부터 괴팅겐에서는 명물 학생의 한 사람으로 손꼽히게 되었다. 때로는 이러한 발광과 소란의 정도가 도를 넘어서 대학 당국으로부터 외출금지 처분을 받는 일도 있었다(괴팅겐대학의 학생 구치소에 있는 수많은 낙서 중에는 비스마르크의 것도 있다).

그에 대해서 잘 아는 적은 수의 친구들 중 한 명으로 미국인 학생 존 모틀리(John Motley, 후에 미국 외교관이 되었으며 네덜란드사 연구자로서도 이름을 날림)가 있다. 같은 대학에 다닌 모틀리는 학생 시대를 모티브로 하여 묘사한 청춘 소설『모튼의 희망(Moton's Hope, or the Memoirs of a Provincial)』(1839)을 저술했는데, 이 소설에서 '오토 폰 라벤마르크'라는 인물이 등장한다. 이 인물의 모티브 자체가 생존 시에 비스마르크를 인터뷰했던 적도 있는 독일의 역사가 에리히 마르크스(Erich Marcks)가 지적하는 것처럼 당시의 비스마르크였다.

> 그는 '여우'(신입생을 지칭하는 속어)라고 해도 매우 젊고, 내가 여기에 기록하는 시기에는 아직 17세도 되지 않았다. 그는 조숙하며 내가 아는 그 누구보다도 모든 면에서 뛰어났다. …… 그는 날씬한 몸매에 아직 성인의 체구는 형성하지 못했지만 키도 컸다. 그의 복장은 괴팅겐의 패션에서는 극단적인 것이었다. 옷깃과 단추가 없고 색상이 바래고 구겨져 너덜너덜해진 코트를 몸에 걸치고, 바지를 입고 구두에 이르러서는 철로 만들어진 신발의 뒤축과 완강한 박차를 차고 있었다. 넥타이가 필요 없는 셔츠의 옷깃은 어깨 쪽에서 젖혀져 있었고 머리카락은 귀와 머리 부분까지 뻗쳐 있었다. 조금 자라난, 명확하지 않은 색깔의 수염이 그의 얼굴 표정을 만들어냈고, 허리에는 거대한 사벨(sabel)을 차고 있다. 이것이 그의 복장이었다. 그는 이름의 앞에 '폰(von)'을 붙이고 있는데, 카를 대제 시대 이전에 남작에 서훈되었던 보헤미아의 가계이며 집게손가락에 방패의 문장이 들어간 반지를 끼고 있었다. 오토 폰 라벤마르크는 그와 같은 젊은이였으며, 운이 좋다면 이름을 날리고 명성을 얻을 수 있을 것이다(Motley, I, 125-127).

일견 라벤마르크(비스마르크)는 분방하며 무절제한 생활을 즐기고, 거기에

'자유'로운 '삶'을 찾아볼 수 있는 듯하지만, 그것은 어디까지나 그의 일면에 불과하다. 모틀리는 그 점을 놓치지 않고 다음과 같이 기록하고 있다.

> "거기에 앉아"라고 하며 방에 들어온 라벤마르크는 벨트를 벗고 권총과 도검을 침대 위에 올려놓으면서 이렇게 말했다. "한동안 익살스러운 짓을 하는 것을 그만두고 이성적이 될까? 평판대로 계속 하는 것도 결국 지긋지긋하니까 말이야" (Motley, I, 162).

그와 같은 명물 학생 비스마르크가 유일하다고 해도 좋을 정도로 열심히 들었던 강의가 있다. 괴팅겐대학의 역사가 아놀트 헤렌(Arnold Heeren)의 수업이 그것이다. 그의 강의는 유럽 각국의 정세와 역사에 관한 고찰에 더하여, 특히 개별 국가의 목표와 이익이 결부되어 있는 것을 풀어내면서 국가 간의 관계를 하나의 기능할 수 있는 국제관계의 시스템으로 간주함으로써 거기에 합리성과 예측 가능성을 찾아내고자 하는 것이었다. 비스마르크가 '외교'라는 것을 강하게 의식하고 그의 정치관·외교관을 형성하는 데에서 헤렌의 강의가 다대한 영향을 미쳤다고 보아도 좋을 것이다. 로타르 갈의 연구에 따르면, 그가 흥미와 관심을 갖고 있던 강의가 (그 후의 베를린대학 시대를 또한 포함해서) 헤렌 외에는 없었다는 것 자체도, 더욱더 그렇다고 말할 수 있게 하는 것이다.

관리에서 융커로

1835년 5월, 20세의 비스마르크는 관리 임용을 위한 제1차 국가시험에 응시해 합격했다. 그리고 그는 그다음 달부터 사법관 시보견습으로 베를린의 재판소에서 근무하게 되었다.

이것은 과연 그가 어머니가 간절히 바랐던 길을 받아들였다는 증거라고 할 수 있을까? 학생 시기에 그는 자신과 같은 동향회에 속했던 구스타프 샤를라흐(Gustav Scharlach)에게 "현재 나의 계획은 1년 더 이곳에 머무르는 것이네. 그 다음엔 아헨(Aachen)의 정부 관청에 가서 2년을 거친 후에 외교관 시험을 보는 거지. 그 후에는 운명의 손길에 내 몸을 맡기고자 한다네"(1834년 5월 5일, GW, XIV/1, 5)라며 자신의 진로를 얘기했다. 그렇지만 한편으로 그는 동일한 시기에 같은 상대에게 융커로서 농촌에 틀어박혀 있는 생활을 하고 싶다고도 누설하고 있다. 실로 '부친의 세계'와 '모친의 세계'가 그의 가운데에서 혼재해 있었던 것을 확실히 엿볼 수 있다.

그리고 이때는 결과적으로 후자 쪽이 더 나았다. 그는 관리의 길로 나아갔지만 그것이 그의 '생(生)'에 있어서 만족스러운 것은 아니었다. 그는 시험 합격 후에 곧 샤를라흐에게 그 심정을 솔직하게 얘기하고 있다.

나의 생활은 잘 보면 실제로는 다분히 비참한 것이네. 낮에는 마음에 내키지 않는 공부를 하고 저녁에는 궁정과 관료들과의 파티를 즐기려는 일상을 보내고 있지. 나는 그러한 것을 즐거워하고 추구하는 놈(Schulenburg)은 아님에도 말일세. 지향하고 있는 목표가 아무리 완벽한 형태로 달성되더라도, 즉 독일에서 가장 긴 칭호나 가장 큰 훈장을 받고 가장 경탄할 만한 고귀한 몸이 되더라도 이와 같은 생활을 한다면 육체적으로도 정신적으로도 위축돼버려서, 나로서는 도저히 그것을 상쇄할 수 있을 것으로는 생각하지 않는다네. 펜을 호미로 바꾸고 학생용 가방을 사냥용 주머니로 바꾸고 싶다고 자주 생각하게 된다네(1835년 6월 18일, GW, XIV/1, 6).

1836년 맹렬하게 공부를 한 끝에 비스마르크는 관리 임용을 위한 제2차 국가시험에 응시하여 멋지게 합격하고, 아헨의 정부 관청에 행정관 시보로서 배속되었다. 그렇지만 그럼에도 그의 심경은 바뀌지 않았다.

이러한 심리 상태가 그를 연애로 내달리게 만들었는지도 모른다. 부임한 이후 얼마 되지 않아 그는 클리브란드 공작(Duke of Cleveland) 부부의 조카딸인 로라 러셀(Laura Russell)과, 그리고 그녀와의 약혼 관계가 해소되자 이번에는 그녀의 친구인 영국인 목사의 딸 이사벨라 로레인-스미스(Isabella Lorraine-Smith)와 격렬한 연애에 빠졌고, 결국 결실을 맺지 못하고 끝났다. 이러한 실연이 비스마르크에게 준 영향은 심리적인 것에 그치지 않았다. 그 어떤 연애에서도 그는 그때마다의 여성 및 그 가족과 함께 각지를 호화롭게 여행하며 돌아다니고 휴가와 (여행지에서의 도박도 거들면서) 금전을 사용했다. 그러한 그에게 남겨진 것은 늘어난 무단결근 일수와 빚뿐이었다.

이러한 사정 때문에 그는 직장에 돌아가지 않고 1837년에 근무처를 포츠담(Potsdam)의 정부 관청으로 변경했다. 그 이듬해 3월에는 1년 동안 지원병으로 입대하여 병역을 이행했는데, 그 이후 그는 암을 앓게 된 어머니를 설득하여 관리의 길로 다시 돌아가지 않고 '융커의 세계'에 들어가기로 결심했다. 거액의 빚에 더하여 어머니의 병환과 사망(1839년 1월)이 비스마르크에게 '부친의 세계'로 나아가는 길을 열어주었던 것이다.

그는 관리를 그만둔 이후에 아버지로부터 농장을 물려받았고 당초에는 형과 함께 크나이프호프를 중심으로 포메른 주에 있는 3개의 농장을 경영하게 되었다. 후에 형이 농장이 있는 나우가르트(Naugard) 군(郡)의 군수로 선출되자, 그는 3개의 농장 중에 크나이프호프와 다른 1개를 수중에 넣고, 나아가 1845년에 아버지가 사망하자 탄생지 쇤하우젠을 상속하고 이듬해에 그곳으로 이주했다. 이리하여 그는 20대 중반에 유소년 시기부터 항상 마음 속 한편에 있었고 때때로 동경하는 시선으로 바라보았던 융커가 되었던 것이다.

"자신에게 지주 융커가 될 필연성은 없었다고 나도 생각해." 그는 이때의 심경을 자신의 전향(轉向)에 대해서 그 결심을 뒤집도록 촉구하는 사촌 누이 테오도르 폰 비스마르크-볼렌(Theodor von Bismarck-Bohlen)의 부인인 카롤리네(Karoline)에게 설명하고 있다(후일 그는 사본을 아버지에게 보냈으며 이 책의 인용은 그것에 기초하고 있다. 그런데 9년 후에는 약혼자 요한나에게도 마찬가지로 보냈다). 그렇지만 "자신은 선천적으로 상인이나 관료로는 향하지 않는다"라며 무엇보다도 "나의 명예욕은 명령하는 것보다도 복종하지 않는 것을 추구하고 있는 것이다"라고 말한 다음에 이제까지 선행 연구에서 수차례나 인용되어왔던, 그 유명한 일절이 전개된다.

프로이센의 관리는 오케스트라의 단원과 비슷하다. 제1바이올린이든지 트라이앵글이든지 그 사람은 전체를 파악하지 못하고, 또한 전체에 영향을 미치지도 않으며, 자신에게 할당된 파트를 자신의 마음에 드는 것이든 마음에 들지 않는 것이든 있는 그대로 연주하지 않으면 안 되는 것이다. 그렇기 때문에 나는 자신이 좋다고 생각하는 음악을 하고자 하는 것이다. 그렇지 않다면 전혀 하고자 할 생각은 없다(1838년 9월 29일 아버지에게 보내는 서간, GW, XIV/1, 14f.).

실로 '지고(至高)한 자아'라고 할 수 있을까? 비스마르크의 강렬한 자존심이 엿보이는 순간이라고 할 수 있다. 선행 연구 중에서는 이 말을 진지하게 받아들여 그가 일찍부터 '거물다운 모습'을 발휘했다고 평가하는 것도 있는데, 그것은 위인전에 흔히 보이는 것과 같은, 그 이후의 그의 생애를 강하게 의식한 과대평가라고 할 수 있다. 이러한 발언의 배경에는 안고 있었던 많은 액수의 부채로 인해서 생각하지 않은 형태로 관료의 출셋길로부터 일탈하여 융커로 변신한 자신을 (부채 때문이라고는 언급하지 않고) 정당화하고자 하는 의도가 있었다고 이해하는 쪽이 더욱 적절할 것이다.

자기 붕괴의 위기

이렇게 시작된 비스마르크의 융커 생활은 처음에는 순조로운 것이었다. 자신의 장부(帳簿)를 작성하고 또한 목초 재배를 위시해 실용서를 읽고 농장 경영 및 농업 기술에 관한 지식을 흡수하며, 주위 농장주의 경악과 경의를 자아냈다. 그리고 융커로서의 신분 의식을 강하게 자각하고 융커가 장기간 보유해왔던 영지 내에서의 영주 재판권을 위시한 (시대착오적인) 봉건적인 여러 제도의 존속에 강한 의욕을 보였다. 그 한편으로 영내의 농장 노동자에 대해서는 옛 동독의 역사가 에른스트 엥겔베르크(Ernst Engelberg)의 표현을 빌리자면, 장화를 신고 걷지 않고, 분노해서 소리치거나 욕하지 않고, 질책할 때에는 방언이 섞인 투박한 말투로 하는 등, 친해지기 쉽게 쾌활한 모습으로 접근했다. 이러한 경영 수완은 농장을 상속한 단계에서 짊어졌던 부채와 미지급금을 모두 갚는 등 제법 훌륭한 것이었다.

그렇지만 농장 경영과 융커 생활이 궤도에 오르는 것에 반해서, 그의 내면은 점차로 부식되어갔다. 시골의 농장 생활에 물질적 부족함을 느꼈던 것은 명백한데, 그 이상으로 심각했던 것은 주위의 융커가 비스마르크와 어울리고자 하지 않아, 그가 격심한 고립감을 갖게 되었다는 것이다. '파천황 비스마르크'라는 색다른 별명이 그에게 붙여졌다. 확실히 그의 파천황과 같은 모습은 어쨌든 이때에 시작되었던 이야기는 아니며 학생 시기에도 유사한 생활을 보냈다. 그렇지만 학생 시기 무렵과는 달리, 이때 그의 주위에는 모틀리나 베를린 시대의 친구 알렉산더 폰 카이저를링(Alexander von Keyserling)과 같은, 그를 이해하고 그리고 '진지하게' 말을 할 수 있는 동료가 없었기 때문에 상황은 더욱 심각했다. 원래 포메른과 같은 궁벽한 시골에서 그것을 기대하는 것은 무리한 일이었다.

1841년, 같은 포메른 주에 있는 작은 마을 판진(Pansin)의 부유한 농장주의 딸 오틸리에 폰 푸트카머(Ottilie von Puttkamer)와 연애에 빠졌는데, 그녀의 어머니에 의해 모욕적으로 교제가 거절되자 더욱 상태는 심각해졌다. 열렬한 독서가가 아님에도 독서의 범위를 실용서 외에도 넓혔는데(셰익스피어와 바이런, 괴테, 실러에 더해 울란트와 하이네의 서정시, 스피노자와 청년 헤겔파의 철학서 등), 그것도 그의 심각한 상황을 타개하는 데에까지는 이르지 못했다. 환경을 바꾸어보고자 1844년에 다시 포츠담의 정부 관청에서 공직 생활을 했던 것은 거의 수주일밖에 지속되지 못했다. 이 무렵 생활의 모습을 그는 과거의 학우 샤를라흐에게 다음과 같이 말하고 있다.

여기에 온 뒤로는 결혼도 하지 않고 대단히 고독한 29세의 몸으로, 신체적으로는 건강을 다시 찾았지만 정신적으로는 상당히 무감각해졌고, 업무는 재대로 처리하고 있지만 특히 관심이 있었던 것도 아니었고, 아랫사람들의 생활을 그들 나름대로 기분 좋게 할 수 있도록 했는데 그러한 그들에게 나는 속아서 임무를 맡고 있는 모양새이다. 오전 중에는 기분이 나빴지만 식사 후에는 대단히 애상에 젖게 된다. 나의 주위에는 개, 말, 그리고 지주 융커 무리뿐이다. 그리고 그들의 사이에서는 나는 조금 명망을 얻고 있기는 하지만, 그것은 내가 문장을 쉽게 읽고, 항상 남자다운 몸가짐을 하고, 게다가 사냥의 획득물을 푸줏간처럼 정확하게 해체하고, 겁내지 않고 차분하게 말을 타고, 대단히 강한 담배를 피우고, 매우 애상적이며, 그렇지만 용서 없이 손님들을 만취시켜 곤드라지게 만들기 때문인 것으로 보인다(1845년 1월 9일, GW, XIV/1, 31).

과거에 '모친의 세계'에서는 자신을 만족시키지 못했었기 때문에 '부친의 세계'에 몸을 던졌음에 틀림이 없다. 그렇지만 여기에서도 또한 그는 자신이 구상했던 거주처를 찾아내지 못했던 것이다. 게다가 그에게는 피난처가 더 이상 남지 않게 되었기 때문에 더욱이 그의 정신적 고통은 심상치 않은 것이었다. 이때 그는 생애에서 최대의 위기를 맞이했던 것이다.

비스마르크의 생애를 개관하며 주목되는 것은 그는 그 이후에도 공사(公私)에 걸쳐서 여러 차례나 위기에 직면하게 되는데, 그와 같은 때가 되면 반드시라고 말해도 좋을 정도로 '외부로부터의 자극'이 그에게 플러스로 작용하여 그것에 의해 위기를 극복하게 된다는 점이다.

이때의 '외부로부터의 자극'은 그의 죽마고우인 모리츠 폰 블란켄부르크

(Moritz von Blankenburg)에 의해서도 가해졌다. 비스마르크와 같은 농장 경영자로서 보수파 의원으로서도 활동했던 그는 루터파의 도그마 신앙을 비판하며 성서에 대한 소박한 신앙과 금욕·경건함을 중시하는 경건주의 서클에 속했다. 그때 그는 신앙에 대해서 전향적이지 않고, 실로 이 서클과 대극적(對極的)인 입장에 있는 비스마르크에게 전도를 하며, 적극적으로 서클에 가입할 것을 권유했던 것이다.

결국 비스마르크는 이 서클에 출입하게 되었는데, 그것은 블란켄부르크의 열정에 의한 것이기보다는 그의 약혼자 마리 폰 타덴(Marie von Thadden)의 존재에 의한 바가 컸다. 이타적인 자세로 그를 이해하고자 하는 그녀와의 종교 담의(談議)는 비스마르크를 경건주의자로 만드는 것은 불가능했지만 그의 마음을 열게 만들었고 거기에 평온함을 주는 점에서 큰 의의를 갖는 것이었다. 마리는 1844년에 블란켄부르크와 결혼하지만 명백히 그녀는 비스마르크에게 있어서 특별한 존재가 되었다.

마리의 사망, 요한나와의 결혼

생애를 통해서 열성적이며 경건한 기독교 신자로는 불리지 않았던 비스마르크이지만 아마도 그 무렵이 생애에서 가장 신앙이라는 것에 진지하게 마주 대했다고 할 수 있다. 독일의 역사가 아르놀트 오스카르 마이어(Arnold Oskar Meyer)에 의하면, 마리와 만나게 됨으로써 비스마르크는 '개인적인' 신(神), 내세, 구제의 교의에 대한 신앙을 되찾았다고 한다. 그에게 있어서 신과의 관계는 교회를 통한 것이 아니라 개인적인 것이며, 자신을 제어할 때나 자신의 행동을 내면적으로 정당화할 때에 신의 섭리가 큰 존재감을 수반하여 그의 앞에 나타나게 된다. 프로이센 왕에 대한 추종도 그는 (불우한 처지에 몰리게 되면 또한) '종교의 도움'을 끄집어내어 설명했다. 자기정당화를 위한 편의주의적인 바가 없는 것도 아니지만, 어쨌든 마리와 만나지 않았다면 여기까지 신앙심이 환기되는 일은 없었을 것이다.

그렇지만 그것은 마리의 열정적인 움직임이 미친 자극이었다기보다는 그녀의 대단히 이른 사망(1846년, 향년 24세)이 준 강한 충격에 의해 초래된 것이라고 해야 할 것이다. 그는 자신의 누이동생 말비네(Malwine)에게 다음과 같이 토로하고 있다.

> 내가 카르데민의 집안(블란켄부르크 부부의 거주지)과 어느 정도의 (친밀한) 관계에 있었는지, 선일(先日)의 그녀의 사망이 나에게 있어서 어느 정도로 충격이었는지, 너라면 물론 잘 알고 있을 것이다. …… 자신에게 가까운 사람, 그리고 그 사람이 사라지게 됨으로써 신변에 예기치 않게 구멍이 뚫려버린 사람, 그와 같은 사람을 죽음에 의해 상실한 것은 이것이 처음이었다(1846년 11월 18일, GW, XIV/1, 45).

또한 앞에서 소개한 '구혼 서간'에서도 그는 다음과 같이 말하고 있다.

> 나의 속에서 눈으로 느껴왔던 것이 생생해지게 된 것은 우리의 카르데민의 친구가 위독한 상태라는 전갈을 받았을 때에 나의 마음속에 처음으로 진실한 기도가 그것이 이성적으로 보아서 타당한 것인가 등을 생각하며 고뇌하는 일 없이 나 자신의 기도가 그럴 만한 가치가 없는 것이 아닌가 하는 몸이 찢겨지는 듯한 비애와 결부되어 그리고 아동 무렵부터 망각해버렸던 눈물과 함께 나의 마음으로부터 흘러넘치게 되었다. 신은 그때의 기도를 들어주시지 않으셨지만 그것을 뿌리치시지도 않으셨다. 이렇게 말하는 것도 나는 그 이래 기도할 힘을 다시 잃어버리는 일 없이 평안이라는 것은 없다고 해도 내가 알지 못했던 신뢰의 마음과 살아갈 용기를 느끼고 있기 때문이다(GW, XIV/1, 47).

비스마르크 부부(1849)

이리하여 비스마르크는 자신의 신앙을 솔직히 고백함으로써 신앙심이 독실한 하인리히 폰 푸트카머를 설복시키고 그의 외동딸 요한나와의 결혼을 인정받는 데에 성공한다. 이듬해 일찍 그는 그 성과를 누이동생 말비네에게 한마디로 "모두 잘 되었다(all right)"라고 전했다(1847년 1월 12일, GW, XIV/1, 49).

요한나와는 비스마르크가 출입하게 된 전술한 경건주의 서클 중에서 마리의 소개로 알게 되었다. 마리의 친구였던 그녀는 포메른 지방의 오지에서 농장을 경영하는 아버지 아래에서 신앙과 전통을 중시하는 생활을 하는 고전풍의 수더분한 여성이었다. 그리고 성서를 엄격하게 신봉하고 내향적인 성격에 사교가 서툴렀으며 자신 주변의 좁은 세계를 중시했다. 그 때문인지는 몰라도,

비스마르크도 9세 연하의 그 여성에 대해서 당초에는 별로 매력을 느끼지 못했던 것으로 보인다. 그렇지만 마리의 사망을 계기로 해서 두 사람의 거리는 급속하게 가까워지고, 그리고 '구혼 서간'을 거쳐 그녀의 아버지로부터 승낙을 얻게 되자, 1847년 7월 28일에 결혼식을 올리고 두 사람은 곧 부부가 되었다. 그 이후 세 명의 아이를 낳고 안정된 가정을 꾸려가게 된다.

실로 요한나는 좋든 나쁘든 '가정을 잘 돌보는 사람'이었다. 결혼 후에도 그녀의 성격과 생활 스타일은 크게 변하지 않았다. 후에 비스마르크가 외교관으로서 임지에 부임하더라도 그녀는 적극적으로 사교 활동을 행하지 않고, 가정에 있으면서 신중한 생활을 지켰다. 그녀는 결코 자신을 전면에 내세우지 않았고 무조건 '남편의 적은 나의 적'이라고 할 정도로 가정 내에 있으면서 그를 위해 전적으로 헌신했던 여성이었다. 바로 그와 같은 여성이었기 때문에 때로 자기 자신을 주체하지 못하고 파천황처럼 행동해버리는 비스마르크에게 마음으로부터의 위안과 평안을 줄 수 있었을 것이다. 그에게 있어서 그녀는 "해안가의 좋은 장소에 나를 이어주는 닻"과 같은 존재이며 이미 "없으면 살 수 없는 자신의 일부"가 되었던 것이다(1851년 1월 4일 요한나에게 보내는 글, GW, XIV/1, 187).

독일의 역사가 에버하르트 콜브(Eberhard Kolb)도 지적하는 바와 같이, 비스마르크에게 있어서 1847년은 공사(公私) 모두 실로 '운명의 해'였다. 그때 그는 생애의 반려자를 얻음으로써 결국 사생활의 면에서 안정된 장소를 수중에 넣게 되었는데, 실은 이것을 전후로 해서 그는 국회의원으로 변신하고 활동의 장을 정치의 세계로 이동하게 된다. 이때 비스마르크는 32세였다.

제2장

국회의원이 되다 : 정치가 비스마르크의 '수업 시대'
(1847~1851)

정치가로서의 첫 무대

비스마르크가 요한나와 결혼하기 2개월 전인 1847년 5월 초, 그는 프로이센 령 작센 주의 '기사(騎士) 신분'으로 선출된 보결의원으로서 연합 주의회에 출 석하여 이때부터 정치가로서의 첫 무대를 밟게 되었다.

당시 프로이센에는 국회가 없었을 뿐 아니라 국민을 대표하는 전국적인 의 회도 존재하지 않았으며, 다만 각 주에 전근대적인 신분제 의회가 설치되어 있 을 뿐이었다. 변화가 발생한 것은 1840년대 후반의 일이다. 프로이센 정부는 베를린에서 쾨니히스베르크(Königsberg)까지의 철도 부설을 시도하지만 자금 난에 직면하여 그것을 타개해야 하는 국왕 프리드리히 빌헬름 4세가 모든 주 의회의 의원을 베를린으로 소집했던 것이다.

이리하여 1847년 4월 11일에 제1회 연합 주의회가 개최되었는데 겨우 2개 월 만에 폐회된다. 그 이유는 모인 의원들이 프로이센을 근대적인 입헌국가로 이행시켜야 한다며 선왕 프리드리히 빌헬름 3세가 1815년에 약속했으나 아직 성취되지 않은 헌법 제정과 국회 개설을 강하게 요구하여 국왕 측과 격렬하게 충돌했기 때문이다. 이러한 근대적인 요소는 '옥좌(玉座)의 낭만주의자'로 일컬

레오폴트 폰 게를라흐(1790~1861)

어지며 전근대적인 국왕의 존재 방식을 이상적으로 생각하는 프리드리히 빌헬름 4세로부터 본다면 도저히 받아들일 수 없는 것이었다. 이에 의해 정치 위기는 더욱 심각해지고 같은 시기에 발생한 경제 위기와 그것에 따른 사회 불안과 맞물려서 이듬해 1848년의 베를린 3월 혁명에 이르게 된다.

말이 다소 소급되지만, 비스마르크가 정치가로 변신하는 계기가 된 것은 그에게 적지 않은 영향을 미친 마리 폰 타덴도 속했던 포메른의 경건주의 서클이었다. 여기에서는 보수파 논객으로서 명성이 높아지고 후에 포메른 주지사가 되는 에른스트 젠프트 폰 필자흐(Ernst Senfft von Pilsach)나 국왕의 측근 그룹 중의 한 사람인 마그데부르크(Magdeburg) 고등재판소장 에른스트 루트비히 폰 게를라흐(Ernst Ludwig von Gerlach)도 출입했다. 그의 형 레오폴트 폰 게를라흐(Ludwig Friedrich Leopold von Gerlach)는 국왕과 친교가 있으며, 고급 부관을 맡는 등 국왕 측근 그룹의 핵심적 존재였다. 그를 통해서 비스마르크는 베를린의 정계로 연결되는 커넥션을 잡게 된 것이다.

이러한 정치적인 교류를 통해서 1846년에는 엘베 강 제방 감독관에 취임하고 또한 1847년 초에 걸쳐서 융커의 전통적인 특권 중의 하나인 영주 재판권을 관료제에 대항하여 계속 유지할 수 있도록 하는 정치 운동을 전개했다. 이와 같은 상황에서 전술한 제1회 연합 주의회가 소집되어(보결이었지만), 최연소 의원으로서 참가가 허락되었던 것이다.

비스마르크의 최초의 발언은 5월 17일이었다. 어느 의원이 1813년의 해방전쟁 참가자의 동기(motivation)가 나폴레옹 지배에 대한 증오와 헌법 제정에 대한 희구에 있었다고 발언하자, 비스마르크는 다음과 같이 반론했다.

> 헌법을 요구하는 연설을 할 때 이 단상에서도 더 나아가 이 장소 밖에서도 자주 큰 목소리로 외쳐지고 있지만, 1813년의 국민운동이 흡사 타국 사람이 우리 국토에 준 굴욕과는 다른 이유로 귀결될 수밖에 없으며, 또한 그것과는 다른 동기를 필요로 했던 것으로 보이는 발언에 대해서 나는 단호하게 반론하지 않을 수 없다고 느끼고 있다. 프로이센이 타국의 지배자에 의해 당했던 학대와 굴욕이 자신들의 피를 흘리며 타국 사람에 대한 증오에 의해 나를 망각하도록 만들기에 충분하지 않다고 생각한다면, 내가 생각하기에 그것은 국민의 명예를 손상 입게 하는 것을 의미하는 것이다(GW, X, 3).

그의 연설은 해방전쟁을 밑받침한 이념을 그 자신 특유의 비아냥거림을 가하면서 반(反)입헌주의의 뉘앙스에서 곡해했던 것에 다름 아니었다. 회의장에는 해방전쟁에 실제로 참가했던 자도 많았는데, 그들의 입장에서 본다면 해방전쟁에 참가하지도 않은 풋내기에게 당시 자신들의 숭고한 이념이 더럽혀진 것과 같은 것이었다. 회의장 내에서는 맹반발의 고성이 울려 퍼질 수밖에 없었다.

이리하여 비스마르크의 이름은 단번에 폭넓게 알려지게 되었는데 주위의 사람들에 의한 그의 평가는 6월 1일의 연설을 통해서 정해지게 되었다. "지금 문제는 누가 신뢰할 수 있는, 법적 구속력이 있는 선언을 공표할 권리를 갖고 있는가 하는 것이다. 내가 생각하기에 그것은 단지 국왕뿐이며, 이 확신은 국민의 법의식 중에서 존재하는 것으로 믿고 있다"라고 논하여, 그는 국왕이 보유한 권한을 강조했다. 그리고 잉글랜드의 명예혁명의 사례를 함께 인용하면서 다음과 같이 유명한 발언을 하게 된다.

그것에 반해서 프로이센 군주는 국민으로부터가 아니라 신의 은총에 의해 실제로 절대적인 주권을 갖고 있으며, 그 권리의 일부를 자발적으로 국민에게 부여했던 것이다(GW, X, 4f).

'유대교도 해방' 반대 연설을 둘러싸고

그런데 적지 않은 선행 연구가 이 시기 비스마르크의 발언 중에서 유대교도의 해방문제(정치적 동일 권력화)에 관한 그의 반대 연설을 중시하고 있다(에버하르트 콜브에 이르러서는 '가장 중요한' 것으로 규정되고 있다). 6월 15일 그는 "자신은 유대인의 적이 아니다"라고 하면서도 다음과 같이 논하고 있다.

기독교도 지배자들이 그 명칭에 붙이고 있는 '신의 은총에 의해'라는 말은 공허한 울림이 아니며, 나는 거기에 신이 부여해준 홀(笏)을 손에 들고 있는 여러 군주가 신의 마음에 기초하여 지상을 지배하겠터는 고백을 찾아볼 수 있다. 나는 기독교의 복음 속에 계시된 것만을 신의 마음으로서 인식할 수 없으며, 기독교의 교의를 실현하는 것을 과제로 삼는 국가를 기독교 국가라고 일컬을 권리가 나에게 있다고 믿고 있다(GW, X, 9).

유대교도의 해방에 반대하는 연설을 했다고 해서 비스마르크가 반유대주의 자였다고 단정하는 것은(그 이후 그의 언동으로 판단하더라도) 잘못된 것이다. 오히려 이것은 게를라흐 형제를 위시해 그가 속한 경건주의적인 강경 보수파의 주장을 반영했던 것이며, 이러한 '기독교 국가'론에 대한 지지 표명은 전통적인 사회질서를 옹호·수호하는 입장을 표명하는 것과 동시에 〔조나단 슈타인버그 (Jonathan Steinberg)의 말을 빌린다면 '기회주의'적으로〕 자신이 게를라흐 형제의 그룹에 속하고 있다는 것을 명확하게 선언했던 것으로 파악하는 편이 좋을 것이다.

어쨌든 비스마르크의 최초 의회 활동은 거우 2개월도 채 되지 않는 것이었지만, 이러한 발언의 연속에 의해 그가 끼친 영향에는 강렬한 것이 있었다. 연합 주의회가 해산되었을 때 그는 로타르 갈이 평가하는 바와 같이 "악평이 자자한 반동 융커, 가령 표면상으로는 언변이 뛰어나고 눈치가 빠르다고 하더라도 실로 완전히 시대착오적으로 '중세적인' 존재를 희화화하고 있는 듯한 인간"이라는 평판을 부동의 것으로 만들었다. 실로 강렬한 데뷔였다.

혁명 전야

연합 주의회가 개막된 직후인 1847년 7월 7일, 비스마르크는 요한나와 결혼식을 올리고 결국 함께 살게 되었다. 약혼한 이후 이때까지 그녀는 병을 앓게 되어 친정에 머물렀고, 그는 베를린에서의 정치 활동으로 분주하기도 했기에 자주 그녀를 만나러 가지 못했다. 그렇지만 정치 활동이 일단락되자 그는 신혼 생활을 즐기게 되었다.

그 해 8월부터 10월에 걸쳐서 두 사람은 신혼여행을 떠났다. 평상시에 나돌아 다니지 않는 그녀를 배려하여 그 여행은 프라하, 비엔나, 잘츠부르크, 베르히테스가덴(Berchtesgaden), 인스부르크(Innsbruck)를 거쳐 베네치아로 가서,

거기서부터 스위스를 경유하여 라인 강을 따라 내려간 뒤 쇤하우젠으로 돌아오는 상당히 거창한 것이었다.

하지만 여행 중이라고 해도 그는 정치와는 무관할 수 없었다. 9월에 베네치아를 방문했을 때 그곳에 체재 중이던 국왕 프리드리히 빌헬름 4세로부터 식사 초대를 받았던 적이 있다. 독일의 역사가 아이르히 아이크(Eirch Eyck)에 의하면, 비스마르크에게 베네치아 방문을 권했던 것은 그와 정치적으로도 친한 관계에 있으며 국왕의 베네치아 방문에 동행했던 알브레히트 폰 론(Albrecht von Roon, 이후의 프로이센 육군장관)이었다고 한다. 그만이 초대되었기에 여기에서 두 사람 간에 정치적인 논의가 교환되었음은 의심할 바가 없다. 이러한 베네치아에서의 체험은 자신의 정치 활동의 방향성을 확인시키는 것과 함께, 그 흐름에서 정치적 입신이 이루어지는 것은 아닌가 하는 기대를 갖게 만들기에 충분한 것이었다.

그런데 그로부터 6개월 후에 사태는 생각하지 못한 형태로 갑자기 바뀌게 되었다. 바로 베를린 3월 혁명의 발발이다.

3월 혁명에 대한 대응

1848년 2월에 파리에서 혁명이 발발하자, 그 여파는 곧바로 중앙 유럽에도 도래하여 독일 연방을 밑받침하는 프로이센, 오스트리아 양국에서도 혁명이 발발했다. 이른바 3월 혁명이다. 비엔나에서는 이때 학생과 시민, 노동자가 궐기하여 비엔나 체제의 창설자인 재상 메테르니히(Klemens von Metternich)가 실각에 내몰리고 황제가 헌법의 제정을 약속하도록 만드는 데에 이르게 되었다.

그 영향을 받아서 베를린에서도 시민과 노동자가 봉기하여 바리케이드전 끝에 군의 철수와 자유주의적인 내각(3월 내각)의 임명과 입헌화를 수반하는 정치개혁의 약속을 국왕으로부터 받아내는 것에 성공했다. 이러한 움직임과 병행하여 '바덴 대공국(Grand Duchy of Baden)'을 위시한 서남 독일의 자유주의자와 민주주의자가 집회를 열고 비엔나 체제하에서는 실현되지 못했던 입헌적인 형태에서의 독일 통일국가를 창건해야 한다며, 독일 연방의회와는 별개로 프랑크푸르트의 파울로 교회에서 각 방(邦)에서 선출된 의원들로 구성되는 '헌법제정독일국민의회'를 성립시켰다. 6월 28일에 국민의회가 임시 중앙권력을 설치하고 그 이튿날에 오스트리아의 요한 대공을 섭정으로 선출하자, 독일 연방의회는 그 활동이 정지되었다.

그 이후의 전개에 입각해서 고려해보면, 3월 혁명에 따른 일련의 정치적 혼란은 '시대에 뒤처진 악평이 자자한 반동 융커'에게 커다란 활약의 장을 제공하고, 비스마르크를 그때까지의 단순한 강경 보수파의 일개 연사(演士)에서 '반혁명 투사'의 제1선으로 단번에 밀어 올리는 역할을 수행하게 된다. 그럼 이때 그는 도대체 어떠한 행동에 나섰던 것일까?

회고록에 의하면, 베를린에서 3월 18일에 혁명이 발발하자 그는 국왕을 구출해야 한다며 쉰하우젠의 농민들을 이끌고 실력 행사를 도모하고자 했다. 그것을 위해서 우선 단신으로 포츠담에 가서 군사적인 대항 조치의 필요성을 말하면서 돌아다니고, 나아가서는 베를린에 있는 국왕과의 접촉을 도모했는데 모두 실패해버리게 된다.

이때 수도를 탈출하여 영국으로 망명한 프리드리히 빌헬름 4세의 동생 빌헬름〔Wilhelm, 이후의 빌헬름 1세(Wilhelm I)〕의 비(妃) 아우구스타 폰 작센바이마르아이제나흐(Augusta von Saxen-Weimar-Eisenach)와의 접촉에는 성공했는데, 여기에서도 그 어떤 성과도 얻지 못했다. 그런데 양자 간에 어떠한 논의가 오고갔는지를 둘러싸고는 쌍방의 주장이 대단히 어긋나고 있기 때문에 정확한 것은 알 수 없다. 그렇지만 그가 그때 아우구스타의 역린을 건드렸다는 것은 확실하다. 그 이후 두 사람은 서로를 현저하게 적대시하게 되고, 그것은 평생 변하지 않았다. 이리하여 포츠담에서의 반혁명의 기도는 결국 실패로 돌아가고 3월 25일의 국왕 연설(혁명을 일으킨 시민 측에 선 발언)에 충격을 받아, 그는 쇤하우젠으로 돌아갔다.

1848년 4월 초에 국왕이 제2회 연합 주의회를 소집하자, 비스마르크는 다시 베를린에 모습을 나타냈다. 이 의회는 프로이센의 입헌화를 전진시키기 위한 것이었는데, 헌법 제정 의회를 소집하는 것을 결의하고 그 의원을 선출하기 위한 법률을 채택하는 것으로 그 역할을 다했으며, 그다음 달에는 프로이센 국민의회가 열리게 된다. 짧은 기간 안에 개최하게 된 이때의 연합 주의회에서 그는 짧지만 주위를 경악시킨, 게다가 게를라흐 형제를 위시한 보수파를 격노하게 만든 발언을 해버렸다.

4월 2일, 그는 혁명에 의해 탄생한 자유주의적인 '3월 내각'을 "우리를 현상으로부터 합법적이며 질서 있는 상태로 이끌어갈 수 있는 유일한 내각"이라고 인정했을 뿐 아니라 다음과 같은 혁명 당초의 상황을 달가워하는 듯한 발언을 했던 것이다.

> 과거는 지나가 버렸고 국왕 스스로 그 관(棺) 위에 흙을 덮어버린 지금에 이르러서, 그 과거를 소생시키는 것 등은 그 누구도 할 수 없다는 것을 다수의 의원 여러분 이상으로 유감으로 생각하고 있습니다(GW, X, 16).

그 이후 그는 곧바로 게를라흐 형제에게 사과를 함으로써 양자의 관계는 붕괴에 이르지 않고, 자신의 정치적 기반을 상실하지 않고 끝났다. 과연 그의 이 당시의 발언을 어떻게 규정해야 할까(직면한 현실 상황에 대한 현실주의적인 대응인가, 아니면 반혁명 이외의 가능성을 탐색하기 위한 것인가)? 이 부분은 유감스럽지만 오늘날에도 잘 알 수가 없다. 다만 한 가지 말할 수 있는 것이 있다면, 반혁명 진영에 있으면서 강경 보수파의 주장에 대해서 수렴되지 않는 요소를 그가 이 시점에서 내포하고 있었으며 그 일단이 이와 같은 형태로 노출되었다는 점이다.

의회 바깥에서의 활동: 혁신적 측면

그 후에 개최된 프로이센 국민의회에서 그는 안타깝게도 선출되지 못했다. 그렇지만 의회라는 발언의 장을 잃었다고 해도 그가 조용히 있을 리가 없다. 오히려 이때 그가 취한 두 가지의 행동 자체가 정치가 비스마르크를 고찰하는 데에 결정적으로 중요해지게 된다.

그 한 가지는 《신프로이센신문(Neue Preusiβche Zeitung)》의 창간이다. 해방전쟁 시에 제정된 철십자장(鐵十字章)을 신문 명칭으로 함께 게재했던 것으로부터 《십자장신문(Kreuzzeitung)》으로도 불리게 되는 이 신문은 자유주의 세력에 대항해서 교회 정통파와 국가에 대한 충성을 옹호하는 것이었다. 그 주장으로부터 게를라흐 그룹과 가까운 관계에 있었던 헤르만 바게너(Hermann Wagener)를 편집장으로 초빙하고 장기간의 준비 기간을 거쳐 1848년 7월 초에 창간호를 발간하며 그 활동을 시작했다.

창간 후에는 강경 보수파의 기관지로서 역할을 할 것으로 기대를 모았지만, 그 지면은 피아(彼我) 쌍방을 불문하고 항상 사람들의 화제가 되어, 당초 상정했던 것을 훨씬 초월하는 영향력을 프로이센 여론에 미치고, 후에 강경 보수파에 그치지 않고 보수파 전체의 기관지로 성장하게 된다. 그리고 그것에 크게 기여했던 것이 비스마르크였다. 발기인 리스트에 이름을 함께 올리지 않았지만 그는 같은 해에 학생 시기에 서로 알았던 바게너에 대해서 협력을 아끼지 않았다. 특히 그는 많은 기사를 기고함으로써 지면을 풍성하게 했는데, 의회 연설의 때에도 보였던 그의 공격적이고 조롱적이며 그리고 때로는 현실주의적인 성격이 기사에도 반영되어, 그 신문의 성격을 결정짓게 되었던 것이다.

그리고 또 한 가지, 간과할 수 없는 활동이 '토지소유이익옹호협회'이다. 이것은 한마디로 말하자면 농장주 이익단체에 상당하는 것으로, '3월 내각'이 추진하고자 하는 잔존하는 봉건적 특권의 무상 폐지나 지조(地租) 면제의 폐지 등, 농장주가 보유하고 있는 물질적 이익을 훼손시키는 모든 움직임에 반대해야 한다며 결성되었다. 협회장에는 보수파의 정론가였던 에른스트 고트프리드 폰 빌로-쿠머로(Ernst Gottfried von Bülow-Cummerow)가 취임했는데, 이 이익단체를 결성하고 주체적인 역할을 담당했던 것이 다름 아닌 비스마르크였다. 그의 적극적인 활동에 의해 이 단체는 1848년 8월 18~19일에 베를린에서 전체 집회, 이른바 '융커 의회'를 개최하고, 약 400명의 참가자를 모으는 것에 성공했다. 실로 이 활동을 통해서 비스마르크는 농장주의 이익을 대변하는 자로서 그때까지 이상으로 이름을 날리게 되었다.

이 두 가지의 활동은 도대체 무엇을 의미하는 것일까? 이제까지 살펴본 바와 같이, 비스마르크는 강경 보수파 진영에 몸을 담고, 자신의 기득권익을 옹호하는 의미에서도 반혁명의 입장에 계속 서 있었다. 그것은, 즉 민족주의로 대표되는 19세기의 시대조류에 상반되는 것이며, 프로이센의 근대화에도 반대·저항하는 자세를 취하는 것을 의미한다. 그렇지만 일본의 독일 역사학자인 오우치 고이치(大內宏一)가 단적으로 지적하는 바와 같이, 여기에서 중요한 것은 이러한 반근대적인 입장을 취하는 비스마르크가 의회, 신문, 협회 등의 근대적인 정치 수단을 이용함으로써 정치적으로 주목을 받는 인물이 되었다는 점이다. 실로 혁명이라는 대변동, 정치체제가 근대화로 향하는 커다란 물결 자체가 그에게 기회를 제공하게 된다.

이 책의 시점으로부터 환언해서 말하자면, 자신을 둘러싼 외부 환경의 변동을 감안하여, 그는 자신이 신봉하고 구속받고 있는 전통적인 권익과 스타일을 혁신적인 수단을 갖고 옹호하고자 했다고 할 수 있다. 실로 자신의 안에 있는 전통적 요소와 혁신적 요소가 교묘하게 연동됨으로써 처음으로 비스마르크는 정치적으로 큰 성과를 거두게 되는 것이다. 그리고 그것을 가능케 했던 것은 외부 상황의 변화였는데, 그것을 교묘하게 이용하는 '술(術,• 술책)'에 그의 비

• 이 책에서 언급되고 있는 '술(術)'이라는 단어는 독일어 'Kunst'에 대응되는 것으로, 일반적으로 술책(術策), 솜씨, 예술 등을 의미한다. 여기에서는 일괄적으로 '술책'으로 표

범함 및 특이성을 찾아볼 수 있다.

'측근당의 부관'으로서

3월 혁명을 계기로 프로이센과 오스트리아 양국은 시대조류에 반하는 보수 반동적인 정통주의의 논리를 방기하고 근대화로 향해서 크게 방향을 전환하고 자 하여, 그것이 성공하는 듯이 보였다. 그렇지만 1848년 여름에서 가을에 걸 쳐서 흐름이 바뀐다. 그 계기는 오스트리아에서 반혁명이 성공했던 것에 있다. 3월 혁명을 계기로 오스트리아가 지배했던 이탈리아와 체코, 헝가리에서 민족 독립운동이 활발함을 보였는데 6월에 발생한 프라하의 민중봉기가 군에 의해 진압되고, 8월에는 요제프 라데츠키(Joseph Radetzky) 장군(요한 슈트라우스 1세 가 작곡한 그의 이름을 딴 행진곡으로 인해 다소 익숙할 것이다)이 북부 이탈리아를 진압하고, 10월의 비엔나 봉기도 군에 의해 진압되는 사태가 결정적이었다. 새 롭게 재상이 된 슈바르첸베르크(Felix zu Schwarzenberg)의 아래에서 롤백(roll-back) 정책이 행해져, 제국의 비분할을 선언하고 프랑크푸르트 국민의회에 대 해서 대결 자세를 선명하게 보였다.

그 영향은 곧바로 베를린에 미쳤다. 11월 1일, 프리드리히 빌헬름 4세는 반 동파의 프리드리히 빌헬름 폰 브란덴부르크(Friedrich Wilhelm von Branden-burg)를 총리로, 그리고 오토 폰 만토이펠(Otto von Manteuffel)을 내상(內相)에 임명하고, 그들의 아래에 반혁명 정책이 연거푸 전개되어간다. 우선 프로이센 국민의회는 휴회와 브란덴부르크로의 이전에 내몰리게 되었다. 또한 덴마크와 의 경계에 있는 슐레스비히와 홀슈타인을 둘러싸고 덴마크와 교전 상태(제1차 슐레스비히 전쟁)에 있었던 프리드리히 브랑겔(Friedrich Wrangel) 장군이 이끄

기했다. _옮긴이 주

는 프로이센군이 베를린에 귀환하자, 11월 12일에 계엄령이 내려지고 시민군은 해산할 수밖에 없었다. 게다가 모든 정치 결사의 금지, 집회와 출판의 제한이 이루어졌다.

이때 비스마르크는 게를라흐 형제가 이끄는 국왕 측근 그룹인 '측근당 사령부의 매우 활동적이며 총명한 부관'(루트비히 폰 게를라흐의 평가)으로서 "시계의 추와 같이"(1848년 12월 9일 형에게 보내는 글, GW, XIV/1, 120) 수도와 각지 사이를 정력적으로 왕래하며 반혁명에 공헌했다. 그 결과, 왕궁 내부에서도 그의 이름이 알려지게 되었다.

이리하여 베를린에서도 반혁명이 성공했는데, 그렇다고 해서 3월 혁명의 성과가 전혀 없었다고 보는 것은 적절하지 않다. 국왕은 국민의회를 해산시켰지만, 12월 5일에 흠정(欽定)이라는 형태이기는 하지만, 프로이센 헌법을 공포했기 때문이다. 그것은 국왕의 대권을 인정하면서도 양원제의 하원에서는 남자 보통선거권을 인정하는 등, 자유주의적인 요소가 들어간 것이었다. 1850년이 되자, 이 헌법은 보통선거를 대신하여 '보통·불평등 선거'의 3급 선거제도 도입을 위시해 전통적인 지배 세력의 정치적 복권과 국민의 기본권 제한에서 보이는 바와 같이, '개악'되어버린다(그리고 약 40년 후에는 대일본 제국 헌법의 규범이 된다). 그렇지만 그럼에도 헌법과 국회가 정비됨으로써 프로이센의 정치체제에 일응 근대화가 초래되었다.

1849년 2월 새롭게 설치된 프로이센 의회 하원의원 선거에서 비스마르크가 당선되어, 여기에서 그의 국회의원 활동이 재개된다.

프랑크푸르트 국민의회에 대한 부정적 반응

프로이센 하원의원이 된 비스마르크는 정치가로서의 활동에 전념하기 위해서 이 해 여름에 쇤하우젠의 농장을 대출하고 가족을 베를린으로 맞아들였다.

이때 장녀 마리(Marie, 1848년 8월 출생)에 이어서 장남 헤르베르트(Herbert, 1849년 12월 출생)가 태어났다.

이 시기 그의 정치사상은 3월 혁명을 계기로 단번에 고양된 독일 통일운동에 대한 반응을 통해서 살펴볼 수 있다. 우선은 프랑크푸르트에서 개최된 독일 국민의회에 대한 반응부터 살펴보도록 하겠다.

비엔나와 베를린에서 반혁명이 성공하는 가운데 프랑크푸르트에서는 독일 통일의 방식을 둘러싸고 기탄없는 논의가 계속되었다. 특히 커다란 문제가 되었던 것은 오스트리아 제국에 거주하는 독일인을 포함한 독일의 통일을 요구하는 '대독일(주의)'과, 그들을 배제하고 프로이센을 중심으로 한 독일 통일을 요구하는 '소독일(주의)'의 대립이었다. 1848년 10월이 되어 결국 '대독일' 방식을 채택하는 것이 결정되었는데, 전술한 바와 같이 반혁명을 실현한 오스트리아에서는 제국의 단일·불가분의 입장 아래에서 재상 슈바르첸베르크에 의해 거부되었다.

그 때문에 국민의회는 '소독일'의 입장에 서서 다시 처음부터 시작하는 것을 도모했다. 1849년 3월, 국민의회는 연방제, 외교·군사권의 '제국 권력(중앙정부)'으로의 귀속, 세습 황제제, 양원제 의회 설치(하원은 보통선거제 도입)를 골자로 하는 헌법을 제정하고, 프로이센 왕 프리드리히 빌헬름 4세를 황제로 선출했다. 그렇지만 프로이센 왕은 이때 혁명에 의해 만들어진 제관(帝冠)을 혐오하여 국민의회의 요청을 거절했다. 그 이후 국민의회는 비탈길에서 굴러 떨어지는 것처럼 해체의 일로를 걷게 되고, 일부의 잔존 의원은 슈투트가르트로 이전하여 최후의 저항을 시도했지만 권토중래를 이루지 못하고 6월에 그 활동에 종지부를 찍게 되었다.

프랑크푸르트 국민의회의 움직임에 대한 비스마르크의 반응이 명확하게 표출되었던 것은 4월 21일의 하원에서의 연설이다. "유럽이 혁명의 흥분으로부터 냉정해지기 시작한 이 순간에 우리나라가 실로 1년 늦게 프랑크푸르트의 주권에 대한 충동에 동의하여 지지를 함으로써 독일 문제를 더욱 복잡하게 만든다면, 나는 그것을 우리나라의 과제로 여기는 일에 단호하게 저항하고자 합니다"라고 한 뒤에, 그는 다음과 같이 논함으로써 독일 제관을 거절한 국왕을 지지했다.

> 최악의 경우에도 나는 국왕이 지몬 씨와 샤흘라트 씨(모두 프랑크푸르트 국민
> 의회 의원)라는 정치적 동지의 가신(家臣)으로 영락하는 것을 눈으로 보게 되는
> 것보다는 프로이센이 프로이센으로서 계속 존재할 수 있기를 희망합니다. ……
> 프랑크푸르트의 제관은 매우 눈부신 것일지는 모르겠습니다만, 그 휘황찬란함을
> 진짜로 만드는 황금은 프로이센의 왕관을 녹임으로써 비로소 얻어지는 것입니
> 다. 그리고 나는 이 개주(改鑄)가 이와 같은 헌법의 형태를 갖고 달성될 것이라고
> 는 결코 믿지 않습니다(GW, X, 32).

이로부터 또한 엿볼 수 있는 바와 같이, 프로이센과 독일 통일이 동일한 도마 위에 오르게 되었을 때, 비스마르크는 주저하는 일 없이 프로이센을 선택했던 것이다. 명백히 그는 이때의 독일 통일운동에 대해서 부정적이었다.

다만 독일 통일 문제에 관한 비스마르크의 발언을 둘러싸고는 이것과는 정반대의 것, 즉 독일 통일을 긍정하거나 그것을 원하는 등의 종류의 발언도 또한 존재하며, 그러한 것들이 20세기 초에 보인, 그를 '독일 민족주의자'로서 평가하는 비스마르크 이해의 근거가 되었다. 그렇지만 여기에서 주의해야 할 것은 이러한 발언은 역사적 사실보다도 만년의 심정을 우선시했던 회상록 중에서 보이는 기술이든지, 아니면 혁명 발발 직후의 대단히 한정된 시기에 이루어졌던 것이며, 후자에 관해서는 전술한 바와 같이 혁명에 의해 발생한 현상을 달가워하는 듯한 현실주의적인 발언이 보였던 시기와 일치한다. 그 때문에 로타르 갈뿐만 아니라 일본에서도 독일 역사학자 하야시 겐타로(林健太郎)가 이미 지적하고 있는 바와 같이, 이때의 비스마르크는 독일 통일보다도 프로이센을 우선시했다고 이해해야 하며, 독일 통일운동에 긍정적이었다고는 말할 수 없다.

'연합' 정책에 대한 반발

이러한 비스마르크의 자세는 프로이센 주도의 독일 통일 정책, 이른바 '연합' 정책에 대한 발언으로부터도 살펴볼 수 있다. 이 '연합' 정책은 측근 요제프 마리아 폰 라도비츠(Joseph Maria von Radowitz)의 조언을 받아들인 프리드리히 빌헬름 4세가 작센, 하노버 두 왕국과 동맹을 맺고(1849년 5월), 이 3왕 동맹을 축으로 '소독일' 방식, 즉 오스트리아를 배제하는 형태로 독일 통일을 실현시키고자 하는 것이었다. 그렇지만 오스트리아가 중유럽·동유럽에 걸쳐 있는 제국 전체를 독일과 일체화시키는 '7,000만 제국' 구상을 내세우며 정면으로부터 충돌했기 때문에 유력 제방은 물론이고 동맹국 작센과 하노버도 프로이센의 움직임에 동조하지 못하고, 곧 막다른 길에 내몰리게 되어버린다.

비스마르크는 이러한 '연합' 정책에 대해서도 반대의 목소리를 높였다. 1849년 9월 6일의 하원 연설 중에서 "프랑크푸르트 형(型)의 이론을 갖고 (독일의) 국민적 재생을 요구하는 움직임이 프로이센 국민 중에는 있다고 생각하지 않는다"라고 한 위에 다음과 같이 논했다.

> 우리는 모두 프로이센의 독수리가 메멜(Memel, 현재 리투아니아의 항구 도시 클라이페다)에서 도너스베르크[Donnersberg, 현재의 라인란트팔츠(Rheinland-Pfalz) 주에 있으며, 독일을 남북으로 분단하는 산]까지 그 보호와 지배의 날개를 펼쳐주기를 바라고 있습니다만, 그 독수리가 새롭게 설치되는 레겐스부르크의 제국의회에 의해 구속되고, 그 날개가 프랑크푸르트로부터의 가지치기 가위에 의해(이전에 프로이센에 대한 위협으로서 사용되었던 것처럼) 잘려지게 되는 것을 보고 싶지는 않습니다. …… 우리는 프로이센 사람이며, 계속해서 프로이센 사람인 것을 바라고 있습니다(GW, X, 38-40).

여기로부터도 명백한 바와 같이 그는 프로이센의 패권 확대를 바랐으며, 그것이 구속받게 된다면 가령 프로이센 주도의 독일 통일이라고 하더라도 그것에 반대했던 것이다. 그는 아내에게 보내는 글 중에서 다음과 같이 말하기도 했다.

이 (독일) 문제는 원래 의회에서가 아니라 외교와 전장으로 결정되는 것이며, 그것에 관해서 우리가 말을 통해서 결정했던 것은 모두 이른바 공중누각을 그리고, 뭔가 갑작스러운 사태에 의해 자신이 위인이 될 것으로 생각하고 있는 감상적인 청년의 월하의 망상밖에 되지 않는 것이랍니다(1849년 8월 27일, GW, XIV/1, 136).

올뮈츠 연설

내외의 반발을 받아 '연합' 정책은 1849년 가을의 시점에서 이미 와해된 것과 같은 상태에 있었다. 계속해서 미련을 갖고 있던 프로이센의 수뇌는 1850년 3월에 에르푸르트(Erfurt)에서 '연합' 의회를 개최하고 그다음 달에는 헌법 초안을 채택함으로써 '연합'의 실현을 도모했다. 그렇지만 다른 독일 유력 제방은 이 움직임에 동조하지 않고, 오스트리아는 프랑크푸르트에 반(反)'연합'의 제방을 모아서 대결 자세를 선명하게 드러냈다. 이러한 오스트리아의 움직임을 러시아 황제 니콜라이 1세가 공개적으로 지지하고, 영국·프랑스 양국도 프로이센의 움직임을 지지하지 않았기에 프로이센의 외교적 패배는 여기에 이르러 결정적이 되었다. 1850년 11월 29일 프로이센은 오스트리아와 '올뮈츠 협약(Agreement of Olmütz)'을 체결하고, 이로써 '연합' 정책의 깃발을 내리게 되었다. 이 사태는 '소독일'적 통일을 추구하는 세력으로부터 '올뮈츠의 굴욕'으로 불리게 된다.

12월 3일, 프로이센 하원에서 비스마르크는 이 '올뮈츠 협약' 체결을 옹호하는 연설을 하는데, 이것이 그의 정치사상을 고찰하는 데에 대단히 중요하므로 아래에서 상세하게 살펴보도록 하겠다. 우선은 이 중에서 그는 종래의 보수적 입장을 다음과 같이 표명한다.

> 프로이센의 명예는 현지의 헌법이 위기에 직면하고 있다고 생각하는 병든 의회의 모습이 역력하기 때문에, 프로이센이 독일 전역에서 돈키호테의 역할을 수행하는 것에 있는 것은 아니라고 확신하고 있습니다. 내가 추구하는 프로이센의 명예란 프로이센이 무엇보다도 민주파와 손을 잡게 되는 것과 같은 굴욕적이며 바보 같은 짓을 하지 않는 것이며, 현재의 문제뿐 아니라 다른 모든 문제에서도 프로이센의 승낙 없이 독일에서 그 어떤 일도 일어나는 것을 인정할 수 없다는 것이며, 나아가서는 프로이센·오스트리아 양국이 공통의 자립된 생각에 기초하여 합리적이고 또한 정치적으로 보아서 적절하다고 판단했던 것이 독일에서 동등한 후견국(인 프로이센과 오스트리아)에 의해 공동으로 행해지는 것입니다 (GW, X, 105).

이로부터 살펴보면 간취할 수 있는 바와 같이, 그는 3월 혁명과 그 이래 독일 통일의 움직임에는 부정적이며 독일 문제에서는 프로이센의 대국으로서의 존재감이 보이고 있는 것과 함께, 오스트리아와 공동 노선을 취해야 한다고 하고 있다. 이것은 그가 속한 강경 보수파의 의견, 즉 비엔나 체제하의 정통주의에 기초한 전통을 바른 것으로 삼는 의견과 통하는 것이고 이제까지 그의 정치적 주장과 그 어떤 모순은 없으며, 비스마르크 정치사상의 보수적·전통적 요소로서 자리매김되는 것이다.

그렇지만 이 연설에는 이러한 요소에 수렴되지 않는 혁신적인 부분도 눈에 띈다. 구체적으로는 게를라흐 형제를 위시한 당시의 보수주의가 존중하는 일정한 원리가 아니라 국익이라는 물질적 이익을 중시했던 것이며, 다음에 보이는 바와 같은 상징적인 말에서 그것을 표현했다.

대국의 유일하게 건전한 기반이 되며, 대국을 소국으로부터 본질적으로 구분하는 것은 국가 에고이즘(egoism)인 것이며, 낭만주의가 아닙니다. 그리고 자국의 이익에 속하지 않는 것을 위해서 싸우는 것은 대국에 적합한 행위가 아닙니다 (GW, X, 103).

그는 정통주의이든지 민족주의이든지 일정한 원리원칙에 구속될 경우, 프로이센의 국익을 훼손할 우려가 있다고 생각했다. 그런데 그는 원리원칙 그 자체에 대해서도 다음과 같이 신랄하게 논하고 있다.

사람들은 원칙이 시련에 직면하지 않는 동안에는 그 원칙을 굳게 지키지만, 일단 그것이 시련에 직면하게 되면 그들은 흡사 농부가 슬리퍼를 버리는 것과 같이 그 원칙을 던져버리고 맨발로 걷게 되어버리는 것입니다(1847년 3월 14일 요한나에게 보내는 글, GW, XIV/1, 79).

이처럼 그는 원리원칙에 기초해서 행동하는 것의 위험성을 인식하고 '국가 에고이즘' 혹은 국익이라는 물질적 이익에 기초해서 대국은 정책을 결정해야 한다고 설명했던 것이다. 실로 이 점 자체가 게를라흐 형제를 위시한 강경 보수파와 비스마르크 사이를 긋는 결정적인 일선이며, 그가 단순한 보수적인 정치가가 아니었음을 보여주는 것이다.

비스마르크의 정치사상: '전통'과 '혁신'의 관점에서

결국 여기에 이르러 국회의원으로서 비스마르크가 지닌 생각과 주장의 전모가 그 모습을 드러내게 된다. 여기에서는 비스마르크가 내포하는 양면성, 즉 전통적 요소와 혁신적 요소의 관점에서 그것을 다시 정리해보도록 하겠다.

비스마르크의 기본적인 정치적 입장은 프로이센의 국익과 국왕의 군주권을 옹호하는 것이며, 그것을 유지하고 경우에 따라서는 확대하는 것을 지향했다. 그것은 프로이센 중심주의, 혹은 대(大)프로이센주의라고도 불리는 것으로 일부의 선행 연구 중에서 '프로이센 권력 국가사상'으로 칭해지는 것이다. 그것은 독일 통일이라는 국민적 비원을 '감상적인 청년에 의한 월하의 망상'으로서 일축하고 '계속해서 프로이센 사람이기를 바란다'는 표현이 되어 단적으로 나타나고 있다.

여기에서 보이는 비스마르크의 프로이센주의는 이제까지 그가 계승했던 전통적 가치관에서 발단하는 것이었다. 그때까지의 기존 질서가 혁명에 의해 현저하게 동요하는 격동의 시기에 있어서 그는 기존의 사회질서와 전통을 유지하고 옹호하는 것을 통해서 융커로서 계승해왔던 자신의 기득권익을 지키고자 했던 것이다. 그 때문에 그는 프로이센 군주주의를 받들고 반혁명에 약기(躍起)하게 되었다. 그 점에 대해서는 전술한 '융커 의회'를 향한 그의 활발한 언동이나 '측근당의 부관'으로서의 정력적인 활동이 그것을 웅변해주고 있다고 할 수 있다.

이러한 그의 자세는 그의 인생에 결정적인 영향을 주게 된 포메른의 경건주의 서클, 나아가서는 이 서클과 밀접한 관계에 있었던 국왕 측근의 강경 보수파적인 그룹에 몸을 맡겼던 것도 적지 않게 관계되어 있다고 할 수 있다. 실로 '순수한 프로이센인', '반동 융커', '반혁명의 투사'로서의 비스마르크를 여기에서 찾아볼 수 있다.

하지만 그가 준수하는 전통적 가치관과 기존의 사회질서, 나아가 자신의 기득권익을 지키기 위해 취한 발상과 수법은 기존 보수 진영 정치가들의 그러한 것들로부터는 크게 일탈한 것이었다. 그는 보수주의 세력이 매우 소중하게 여기고 숭배하며 받들었던 이념과 원리원칙, 이데올로기 등에 속박되어서는 지키려는 것을 지킬 수 없다고 판단하고, 대단히 현실주의적·물질주의적인 발상도 갖추었다. 바로 그렇기 때문에 혁명이라는 비상사태에 직면해서 그는 의회 활동, 언론 활동, 결사 활동이라는 근대적인 정치 수법을 주저하지 않고 이용할 수 있었던 것이다.

그는 이와 같은 생각을 프로이센이라는 국가에도 적용한다. 그는 '지고한 자아'라고 해야 할까, 그 강렬한 자의식과 자존심으로 인해 신에 대한 봉사와 프로이센 국가에 대한 봉사를 동일시하고, 나아가 자기 자신을 프로이센 국가와 합치시켰다. 그에게 있어서 대국으로서의 프로이센의 국익을 유지·확대하는 것은 자신의 권익을 유지·확대하는 것을 의미하기 때문에 갈수록 그것에 매진한다. 그리고 그것을 실현하기 위해서는 정통주의와 보수반동적인 이념 등의 원리원칙에 고집해서는 안 되며, 유일하게 건전한 기반인 '국가 에고이즘'에 입각하지 않으면 안 된다는 것이다. 후에 그가 프로이센·독일의 정치외교를 지휘하는 데에 있어서 동맹 상대를 교체하고, 나아가 혁명 세력으로 간주되는 그룹에도 주저하지 않고 접근하는 것도 그 때문이다. 실로 그의 이와 같은 혁명적 부분으로 인해 그는 자신이 속하는 게를라흐 형제가 이끄는 강경 보수파와 최종적으로 결별하게 되는 운명을 맞이하게 되는데, 이것이 바로 비스마르크가 '현실 정치가'로 평가되는 까닭이다.

이로부터 '전통'과 '혁신'이라는 본래 상반되는 두 가지 요소가 비스마르크 안에서 교묘하게 연동되어 융합되고 있다는 것을 살펴볼 수 있을 것이다. 게다가 그것은 자신의 전통적인 가치관과 권익을 준수하고 추구하고자 할 때에 비로소 진가를 발휘하는 것이다. 이로부터 뭔가 정치적으로 고매한 이상을 내세우고 그것을 향해서 매진하는 형태의 정치가가 아니라 거꾸로 그러한 것에 대해서 냉소적인 시선으로 바라보면서 어디까지나 자신의 권익을 포함해 물질적인 이익에 탐욕스럽기까지 집착하는, 속물주의적 형태의 정치가의 모습이 떠오르게 된다.

그럼 왜 이와 같은 형태의 정치가가 정치의 세계에서 대두할 수 있었던 것일까? 그것은 실로 혁명과 그것에 따른 시대와 상황의 변화 때문이라고 할 수 있다. 단순히 전통적 가치관과 스타일을 염불처럼 계속 제창하고, 단지 그것을 공허하게 존수할 뿐인 인물이라면 단순히 '반혁명의 투사'로서 끝났을 것이며, 혁신적이며 기존의 것을 파괴하는 요소만을 갖고 있을 뿐인 인물이라면 보수 반동적인 당시 프로이센의 정치 수뇌부에서 전혀 상대로 다루어지지 않았을 것이다. 격동의 시대에서 이러한 전통적인 요소와 혁신적인 요소를 아울러 지니고, 게다가 그것을 즉각 상황의 변화에 맞추어서 교묘하게 연동시킬 수 있었기 때문에 그는 크게 약진할 수 있었던 것이다. 그러한 의미에서는 언제 닥쳐올지 모르는 상황의 변화는 비스마르크를 고찰하는 데에서도 중요한 요소이며, 그것을 자기편으로 만들어 교묘하게 이용하는 술책이라는 점에서 그는 동시대에서 타의 추종을 불허했다. 천재적인 능력을 발휘하는 인물이었다고 평가해도 좋지 않을까?

이처럼 1850년 12월 3일 비스마르크의 하원 연설은 당시 그 자신의 정치사상에서의 한 가지 도달점이며, 정치가로서의 '수업 시대'의 성과였다. 과연 여기에서 보이는 비스마르크의 본질에 얼마나 되는 사람들이 주의를 기울였을지에 대해서는 명확하지 않다. 적어도 그가 속했던 강경 보수파가 이 대목을 놓치지 않았다는 것은 확실하다. 그들은 이 연설에 보이는 비스마르크의 보수적 요소에 만족했던 것이다. 그리고 그것은 비스마르크에게 다음의 무대를 마련해주었다. 그것은 올뮈츠 협약을 감안하여 이듬해 1851년에 부활한 독일 연방의 중앙기관에 해당하는 연방의회의 프로이센 대표라는 자리였다. 이리하여 그는 국회의원에서 외교관으로 변신하게 되었던 것이다. 이 당시 비스마르크는 36세였다.

제3장

외교관이 되다 : 외교가 비스마르크의 '편력 시대'
(1851~1862)

프랑크푸르트 시대의 개막

1851년 5월 8일, 비스마르크는 독일 연방의회의 프로이센 대표로서 자유도시 프랑크푸르트에 파견되었다(파견 시에는 공사관의 참사관이었는데, 같은 해 7월에는 정식으로 공사가 된다). 여기에 이르러 약 11년에 이르는 외교관 시대의 개막이 이루어졌다. 1854년에 추밀(樞密)고문관, 이듬해 1855년에는 상원의원으로 선출되어 베를린과의 사이를 빈번하게 왕래하게 되지만, 그는 이곳 프랑크푸르트에서 외교관으로서의 경력을 쌓게 된다.

프랑크푸르트에서의 생활은 검소했지만 비스마르크에 있어서 마음 편한 것이었다. 그것은 아내 요한나의 생활 스타일에 의한 것이 컸다. 부임한 해의 10월에 아이들을 이끌고 프랑크푸르트에 이주하자, 그녀는 외향적인 남편의 곁에서 시중을 들면서 적극적으로 사교계에 얼굴을 내미는 일은 하지 않고 최후까지 집안에서 한결같이 그때까지의 검소하고 신중한 생활을 일관되게 지켰다. 외교관의 아내로서 이래도 되는 것인가 하고 생각되기도 하지만, 거꾸로 그것이 프랑크푸르트의 사교계에 대해 만족감을 느끼지 못했던 그의 마음에 평온함을 가져다주었다. 또한 새로운 가족도 증가하여(1852년 8월에 차남 빌헬름 출생) 충실한 시기를 보내게 된다.

　로타르 갈도 지적하고 있는 바와 같이, 약 8년간에 걸친 프랑크푸르트 시대는 비스마르크에게 있어서 전환기이며, 대단히 중요한 시기가 된다. 그 최대의 이유는 그가 여기에서 처음으로 국제정치를 체험했기 때문이다. 그때까지의 그는 충분한 직업 교육도 받지 못했는가 하면 외교관의 경험 등이 일절 없고, '반혁명의 투사'로서 정치 무대에 등장했던 것에 불과했다. 그가 이 자리에 부임했던 것도(후의 '비스마르크 외교'에서 발휘되는 것과 같은) 외교 능력이 평가받았기 때문은 아니다. 제2장에서 살펴본 '올뮈츠 연설'에서 보이는 그의 보수적인, 독일 통일에 부정적이며 프로이센·오스트리아 협조노선을 설명하는 자세가 게를라흐 형제를 위시한 국왕 측근의 강경 보수파에 의해 평가를 받았기 때문이며 한마디로 말하자면 당파 인사 때문이었다. 하지만 계기가 무엇이든 간에 그는 여기에서 국제정치를 눈으로 직접 보고 이제까지는 군주의 지배권과 전통적 질서를 결부시킨 것으로서 대내적으로밖에 자각하지 못했던 프로이센의 국가이익을 (후술하는 오스트리아와의 대립을 통해서) 대외적으로 재인식할 수 있게 되었다.

　아니, 그뿐만이 아니었다. 프랑크푸르트 시대가 비스마르크에게 있어서 결정적으로 중요했던 것은 그의 오스트리아에 대한 인식 및 자세에 큰 변화가 발생하기 때문이다. 프랑크푸르트 시대에 그는 주위의 기대를 멋지게 저버리고 프로이센·오스트리아 협조를 설득하기는커녕 거꾸로 오스트리아와의 대결 자세를 강화해간다. 이 변화 자체가 비스마르크가 강경 보수파와 결별하게 되는 요인이 되어, 그 이후 프로이센·독일의 역사에서 결정적인 영향을 미치게 된다.

　그럼 그에게 있어서 중요한 전기가 되었던 프랑크푸르트 시대란 도대체 어떤 것이었으며, 여기에서 도대체 무엇을 경험했던 것일까? 이제부터 구체적으로 살펴보도록 하겠다.

독일 연방

여기에서 외교관 비스마르크의 첫 무대가 된 독일 연방에 대해서 개관해보도록 하겠다.

독일 연방은 1815년 5월 비엔나 회의를 거쳐 나폴레옹 전쟁 후의 독일에 신성로마 제국을 대신하여 발족한 국가 연합조직이다. 오스트리아 제국, 프로이센을 포함하는 5개의 왕국, 30개 미만의 중소 제방과 4개의 자유도시로 구성되어, 독자적인 원수와 집행부는 설치되지 않고 프랑크푸르트에 가맹 각 방(邦)의 공사(公使)로 구성되는 연방의회가 중앙기관으로서 존재했을 뿐이었다. 연방의회의 의장은 오스트리아 공사가 항시적으로 맡았는데, 바이에른(Bayern)과 뷔르템베르크(Württemberg) 등의 중규모 제방도 프로이센·오스트리아 양국과 같은 표수(票數, 4표)가 부여되고 그 이외의 각 방에도 각각의 크기에 따라 표가 나뉘어져 부여되었다(〈표 1〉 참조). 비엔나 체제의 특징인 세력균형의 원칙이 여기에서도 움직여, 어딘가 있는 방(邦)이 돌출하지 않도록 강구되었던 것이다.

또한 연방에는 '동군(同君) 연합'의 관계를 통해서 영국 왕(하노버 왕국), 네덜란드 왕(룩셈부르크 대공국), 덴마크 왕(홀슈타인 공국)이 가맹했으며, 이 조직은 독일 역사학자인 사카이 에이하치로(坂井榮八郎)의 말을 빌리자면, '국제적인 군주 동맹에 가까운' 것이며, 오늘날 '연방'이라는 말에서 떠올려지는 것과 같은 통일 국가라고는 도저히 부를 수 없는 것이었다(그 때문에 최근 이러한 실태에 입각하여 '독일 동맹'이라는 번역어를 사용하는 경우가 있다).

독일 연방에 관해서는 과거에는 독일 통일을 저해한 존재로서 별로 중시되지 않았다. 하지만 최근의 연구를 살펴보면 이에 대한 재평가가 진행되고 있으며 타국의 침략으로부터 가맹 각 방을 지킨다는 안전보장 장치로서는 기능했다고 한다. 확실히 프로이센·오스트리아 전쟁(1866년)이 발발하기까지 독일에서는 전쟁이 발발하지 않았으며, 세력균형의 논리가 움직여서 일정한 평화를

⟨표 1⟩ 독일 연방 제방의 국세(國勢)와 연방의회 본부 회의의 표결권

(면적 및 인구는 1815년 현재 기준, 단위: 1,000제곱미터, 1,000명)

	국명	국위별	표수	면적	인구
1	오스트리아	제국	4	197.6	9120.0
2	프로이센	왕국	4	185.5	7617.0
3	작센	〃	4	15.0	1180.0
4	바이에른	〃	4	76.3	3350.0
5	하노버	〃	4	38.4	1320.0
6	뷔르템베르크	〃	4	19.5	1340.0
7	바덴	대공국	3	15.3	1102.0
8	헤센카셀	선제후국	3	9.6	552.0
9	헤센다름슈타트	대공국	3	7.7	590.0
10	홀슈타인	공국	3	9.6	375.0
11	룩셈부르크	대공국	3	4.8	204.6
12	브라운슈바이크	공국	2	3.7	210.0
13	메클렌부르크슈베린	대공국	2	13.3	333.0
14	나사우	공국	2	4.7	290.0
15	작센바이마르	대공국	1	3.6	194.0
16	작센고타	공국	1	⎫	⎫ 262.0
17	작센코부르크	〃	1	⎪ 5.7	
18	작센마이닝겐	〃	1	⎪	55.0
19	작센힐트부르크하우젠	〃	1	⎭	33.0
20	메크렌부르크슈트렐리츠	대공국	1	2.9	70.0
21	올덴부르크	〃	1	6.4	202.0
22	안할트데사우	공국	1	0.8	53.0
23	안할트베른부르크	〃	1	0.8	36.0
24	안할트쾨텐	〃	1	0.7	29.0
25	슈바르츠부르크존더스하우젠	후국	1	0.8	44.0
26	슈바르츠부르크루돌슈타트	〃	1	0.9	54.0
27	호엔촐래른헤힝겐	〃	1	0.2	14.0
28	리히텐슈타인	〃	1	0.2	5.1
29	호엔촐래른지그마링겐	〃	1	0.9	38.5
30	발데크	〃	1	1.1	48.0
31	로이스그라이츠	〃	1	0.3	20.0
32	로이스게라	〃	1	0.8	55.0
33	샤움부르크리페	〃	1	0.4	24.0
34	리페데트몰트	〃	1	1.2	68.0
35	뤼베크	자유도시	1	0.3	41.6
36	프랑크푸르트	〃	1	0.1	47.0
37	브레멘	〃	1	0.3	47.7
38	함부르크	〃	1	0.4	124.0
	합계		69	629.8	29148.5
39	헤센홈부르크	지방백령	4	0.3	20.0

설명: 17~19는 작센코부르크, 작센마이닝겐, 작센알텐부르크의 3공국으로 정리되었다(1825년). 22~
    24는 통일되어 안할트 공국이 된다(1853~1863년). 27과 29는 프로이센에 병합된다(1849년). 39는
    1817년에 가맹한다.
자료: 成瀬治·山田欣吾·木村靖二 編, 『ドイツ史 2』(山川出版社, 1996), p.225.

보장했는지도 모른다. 하지만 비엔나 체제의 또 하나의 기둥인 정통주의의 논
리 때문에 독일 연방은 대내적으로는 민족주의 운동을 억압하는 보수반동적인
조직이었다는 것을 잊어서는 안 된다. 메테르니히는 동유럽·중유럽에 걸쳐 있
는 다민족 제국 오스트리아의 질서 유지와 나폴레옹 전쟁 후의 열강 간의 세력
균형의 유지를 동시에 달성하기 위해서 민족주의라는 내향적인 논리가 아니라
열강과의 국제협조라는 외향적인 논리를 중시했다. 그 결과, 독일에는 국민국
가가 아닌 느슨한 국가 연합조직이 설치되었던 것이다. 이것은 민족주의라는
19세기의 시대조류에 역행하는 것이며, 독일 통일을 추구하는 세력으로부터의
도전을 항상 받으며 그때마다 메테르니히의 오스트리아를 위시한 각 방이 이
것을 탄압하지 않으면 안 되었다.

　　바로 그렇기 때문에 유럽 열강 간의 세력균형을 유지하기 위해서도 또한 정
통주의를 받들며 독일 연방 내에서 발생한 민족주의 운동을 억압하기 위해서
도, 메테르니히에게 있어서 독일 연방을 밑받침하는 2개의 대국 오스트리아와
프로이센의 협조는 필요불가결한 것이었다. 그 때문에 오스트리아 연방 내에
서는 전술한 바와 같이 연방의회의 의장을 맡았지만 항상 프로이센과는 '사전
협의 체제'라고 칭해지는 것과 같은, 비스마르크 자신의 표현에 의하면 "상호
간의 거부권을 암묵적으로 용인하고 연방의회뿐만 아니라 독일의 그 어떤 작
은 방(邦)의 궁정에서도 쌍방의 양해 없이 무언가를 표명하지 않는"(1853년 11
월 14일 프로이센 총리 겸 외교장관 만토이펠에게 보내는 글, GW, I, 390) 긴밀한 협
력 관계를 유지하기 위해서 노력해왔던 것이다.

오스트리아와의 대결

그런데 1848년의 3월 혁명과 그것에 따른 일련의 사태에 의해, 상황은 일변하게 된다. 1851년에 독일 연방이 부활하자, 오스트리아 재상 슈발첸베르크는 패권 정책 아래에서 중앙 유럽에서 강경 자세를 보였다. 그 결과, 프로이센은 그 지위가 격하 취급되는 '주니어 파트너'로서 자리매김되고, 그때까지의 '사전 협의 체제'가 붕괴했던 것이다.

왜 오스트리아는 이와 같은 자세를 취했던 것일까? 그 요인 중의 한 가지로 혁명 시기에 보인 '소독일'적인 움직임에 대한 프로이센의 동향을 들 수 있을 것이다. 제2장에서 살펴본 바와 같이, 프로이센은 프랑크푸르트 국민의회로터 내밀어진 독일 제관(帝冠)을 거절한 이후 스스로가 '연합' 정책을 취해 오스트리아를 배제하고 독일 통일운동을 추진하고자 했던 전과가 있었다. 혁명에 따른 혼란기에 있어서 공동보조를 취하기는커녕, 하필이면 독일 통일을 향한 움직임을 보였던 프로이센에 대해 오스트리아가 종래와 같은 호의적인 눈길로 바라보는 것이 가능했겠는가? 오스트리아에서는 프로이센의 존재감을 저하시키고 그것에 반비례하듯이 경계심이 높아졌던 것이다.

비스마르크가 프랑크푸르트에 부임했던 것은 이와 같이 프로이센·오스트리아 관계가 악화되고 독일 연방 내에서 국내의 균형이 불안정해지고 있는 때였다. 이 시점에서 독일 연방 의회 공사(公使)로 임명되었다는 것은 프로이센·오스트리아 간의 충돌 회피에 전념하고 관계 정상화를 향해 진력하는 것이 요구되었음에 틀림이 없었다. 그리고 그 자신이 적어도 처음에는 그러한 생각을 했다. 예를 들면 당시의 프로이센 총리 겸 외교장관 만토이펠〔1850년에 내상(內相)에서 승격됨〕에 대한 보고를 살펴보면, 그는 "연방의회 자리에서 다른 제방의 공사에 대해서 프로이센·오스트리아 양국이 완전히 동의하고 있다는 인상을 확보하고, 또한 그것을 강화할 필요성"을 느꼈던 것이 간취된다(1851년 11월 19일, GW, I, 97).

그렇지만 여기에서 큰 변화가 발생한다. 그는 만토이펠에 대해서 다음과 같이 말한 것이다.

4년 전 여기에 부임했을 때 나는 결코 오스트리아에 원칙적으로 적대하는 사람은 결코 아니었습니다. 하지만 오스트리아의 현재 권력자들이 이해하고 있는 것과 같은 의미에서의, 오스트리아에 대해서 호의적인 자세를 다소라도 유지한다면 나는 프로이센인으로서의 피를 한 방울도 남기지 않고 부정하지 않으면 안 될 것입니다(1855년 2월 28일 개인 서신, GW, II, 23).

여기에서는 반오스트리아적인 자세를 보이는 그의 모습을 확실히 살펴볼 수 있다. 프로이센의 국가이익을 중시하고, 프로이센·오스트리아 양국은 유럽에서 또한 독일 연방에 있어서 동등한 지위를 가져야 한다고 생각하는 그의 관점에서 본다면, 프로이센을 '주니어 파트너'처럼 격하 취급하는 오스트리아의 태도는 도저히 허용할 수 있는 것이 아니었다. 그 이후 로타르 갈의 표현을 빌리자면 "이[齒]를 드러내려는 듯한 태도"로 대결 자세를 강화해간다.

그렇지만 이것은 오스트리아와 정치적·보수적 연대를 중시하고 있는 본국 정부(특히 강경 보수파)의 의향과는 정면으로부터 대립한다. 따라서 당초에는 학생 시기를 방불케 하는 듯한 행동 방식으로 오스트리아에 대항했다. 예를 들면 다음과 같은 에피소드가 있다. 어느 무더운 날에 오스트리아 대표가 상의를 벗은 상태로 비스마르크를 접견했을 때, 그도 또한 (그것이 예의범절이 아니므로 허락되지 않음에도 불구하고) 상의를 벗었던 것이다. 또한 어떤 때는 회의장에서 오스트리아 대표가 담배를 피우고 있자, (오스트리아 대표만이 회의장에서 담배를 피우는 것이 허락되는 관행이 있었음에도 불구하고) 비스마르크도 또한 담배를 꺼내서 성큼성큼 그에게 다가가 불을 빌리고 담배를 피웠던 적도 있다. 이와 같이 비스마르크는 매사에 대항 의식을 드러내고 당당하게 대항하며 겨루어나갔던 것이다.

이와 같은 그의 대결 자세는 크리미아 전쟁이 발발하고 프로이센이 이에 휘말려들게 되자, 집요하게 고집을 부리는 수준을 넘어서 본국 정부를 휘말려들게 하는 형태로 더욱 격렬함을 증가해간다.

크리미아 전쟁을 둘러싸고

후에 크리미아 전쟁이라고 불리게 되는 이 전쟁은 1853년 7월 러시아가 오스만 제국령에 진격했던 것이 그 발단이다. 오스만 제국 내의 그리스정교 교도들의 보호가 명목이었지만 러시아의 노림수는 발칸 반도에 대한 세력을 확대시키는 것과 함께, 흑해와 지중해를 잇는 다르다넬스(Dardanelles), 보스포루스(Bosporus) 두 해협을 제압함으로써 (러시아 흑해함대의) 지중해를 향한 출구를 확보하고, 남하 정책에 박차를 가하고자 했던 점에 있다. 적어도 이 단계에서는 이제까지 수차례나 계속되어온 러시아와 오스만 제국의 전쟁(러시아·터키 전쟁)의 하나에 불과했다.

그렇지만 1854년 3월 러시아의 세력 확대를 두려워한 영국과, 이 전쟁을 기회로 종래의 국제질서를 자국에 유리한 방향으로 변경시키고자 기도하는 나폴레옹 3세가 이끄는 프랑스가 각각 오스만 제국의 측에 붙어서 전쟁에 참가했다. 그 결과, 이 러시아·터키 전쟁은 나폴레옹 전쟁 이래의 유럽 열강 간에 의한 대규모 전쟁으로 발전하여(1855년에는 사르데냐 왕국도 오스만 측에 가담하여 참전함), 이른바 '유럽 협조'는 여기에서 완전히 붕괴했다.

이 전쟁에 대해서 비스마르크는 일관되게 프로이센은 중립의 입장을 취해야 한다고 주장한다. 예를 들면 개전 당초 만토이펠에게 "오스트리아가 더 이상 러시아와 행동을 함께 하지 않는다면, 우리나라는 즉시 오스트리아와는 행동을 달리 하여 …… 비엔나가 아니라 페테르부르크와 행동을 함께 해야 한다는 것에 의심할 바가 없습니다"라고 하며 친러·반오스트리아적 자세를 보이면서, "가능하면 다른 독일 제방 및 벨기에와 연대하여 무장 중립의 입장을 취한 다면 우리나라의 이익에 합치되며 오스트리아 이외의 독일에서는 우리나라의 영향력을 일단 확대하는 것이 적절한 태도라고 할 수 있을 것입니다" (1853년 7월 15일 개인 서신, GW, I, 355)라고 자세히 보고했다.

그렇지만 크리미아 전쟁을 둘러싸고 독일 연방의회에서는 벌집을 건드린 듯한 대소동이 벌어진다. 오스트리아가 이 전쟁에 영국·프랑스 양국과 함께 오스만 제국 측에 서서 참전하고자 했기 때문이다. 오스트리아에 있어서 러시아의 세력 확대는 유럽에서의 세력균형의 붕괴뿐 아니라 국내의 슬라브 민족을 자극한다는 의미에서도 인정할 수 없었던 것이다. 그때 오스트리아 단독으로 참전하기보다는 프로이센 군사력을 자기편으로 만들기 위해서라도 독일 연방군을 동원하는 편이 좋은 것이 아니겠는가? 그래서 오스트리아는 연방군을 동원해야 한다며 연방의회에서 다수파 공작에 분주했고, 그 한편으로 프로이센에 대해서도 직접 움직였던 것이다〔1854년 4월 프로이센·오스트리아 간에 공수동맹(攻守同盟)이 성립되었다〕.

이러한 움직임에 비스마르크는 격렬하게 반발하고 오스트리아와의 대결 자세를 가일층 첨예화시킨다. 그는 본국에 대해서는 오스트리아의 감언이설에 편승하여 참전하지 말도록 계속해서 진언하는 것과 동시에, 프랑크푸르트에 있어서는 오스트리아의 다수파 공작을 방해하고 전쟁에 휘말리지 않도록 진력했다. 그 결과, 연방군이 동원되지 않고 독일 연방은 크리미아 전쟁에 관여하지 않게 되었다. 프로이센은 중립을 유지했고 여기에 이르러 오스트리아는 단독으로 참전하는 것을 삼갔던 것이다.

독일의 역사학자 에른스트 루돌프 후버(Ernst Rudolf Huber)는 "외교관으로서의 경력 중에서 최초의 위대한, 그리고 누구의 눈으로 보더라도 명백한 성공"이라고 하며, 이때의 비스마르크를 높이 치켜세우고 있는데, 과대평가는 금물이다.

우선 확인해두고 싶은 것은, 이때의 비스마르크는 어디까지나 독일 연방의회에 파견되어 있는 일개 외교관에 불과하며 프로이센의 외교정책과 프로이센·오스트리아 간의 외교 교섭에는 일절 관여하고 있지 않았다는 점이다. 오스트리아가 프로이센을 전쟁에 휘말리게 하는 것을 노리고 1854년 4월에 프로이센·오스트리아 공수동맹을 체결했을 때, 그가 그것을 저지할 수 없었던 것은 그 좋은 증거이다. 다음으로 그는 확실히 프랑크푸르트에서 (상당히 강인한 프로이센의 외교 방침에 끼어들고자 하며) 다양한 제언을 계속했지만, 그것이 프로이센을 중립으로 유도했다고 보는 것은 무리가 있다. 크리미아 전쟁 시에 프로이센 국내에서는 서측 진영에 대해서 크리미아 전쟁에 참전해야 한다는 일파와, 종래의 친러시아 노선을 견지하여 중립을 지켜야 한다는 일파 간에 의견이 분열되어 오스트리아라는 외압을 갖고서도 이 내부 분열을 극복하지 못하고 이럭저럭하는 동안에 전쟁의 추세가 결정되어버렸던 것이다. 즉, 이때 프로이센은 내부 분열로 인해서 주체적으로 움직이지 못했고 그 결과로서 중립의 입장을 취하게 되었던 것이다.

이상의 점을 종합해서 생각해보면, 연방의회 공사로서의 비스마르크의 활동이 당시 프로이센의 외교정책에 다대한 영향을 미쳤다고 할 수 없으며, 객관적으로 본다면 에버하르트 콜브가 주장하는 바처럼, 프랑크푸르트에서의 오스트리아의 공세에 '방어적'으로 대응했던 정도였을지도 모른다. 하지만 이때의 외교 경험과 갈수록 첨예해지는 반오스트리아 자세는 그 이후 비스마르크의 인생을 고려하는 데에 경시할 수 없는 것 또한 사실이다.

오스트리아와 맺어야 할 마땅한 관계란 무엇인가?

크리미아 전쟁을 통해서 비스마르크의 반오스트리아 자세는 갈수록 명확하고 또한 노골적으로 보이게 되었다. 1853년 12월, 그는 게를라흐(형)에 대해서 오스트리아의 패권정책으로 인해서 독일을 둘러싸고 프로이센은 입지가 좁아진 상태에서 생각을 하지 않으면 안 되며, 대결에 내몰리고 있다고 언급한 뒤에 다음과 같이 논했다.

오스트리아가 요구하고 있는 바에 따르면, 양국이 점령해야 할 장소는 없어지게 되며, 우리는 결국에는 그것을 견뎌낼 수 없게 될 것입니다. 우리는 서로 입의 앞에 있는 공기를 빼앗아 호흡을 하고자 다투고 있기 때문에 한쪽이 굴복해야 하든지, 아니면 다른 한쪽에 의해 굴복되든지, 그러한 결말이 나기 전까지 우리는 적이 되지 않으면 안 되는 것입니다. 그것이 얼마나 유쾌하지 못한 일이 될 것인지(이와 같은 말을 사용하는 것이 송구스럽습니다만), 무시할 수 없는 사실이라고 생각하는 바입니다(1853년 12월 19, 20일, GW, XIV/1, 334).

파리 강화회의를 거쳐 크리미아 전쟁이 종결되자, 그는 만토이펠에게 보내는 서신〔이른바 '대(大)보고서'〕 중에서 크리미아 전쟁 후에 러시아·프랑스 양국이 동맹을 맺을 가능성이 있는 국제정세의 변화를 앞에 두고, 프로이센이 오스트리아에 대해서 명확한 대결 자세를 취해야 한다고 하면서 다음과 같이 진언하고 있다.

독일에서의 양대 세력의 대립 상태는 천 년 전부터 그때그때 그리고 카를 5세(신성로마 제국 황제) 이래 그 어떤 세기에 있어서도 정기적으로 철저한 내전을 통해서 쌍방의 관계를 조정해왔다. 그리고 금세기에서도 그 이외의 수단으로는 발전의 시계바늘을 바로 잡을 수 없을 것으로 보입니다.
나의 확신을 말씀드리자면, 우리나라는 머지않은 장래에 오스트리아에 대해서 우리나라의 존망을 걸고 싸우지 않으면 안 될 것으로 생각합니다. 독일에서의 사태의 진전에 다른 도피할 길은 없으며 그것을 피하기 위한 힘은 우리나라에게 없는 것입니다(1856년 4월 26일, '대보고서', GW, II, 142).

독일에서 오스트리아와는 자웅을 겨루지 않으면 안 된다. 이것이 그의 일련의 서한 및 보고 중에서 간취된다. 우리는 그 이후에 무엇이 일어났는지를 알고 있다. 크리미아 전쟁 종결 10년 후, 총리가 된 비스마르크는 실제로 프로이센·오스트리아 전쟁에 나서게 된다(상세한 내용은 제4장 참조). 이 사실을 의식하게 된다면, 연방의회 공사 시대에 했던 그의 발언이 예언처럼 보이기도 하는데 다음에 보이는 그가 같은 시기에 행했던 발언에 접했을 때, 이 시기의 반오스트리아 자세를 전쟁으로 직결시키는 견해는 잘못된 방향에서 논의를 유도할 위험성을 수반하고 있다는 것에 주의하게 될 것이다.

수학적인 사실 관계의 논리에 기초하자면, 오스트리아가 우리의 친구가 될 수 없으며, 또한 될 수도 없다고 확신하는 데에 이르러, 그것을 억누를 수도 없다. …… 내가 이곳에 왔을 때에는 상당히 친오스트리아적인 사람이었다. 만약 **우리나라**가 존속될 수 있는 정책이 그곳으로부터 보증된다면 나는 다시 친오스트리아적인 사람이 될 용의가 있다. 다만 생각건대 현재와 같은 정책 상태로는 불가능한 것이 아니겠는가?(1856년 4월 28일 형 게를라흐에게 보내는 글, GW, XIV. 1, 441).

즉, 현상 아래에서는 무리일지도 모르지만 과거의 '사전협의 체제'에서 보이는 바와 같은 프로이센·오스트리아 동일 권력의 체제가 부활한다면, 그때까지와 같은 협조적 입장으로 돌아갈 것이라고 말하고 있는 것이다. 또한 비스마르크의 독일 연방 개혁 구상을 다룬 안드레아스 카에른바흐(Andreas Kaernbach)의 연구에 이르러서는 그는 시종일관 프로이센·오스트리아 협조체제를 지향했던 것으로 묘사되고 있다.

재차 비스마르크라는 인물을 일면적으로 논하는 것의 위험성을 통감하게 만든다. 한 가지 말할 수 있는 것은, 프랑크푸르트 시대 그의 언동을 이후 사건과 직결시켜 단락적으로 평가해서는 안 된다는 점이라고 할 수 있다. 그는 이 시기에 확실히 오스트리아와의 대결 자세를 강화해갔고 그것이 도달할 수 있는 가능성의 한 가지로서 대(對)오스트리아에 전쟁이라는 가능성을 고려했다. 하지만 그것은 어디까지나 가능성이었을 뿐이며 그 이상의 것도 또한 그 이하의 것도 아니었던 것이다.

나폴레옹 3세에 대한 접근

이 시기 비스마르크가 큰 관심을 보였던 인물이 있었다. 바로 나폴레옹 3세이다.

나폴레옹 1세의 조카에 해당하는 인물로 1848년의 파리 2월 혁명의 때에 성립된 프랑스 제2공화국 아래에서 대통령이 되자, 1851년에 쿠데타를 일으키고 그 이듬해에는 국민의 지지를 얻어 황제로 즉위했다. 그는 과거 프랑스의 영광을 되찾아야 하며, 비엔나 체제를 대신하여 새로운 국제질서를 지향하며(혹은 국내의 문제로부터 국민의 눈을 돌리기 위해서) 적극적으로 대외 문제에 관여하게 된다. 그러한 그에게 있어서 크리미아 전쟁은 실로 '가는 날이 장날'이었다. 그는 영국과 함께 오스만 측에 서서 참전했고, 1856년의 파리강화회의를 성공시켰다. 이러한 기세를 타고 이 황제에게 비스마르크가 최초로 접촉했던 것은 파리강화회의가 개최되기 1년 전인 1855년 8월이며, 강화회의의 이듬해 4월에도 파리에서 재차 발걸음을 옮겼다.

그런데 비스마르크의 정치적 후원자였던 게를라흐 형제에게 있어서 그는 프로이센을 일시 나락의 바닥으로 떨어뜨렸던 증오스러운 나폴레옹의 조카이며, 가령 황제를 칭하고 있다고 해도 결국에는 혁명 원리의 체현자에 불과했다. 그 때문에 그들은 도대체 어떤 생각을 갖고 비스마르크가 이 남자에게 접촉하고 있는 것인지를 전혀 이해할 수 없었다. 이에 따라 비스마르크가 '보나파르티스트'(여기에서는 나폴레옹 3세와 그의 통치 시스템에 공감을 표시하고 프랑스

나폴레옹 3세(1808~1873)

와의 동맹을 주장하는 인물을 의미함)는 아닌가 하는 의혹이 부상하게 되었다.

　결론부터 말하자면, 비스마르크는 '보나파르티스트'가 아니었다. 적어도 본인은 부정했다. 그럼 왜 나폴레옹 3세에게 접근했을까? 그것은 오스트리아와의 대립 중에서 프로이센의 국익을 추구한 것이며, 최초부터 프랑스를 '적'으로 삼아버리는 것은 정치적으로 현명하지 않다는 '국가 에고이즘'에 기초한 판단에서였다. 후일 그는 체스에 비유하며 다음과 같이 논했다.

　현재에 있어서 프랑스는 동맹의 파트너로서는 **가장 문제가 있는** 상대입니다만, 그 **가능성**은 유지해두지 않으면 안 됩니다. 왜냐하면 체스 판의 64개의 칸 중에서 16개가 최초부터 사용하지 않는다는 것은 체스를 하지 못한다는 것이며, 프랑스와의 전쟁은 피할 수 없다는 무거운 부담을 등에 짊어지면서 함께 해나간다면 다른 여러 국가들 정부와는 타협이 이루어질 수 없을 것이기 때문입니다(1860년 5월 2, 4일 게를라흐 형제에게 보내는 글, GW, XIV/1, 549).

게를라흐와의 논전

하지만 아무리 프로이센의 국익을 위해서였다고 해도 그 어떤 주저도 망설임도 없이 나폴레옹 3세에게 접근해도 좋은 것이었을까? 비스마르크의 맹우(盟友)인 론마저 당시 그와 같이 생각했기 때문에, 비스마르크가 속해 있는 강경 보수파의 면면으로부터 본다면, 또한 더욱 심각했을 것이다. 이 점을 둘러싸고 1857년 봄에 비스마르크와 게를라흐(형)의 사이에서 유명한 논전이 전개된다. 그 절정을 이룬 부분을 살펴보도록 하겠다.

게를라흐: 자네처럼 참으로 총명한 사람이 어찌하여 LN(나폴레옹 3세를 지칭함)과 같은 단지 한 명의 남자를 위해서 원칙을 희생시키고 있단 말인가? 나도 그에게는 감명을 받았으며 특히 그가 절도를 유지하고 있는 점은 그와 같은 벼락출세한 자에게 있어서는 이중으로 상찬해야 할 일이다. 그러나 당연한 일이지만 그는 우리의 적이며, 언제나 계속해서 그러할 것이다(4월 29일, Gerlach, 206).

비스마르크: 국내 정책에서 우리는 의견을 완전히 같이 하고 있음에도 불구하고, 귀하의 대외 정책에 관한 의견에는 일반적으로 말해서 **현실을 무시하고 있다**고 비난받지 않을 수 없는 만큼, 친숙해지는 것이 불가능합니다. …… **나의** 국왕과 국가에 봉사하는 것을 직무(職務)로 삼는 정치의 체스 가운데에서 프랑스는 그 시기마다 누가 원수(元首)의 지위에 있더라도 하나의 '게임용 말'밖에 되지 않

으며, 게다가 피할 수 없는 '게임용 말'인 것입니다. …… 물론 나는 프랑스와 동맹을 체결하여 독일에 대해서 음모를 기획하는 것을 추구하고 있지는 않습니다. 하지만 프랑스인이 우리들을 방해하지 않는 한, 그러한 그들에 대해서 우호적인 태도를 취하기보다도 냉담한 태도를 취하는 것이 이성적이라고 말할 수 있겠습니까?(5월 2일, GW, XIV/1, 464~466).

게를라흐: 그렇다면 자네는 프로이센·오스트리아 양국이 서로 적대하고 보나파르트가 데사우까지를 지배하고 독일에서는 그에게 자문을 구하지 않고는 그 어떤 일도 할 수 없는 상태를 행복한 것으로 생각하고 있다는 말인가? 프랑스와의 동맹은 1814년부터 1840년까지의, 다른 그 어떤 열강도 독일 문제에 간섭하지 않았던 상태와 맞바꿀 수 있단 말인가? 오스트리아도 독일의 중규모 제방도 우리들에 대해서 아무것도 해주지 않을 것이라는 점은 나도 자네와 마찬가지로 인식하고 있다. 그렇지만 나는 프랑스, 즉 보나파르트**도 또한** 우리들에 대해서 아무것도 해주지 않을 것이라고 생각하고 있는 것이다. …… 나의 정치적 원칙은 혁명에 대한 투쟁이며, 앞으로도 또한 그러하다. 보나파르트가 혁명의 측에 서지 않도록 자네는 그를 설득할 수 없지 않은가? 그도 또한 그것 이외의 측에는 서지 않을 것으로 보인다. 왜냐하면 그는 거기로부터 명백한 이익을 얻고 있기 때문이다(5월 6일, Gerlach, 210f.).

비스마르크: ≪베를린 신문(Berliner Nachrichten)≫에 의하면, 궁정에서 나는 보나파르티스트라고 간주되고 있습니다. 이것은 전혀 적절하지 않습니다. 1850년에 나는 오스트리아와 내통한 배신자로 적들로부터 비난받았고, 우리는 베를린의 비엔나 사람으로 불리는 모양새였습니다. 그 이후가 되자, 우리는 러시아 가죽의 냄새가 난다고 하며, 슈프레강의 코사크라고 불리기도 했습니다. 나는 그 당시 러시아파인가 아니면 서양파인가 질문을 받게 되면 항상 이렇게 대답해왔습니다. 즉, 나는 프로이센인이라고 말입니다. 내가 이상으로 삼는 외교관은 선

입관에 구속받지 않고 여러 외국이나 그 통치자에 대해서 좋음과 싫음의 인사에 미혹당하지 않고 결단할 수 있는 인물입니다(5월 11일, GW, XIV/1, 469).

게를라흐: 보나파르트주의가 아닌가 하는 비판에 대한 자네의 변명을 들어보니 우리 사이에는 아직 큰 인식 차이가 있다는 것을 알게 된다. …… 자네가 보나파르티스트가 아니라는 것은 잘 알고 있다. …… 이 앞의 의회에서 반정부파를 자네가 어떻게 보고 있는가 하는 점만 보아도 자네를 보나파르트주의라고 비난하는 것은 이상하다는 것을 알 수 있다. 실로 바로 그 때문에 나에게는 자네의 우리나라의 외교 정책에 대한 견해가 납득이 가지 않는다(5월 21일, Gerlach, 213).

나폴레옹 3세에 관한 비스마르크의 발언에 대해서만 살펴볼 경우, 이른바 '현실 정치가'로서의 모습을 찾아볼 수 있을지도 모른다. 확실히 그는 목적을 위해서는 수단을 가리지 않고, 현실을 중시하며 '국가 에고이즘'에 입각하여 행동하는 자세를 강렬하게 보여, 주위로부터 반감을 사는 일도 적지 않았다. 그렇다고 해서 그가 현실 중시의 무원칙주의자였던가 하면, 그것은 잘못된 말이다. 이것은 게를라흐(형)의 주장으로부터 보이는 것이지만, 양자의 쟁점은 나폴레옹 3세였으며, 보수적 자세 및 반혁명이라는 입장에는 두 사람은 모두 전혀 충돌하고 있지 않고 있다(놀랍게도 오스트리아에 대한 인식도 양자는 일부 공유하고 있다).

혁명에 대해서 전통적·보수적 요소를 옹호하는 목적은 공유하면서 그 실현을 위해 전통적·보수적 가치관에 구속받는가의 여부가 분기점이며, 나아가 그 한 점만에 의해 비스마르크는 결과적으로 강경 보수파와 결별하게 되는 것이다. 프로이센 군주주의의 옹호와 반혁명이라는 보수적·전통적 요소와, 그 가치관에 속박되지 않는 현실적인 관점으로부터 당시 혁명적으로 간주되었던 나폴레옹 3세와의 협력도 불사한다는 혁신적인 요소의 공존 자체가(제2장에서 살펴본 '올뮈츠 연설'에서도 보이지만) '비스마르크의 정치사상'의 특징인 것이다.

다만 이 당시 그의 발언을 주의해서 살펴보면, 프랑스와의 동맹으로까지는 발을 들여놓지 않고 있다는 점이 주목된다. 아마도 여기에서 게를라흐 형제를 격노시켜버리면 본국에서의 자신의 정치적 기반을 상실하게 될 위험이 있기 때문에, 그 점에 대해 힘껏 배려했던 것이 표출된 것으로 봐야 할 것이다.

'신시대'의 도래와 페테르부르크로의 '영광스러운 섬 유배'

1858년 가을 이래, 비스마르크를 둘러싼 정치적 환경은 크게 변동한다. 국왕 프리드리히 빌헬름 4세의 정신 상태가 더욱 악화되어 이미 통치자로서의 임무를 견뎌낼 수 없게 되자, 10월에 그의 동생 빌헬름이 섭정하게 되었다. 3월 혁명 시기에는 반혁명의 입장을 취하고 자유주의자를 탄압하여 유탄왕자(榴彈王子)로 불렸던 적도 있었는데, 이 시기의 그는 자유주의자에게도 접근할 정도로 비교적 온건한 정치적 자세를 취하게 되었다. 조속히 그는 온건 자유주의파의 내각을 구성하도록 임명했고, 이로써 '신시대'가 시작되었다.

이러한 움직임은 비스마르크에게 어떤 영향을 미쳤을까? 그의 정치적 기반인 강경 보수파, '측근당'은 세력 후퇴에 내몰리게 되었다. 그것은 즉 나폴레옹 3세를 둘러싸고 그들과 격렬하게 논쟁했던 비스마르크의 견지에서 보자면, 곧 그의 지위를 상실하게 될 위험으로부터 벗어난 것이 된다. 하지만 그것은 동시에 이전에 비해서 왕실을 위시한 프로이센 정부의 수뇌에게 미치는 영향력이 저하되었음을 또한 의미했다.

'신시대'에서 비스마르크가 우대받았던 적은 없다. 1859년 1월 말에 주(駐) 페테르부르크 프로이센 공사로 임명되어, 러시아로 파견되었던 것이다. 당시의 프로이센 외교에서 프랑크푸르트에서 페테르부르크로의 이동은 좌천에 상당하는 것이며, 그도 또한 '영광스러운 섬 유배'와 같은 것으로 생각했다고 한다. 온난한 프랑크푸르트에 남고자 하는 그에게 있어서 이러한 인사 조치는 상당한 충격이었다. 출발 직전의 심경을 그는 다음과 같이 토로하고 있다.

> 정치적으로 악천후가 형성되고 있기 때문에 곰의 모피를 뒤집어쓰고 캐비어
> 와 큰사슴 사냥으로 기분을 전환하며 기다리고자 한다(1858년 12월 10일 누이동
> 생에게 보내는 글, GW, XIV/1, 495).

1862년 봄에 이르기까지 그의 페테르부르크 시대는 확실히 본래 의도한 바가 아니었거나 마지못했던 바가 있었을지도 모른다. 프랑크푸르트 시대에 비해서 두드러진 공적을 올렸던 것도 아니고, 또한 도중에 건강이 악화되어 일시 목숨을 잃을 수도 있는 위험에 노출되었던 적도 있었기에, 설상가상의 처지였을 것이다. 하지만 그가 여기에서 황제 알렉산드르 2세를 위시해 러시아 궁정과 정부 수뇌와의 연결고리를 쌓는 것에 성공했던 것은 경시할 수 없다. 부임한 이후 얼마 지나지 않아 그는 환영과 후대를 받았을 뿐 아니라 외교장관 알렉산더 고르차코프(Alexander Gorchakov, 후에 러시아 재상)에 이르러서는 들어가서 의견 교환을 할 정도였다. 여기에서 구축된 인맥은 그가 수상에 취임한 이래 그 진가를 발휘하게 되며, 그것이 이후의 비스마르크 외교를 논하는 데에서 중요한 대전제가 된다.

이탈리아 통일전쟁을 둘러싸고

페테르부르크 체류 중에 비스마르크는 또다시 유럽 국제질서를 요동치게 하는 큰 사건에 조우한다. 1859년 4월에 발발한 이른바 이탈리아 통일전쟁이다.

비엔나 체제하의 이탈리아도 독일과 마찬가지로 국가적 통일을 실현하지 못했으며, 북이탈리아의 롬바르디아 지방과 베네치아를 포함한 베네트 지방은 비엔나 회의의 결과 오스트리아의 지배하에 놓이게 되었다(롬바르드 베네트 왕

국). 민족주의 운동이 고조를 보이자, 그때마다 오스트리아가 들고일어나 탄압했던 것은 그 때문이다. 1848년의 비엔나 3월 혁명의 때에도 리소르지멘토(Risorgimento, 이탈리아 통일운동)는 융성을 보이고 일시적으로는 '로마공화국'이 탄생했지만, 이미 제2장에서 살펴본 바와 같이 비엔나에서 반혁명이 성공하자 이 움직임은 단번에 탄압되고 실패로 끝났다.

그 이후 사르디니아 왕국이 리소르지멘토의 중심적인 역할을 수행하게 된다. 크리미아 전쟁에 대한 참전을 계기로 프랑크푸르트와의 정치적 거리를 줄인 사르디니아는 1858년 7월에 나폴레옹 3세의 군사적 지원에 대한 약속을 받아내고(프론비엘의 밀약), 1859년 4월에 프랑스와 함께 오스트리아와 교전했다. 이리하여 시작된 이탈리아 통일전쟁은 도중에 프랑스가 오스트리아와 단독 강화를 체결하여 전선을 이탈했지만, 시종일관 사르디니아의 우세 속에서 전황이 추이되고 이탈리아 북부를 세력 아래에 두는 것에 성공했다. 그 이후 붉은 셔츠대가 이끄는 가리발디가 제압한 시칠리아 섬 및 이탈리아 남부를 포함하는 형태로 1861년 3월에 이탈리아 왕국이 성립한다.

이탈리아 통일전쟁의 소식을 접한 비스마르크는 멀리 페테르부르크로부터 베를린의 외교장관 알렉산더 폰 슐라이니츠(Alexander von Schleinitz)에게 수차례나 의견 개진을 했다. 그 특징은 모두 반오스트리아적인 색채로 오스트리아의 승리는 프로이센의 국익에 합치되는 것이 아니라는 것이다.

우리나라가 (오스트리아와의) 동맹관계를 유리한 방향으로 변경할 수 없고, 또한 그것을 바랄 수 없다면 전쟁에 관여해서는 안 된다. 오스트리아가 프랑스에 승리하는 것도, 프랑스에 의해서 독일의 영토가 손실을 입는 것도, 그 어느 쪽도 우리나라에 있어서 바람직한 일은 아니다. 그러므로 현 시점에 있어서는 프랑스가 독일의 국경선을 침범하는 움직임에 대해서 러시아, 그리고 만약 가능하다면 영국이 보증해주어 전쟁이 국지화될 수 있다면 프로이센의 정책에 있어서 다행스러운 결과를 가져오게 될 것이라고 할 수 있다(1859년 5월 3, 4일, GW, III, 34f).

나는 독일 연방의 현재 상황 속에 프로이센의 결함이 있다고 보고 있으며, 우리가 이 결함에 대해 조치를 취할 때를 늦추면 안 되는 동안에 적절한 시기에 치료를 하지 않는다면, 조만간에 '철과 불(ferro et igni)'에 의한 거친 치료를 하지 않으면 안 되게 될 것이다(1858년 5월 12일, GW, III, 38).

호전적인 발언도 살펴볼 수 있는데 그것은 군사 문제에 강한 관심을 갖고 섭정 빌헬름을 의식했던 것으로도 해석할 수 있으며, 판단에 일정한 유보가 필요할 것이다. 오스트리아와의 직접 대결을 어느 정도로 진지하고 또한 현실적으로 그가 고려했는지는 의문이지만, 오스트리아 측을 편드는 것만큼은 어쨌든 피하지 않으면 안 된다는 점에 관해서는 의문의 여지가 없다. 그가 친형에게 다음과 같이 토로하고 있는 점으로부터도 그것은 명백하다고 할 수 있다.

만약 우리가 오스트리아를 돕게 된다면, 우리는 이탈리아에서도 독일에서도 30년 전쟁 시의 복구 칙령 이래 아직 과거에 지녔던 적이 없는 것과 같은 지위를 오스트리아 측에 제공해버리게 된다. 그때 우리를 다시 해방시키기 위해서는 새로운 구스타프 아돌프(독일 30년 전쟁에서 그 이름을 날린 스웨덴 왕 구스타프 2세를 지칭함) 혹은 프리드리히 2세(18세기에 오스트리아로부터 슐레젠을 획득하고 프로이센을 강국으로 이끌었던 프리드리히 대왕을 지칭함)이 필요하다(1859년 5월 8일, 러시아력 4월 26일 형에게 보내는 글, GW, XIV/1, 520).

독일 민족주주에 대한 접근

이것과는 별도로 그에게는 이 무렵부터 독일 민족주의에 대한 접근을 의식하는 발언이 두드러지게 된다. 예를 들면, 당시 독일 민족주의 운동의 담당자였던 자유주의파의 중심적인 인물이었던 한스 빅토르 폰 운루(Hans Victor von

Unruh)에 의하면, 비스마르크는 '독일 인민'을 프로이센의 동맹자로서 간주했다고 한다. '신시대' 지도자의 한 명인 루돌프 폰 아우어스발트(Rudolf von Auerswald)에 대해서도 그는 "독일 인민에 의한 국민적 힘" 자체가 프로이센에 있어서 "유일한 신뢰할 수 있는 밑받침"이 된다고 논하고 있다(1860년 11월 30일, 러시아력 11월 18일, GW, XIV/1, 565).

이러한 그의 독일 민족주의에 대한 자세는 1861년 7월에 그가 작성한 「독일 문제에 관한 각서」(최종 형태는 같은 해 10월의 라인펠트 각서) 중에서 더욱 현저하게 살펴 볼 수가 있다. 이 각서는 이 해 1월에 프리드리히 빌헬름 4세의 사망에 따라 즉위한 새로운 국왕 빌헬름 1세(그때까지는 섭정을 맡았던 빌헬름)가 7월에 그의 사위가 통치하는 바덴 대공국에 갔을 때, 동행을 명령받은 비스마르크가 독일 문제를 중심으로 향후의 프로이센이 취해야 할 길에 대해서 생각하는 바를 정리한 것이다. 이 중에서 그는 독일 연방에서의 프로이센의 입장이 오스트리아에 비해서 불평등하다는 문제를 지적하며 연방 개혁의 필요성을 호소했는데, 그 목적에 도달하기 위해서는 "분산적인 경향을 지닌 각 방(邦) 군왕의 특수 정책에 대해서 충분한 대항력을 제공하는 유일한 접착제"로서 "연방 중추에 독일 인민으로 구성되는 국민적 대표기관"을 설치하는 것을 제창했던 것이다(GW, III, 267f).

독일 통일을 지지하는 듯한, 독일 민족주의에 호응하는 이러한 발언을 어떻게 이해해야 할까? 한 시기의 연구에서는 이러한 것은 민족주의자로서의 비스마르크를 밑받침하는 것으로서 자주 증거로 제시되어왔는데, 과연 그러했을까?

여기에서 주의해야 할 사항은 이러한 것이 독립적으로 행해진 일이 아니라, 항상 독일 연방 내의 프로이센·오스트리아 간의 불균형적인 상황을 의식하여 행해졌다는 점이다. 확실히 그는 프랑크푸르트에 온 이후부터 오스트리아에 대한 반감을 나날이 키워갔다. 하지만 그것은 보수 반동이라는 전통적 요소에 대해서가 아니라(거기에는 한 차례도 반발하지 않았다), 프로이센을 격하하여 '주니어 파트너'처럼 취급하는 오스트리아의 태도에서 유래하는 것이었다. 주의와 원칙에 구애받지 않고 바로 '국가 에고이즘'에 따라 프로이센의 권력·권익을 추구해야 한다는 입장을 취했기 때문에, 그는 오스트리아에 대항하기 위해서 자신이 속해 있는 강경 보수파의 논리와는 서로 양립되지 않는다는 것을 알고 있으면서 나폴레옹 3세에게 접근하여 프랑스와의 제휴 가능성을 열어두지 않으면 안 된다고 주장했던 것이다. 그의 독일 민족주의에 부응하는 듯한 발언도 그 속의 함의를 파악해야 할 것이다. 다민족 제국이기 때문에 오스트리아 측에 동요(動搖)를 가하는 데에 민족주의는 더할 나위 없는 효과적인 수단이었다고 인정하지 않을 수 없다. 실로 그에게 있어서는 19세기의 시대조류로서의 민족주의는 지향해야 할 목표 등이 아니라 나폴레옹 3세와 마찬가지로 '국가 에고이즘'을 추구하기 위한 수단에 불과했던 것이다.

하지만 대국 프로이센의 권력·권익을 추구하는 보수적·전통적 목적을 달성하기 위해서는 나폴레옹 3세든 민족주의든 주저하는 일 없이 활용한다는 비스마르크의 혁신적 스타일은 그의 주위에 있는 사람에게는 도저히 이해될 수 있는 것이 아니었다. 이 각서의 수취인에 해당하는 국왕 빌헬름 1세도 그러한 한 사람이었다. 이 각서를 보고 국왕은 비스마르크에 대한 불신감을 증폭시켜버렸던 것이다. 이 시기 비스마르크의 이름은 각료 후보로서 여러 차례 떠오르지만, 그의 혁신적 측면이 유발한 불신감과 우려가 장해가 되어 그때마다 각하되어버렸던 것이다.

군제 개혁 문제와 빌헬름 1세의 곤경

비스마르크가 각료 후보 리스트에 함께 이름을 올리게 되었던 배경에는 군제 개혁을 둘러싸고 국왕과 의회(프로이센 하원)가 격렬하게 대립하게 되었던 상황이 있다.

당시의 프로이센 육군은 일반 병역의무(병역 기간은 당초에는 3년이었지만 2년

빌헬름 1세(1797~1888)

으로 단축됨) 아래에서 15만 명 정도의 규모가 되었다. 이러한 정규군 외에 병
역 종료 후의 사람들과 징병 과정에서 누락된 사람들로 구성되는 재향군(在鄕
軍, 국토방위군)이 큰 비중을 차지했다. 하지만 인구 증가에 더하여, 재향군 일
부가 1848년 3월 혁명 시에 호응했던 사실도 서로 맞물리게 되어, 군사 문제에
강한 관심을 지닌 빌헬름 1세는 섭정 시대부터 육군의 개혁에 의욕적이었다.

그래서 그는 1859년에 알브레히트 폰 론을 육군장관으로 임명하고, 그의 아
래에서 군제 개혁을 하고자 했다. 그 특징은 육군 규모를 확대하는 것과 함께
병역 기간을 3년간으로 다시 회복하고, 재향군의 역할을 축소하려는 것이었
다. 자유주의파가 다수를 차지하는 프로이센 하원은 군의 규모를 확대하는 것
자체에는 찬성이었지만, 그 이외에는 강하게 반항했다. 그렇지 않아도 병역 기
간은 평소의 직업 생활이 어쩔 수 없이 중단되기 때문에 거부감이 있었음에도
그 기간이 연장되는 것은(병역 후의) 일상생활에 큰 영향을 미치지 않을 수 없
기 때문이다. 거기에 재향군은 프로이센 개혁의 정신(국민개병의 원칙)을 이어

받아 '시민의 군대'로서의 인식이 정착되었으며, 그 역할을 축소하는 것은 '국왕의 군대'인 정규군의 역할이 갈수록 커지는 것을 암시하는 것이었다.

이러한 국왕 측과 의회 측의 대립으로 인해 1861년 말의 프로이센 하원 선거에서 자유주의 좌파의 독일 진보당이 다수파를 차지하게 되자, 국왕이 바라는 형태의 군제 개혁은 실현되기 어려워지고 빌헬름 1세의 비타협적인 태도도 불타올라 사태는 경직화되어버린다.

1862년 5월, 위와 같은 상황 아래에서 비스마르크는 페테르부르크에서 소환되었다. 빌헬름 1세의 어렵고 곤란한 상황을 앞에 두고 육군장관 론이 그를 총리로 추천했기 때문이다. 하지만 또다시 비스마르크의 혁신적 측면이 경계를 받아, 국왕은 이를 수락하지 않았다. 대신하여 그에게 새로운 직책이 부여되었다. 파리 주재 프로이센 공사이다.

잠시 동안의 파리 주재

파리로 부임하게 된 비스마르크이지만, 그 자신은 여기에서의 근무는 잠시 동안이라고 보았다. 부임한 이후 얼마 되지 않아 그는 아내 요한나에게 보내는 글에서 다음과 같이 적고 있다.

아마도 8일에서 10일 후에 내가 전보를 통해 베를린으로 소환될 것으로 보이며, 그렇게 되면 여행이나 댄스도 끝이랍니다. …… 나를 적대하는 자들이 승리를 거둔다면 얼마나 나에게 선행을 베풀어주는 것이 되는 것인지, 얼마나 내가 마음으로부터 그들의 승리를 바라고 있는지를 그들이 알아주었으면 하고 바랄뿐이지만 말이죠(1862년 6월 1일, GW, XIV/2, 589f).

그렇지만 예상과 반대로 베를린으로부터의 호출은 그렇게 빨리 오지 않았다.

그럼에도 결국 그의 주재는 겨우 4개월도 채우지 못하는 것이 되었다. 그 사이에 그는 두 차례 나폴레옹 3세와 회담을 했다. 프랑스 황제 쪽이 프로이센의 총리 후보로 추천되었던 비스마르크를 주목하게 되었던 것이다. 6월 말, 프로이센·프랑스 제휴의 가능성을 모색하는 나폴레옹 3세의 움직임에 대해서 비스마르크는 "프랑스와의 사이에 특정한 조항에 기초하여 동맹을 맺도록 노력해야 한다"라고까지는 말하지 않았지만, "프랑스에 대항하여 오스트리아를 우리나라의 충실한 동맹국으로서 의지할 수밖에 없도록 만드는 정책은 취해서는 안 됩니다"(1862년 6월 28일, GW, III, 383)라고 새롭게 프로이센 외교장관에 취임한 알브레히트 폰 베른슈토르프(Albrecht von Bernstorff)에게 진언했다.

그로부터 수일 후, 그는 런던에 모습을 드러냈다. 런던 만국박람회에 출석하기 위해서였다. 그런데 그는 이 기회를 이용해서 당시 영국 총리 파머스턴과 외교장관 존 러셀(John Russell)과도 접촉했다. 이때의 모습을 그는 빌헬름 1세에게 전하고 있는데, 확실히 말해서 좋은 인상을 받았다고 말할 수 있는 것은 아니다. 의회주의의 원칙에 기초해 있는 그들의 인식은 프로이센이 놓여 있는 상황을 충분히 이해하는 데에는 이르지 못하고 있었던 것이다. 확실히 영국처럼 의회주의 원칙에 기초해서 프로이센의 정치가 이루어졌다면 빌헬름이 추구하는 군제 개혁 등은 도저히 실현 불가능했을 것이며, 이는 당초 비스마르크가 지향하는 것도 아니었다. 과거에 비스마르크는 의회주의는 "목적 추구를 위한 일시적인 수단으로서는 효과적"일지도 모르지만 프로이센 국가와 프로이센 왕권을 이제까지 밑받침해왔던 모든 원칙에 함께 비추어 보면, "그 자체가 우리의 국가 생활의 목적이 된다"는 것은 있을 수 없다고 빌헬름에게 말했던 적이 있다(1853년 9월 건백서, GW, I, 375).

이 점에 관해서는 로타르 갈이 단적으로 지적하는 바와 같이, 군이 내정상의 문제를 거론함으로써 국왕에게 영국에 대한 반감을 불어넣고, 영국과의 협력이 불가능하다는 것을 시사하는 것과 함께, 태왕자(太王子) 프리드리히 빌헬름(아내는 영국의 빅토리아 여왕의 장녀 빅토리아 비)이나 바덴 대공(大公)을 위시한 친영국파에 대항하려는 일환으로 이와 같은 보고를 행했던 것으로 여겨진다. 그런데 그는 이때 한 명의 야심적인 정치가와 만나게 된다. 벤저민 디즈레일리(Benjamin Disraeli)이다. 16년 후, 그는 영국 총리가 되어 비스마르크와 베를린 회의에서 상대하게 된다.

카티와의 만남

사적인 면에서도 그는 이 시기에 충실한 한 때를 보낼 수가 있었다. 그것은 어느 한 명의 여성과의 만남에 의해서였다. 비스마르크가 브뤼셀 주재 러시아 공사 니콜라이 알렉세예비치 오를로프(Nikolay Alexeyevich Orlov) 후작의 부인 카타리나(Katherine)와 만났던 것은 그가 런던 방문을 마친 이후에 프랑스를 주유하며 8월에 스페인과의 국경에 가까운 휴양지로서 이름이 높은 프랑스 남부의 비아리츠에 갔을 때였다. 당시 22세의 '카티'는 "적극적이며 현명하고 사랑스럽고 매력적인 젊은" 여성으로 비스마르크에게 큰 영향을 주었던 여성 마리 폰 타텐을 생각나게 만드는 사람이었다(1862년 8월 19일 요한나에게 보내는 글, GW, XIV/2, 612).

그들의 후일의 회상이 각각 보여주고 있는 바와 같이, 의기투합한 두 명이 이때 보냈던 순간은 다소 정신이 없었으면서도 매혹적인 생기로 넘쳐났으며 세월이 흘러도 서로 결코 퇴색되지 않았다. 비스마르크가 그녀로부터 이별할 때에 전해 받은 올리브 가지를 자신의 담배 케이스에 소중하게 지니고 걸어 다녔다는 점으로부터도 그것을 엿볼 수 있을 것이다.

정말 그가 '카티'과 보냈던 시기는 충실하고 귀중한 것이자, 심장이 뛰는 것이었을지도 모른다. 하지만 공무를 등한히 하고 여성과 도박에 빠져 현실을 도외시했던 20대의 무렵과는 달리, 이때의 그는 자신을 둘러싼 정치 환경을 의식하고 있었고 베를린의 정세에 항상 주의를 기울였다. 거기에 그가 있는 곳으로 베를린으로부터 한 통의 급전이 도착했다. 그것은 육군장관 론으로부터의 것으로 거기에는 라틴어의 상투적인 문구가 모두 합쳐 단지 한 문장, "늦어지면 위험하니 서두를 것(Periculum in mora. Dépêchez-vous)"(1862년 9월 18일, GW-NFA, IV, 157)이라고 되어 있었다. 사태는 여기에 이르게 되어 단번에 가속된다.

프로이센의 총리가 되다

베를린의 정세는 실로 당장이라도 큰 변동이 일어날 것 같은 긴박한 상황이었다. 군제 개혁을 둘러싼 의회의 대립을 타개하고자, 빌헬름 1세는 하원을 해산시켰는데(1862년 3월), 선거의 결과는 엉뚱하게도 진보당이 가일층 약진하게 만들어버리는 사태를 초래해버렸다. 8월 육군장관 론은 의회 측과 협의하여 병역 기간을 2년간으로 하는 취지의 타협안으로 사태를 타개하고자 했다. 그렇지만 이번에는 국왕이 병역 기간의 단축에 강경하게 반대하여 퇴위도 불사하겠다는 자세를 보였다. 론은 국왕의 의지에 따라 의회와의 대립을 선택했기 때문에, 의회 측은 태도가 경직화되었고 예산 성립마저 어렵게 되어버렸다.

의회와의 대립이 막다른 길에 봉착한 가운데 론은 앞에서 살펴본 바와 같이 비스마르크에게 곧 베를린으로 돌아오도록 타전하는 것과 함께, 재차 빌헬름 1세에 대해서 비스마르크를 총리로 삼도록 강하게 추천했다. 무슨 일을 저지를지 알 수 없지만, 그 남자라면 사태를 타개해줄지도 모른다고 여겨졌다. 9월 22일 국왕은 베를린으로 돌아온 비스마르크를 접견했다. 그 자리에서 비스마르크는(이 회의의 모양은 그의 회상록에서밖에 확인되지 않음) 국왕에게 있어서 핵심 관심사는 "이런 저런 뉘앙스가 있는 보수주의인가 자유주의인가가 아니라, 국왕에 의한 지배인가 의회에 의한 지배인가"이며, "후자는 어떤 일이 있더라도 독재의 시기를 거칠지언정 회피하지 않으면 안 된다"는 것을 설득시키는 것에 성공했다. 그리고 다음과 같이 논했다.

이와 같은 상황에서 나는 가령 폐하가 나에게는 올바르다고 생각되지 않는 것을 명한다고 하더라도 나는 자신의 생각을 확실히 말씀드리겠지만, 폐하가 최종적으로 자신의 의견에 고집하신다면 의회에 의한 지배와의 싸움에서 폐하의 어려운 처지를 방관하기보다는 폐하와 함께 파멸의 길을 선택할 것입니다(회상록에서, GW-NFA, IV, 159).

실로 비스마르크는 빌헬름 1세에 대해서 현재의 문제에 대한 구체적인 대응책이 아니라 그가 지닌 보수적·전통적 측면, 즉 국왕에 대한 절대적인 충성과 그의 입장에 대한 무조건의 지지를 전면에 내세움으로써 그의 마음을 얻는 것에 성공했다. 이 회담에 빌헬름 1세는 만족하여, 비스마르크를 총리로 임명하고 그에게 모든 것을 맡기는 결심을 했던 것이다. 이후 26년 동안에 이르는 양자의 2인3각의 신뢰 관계가 시작된 순간이었다.

이로부터 프로이센 총리 비스마르크가 탄생했던 것이다. 47세의 때였다.

제4장

프로이센 총리가 되다 : 혁명을 일어나게 하기보다는 일으킨다
(1862~1867)

총리 취임

1862년 9월 23일, 비스마르크는 프로이센 총리에 취임했다(이 시점에서는 프로이센 국무장관 겸 잠정 각의 의장이며, 정식으로 총리 겸 외교장관이 된 것은 10월 8일의 일이다). 결국 비스마르크는 '지고한 자아'를 만족시킬 수 있었다. 프로이센 신하로서 가장 중요하며 또한 최고의 지위를 손에 넣었던 것이다. 비스마르크는 당시의 심경을 이렇게 털어놓고 있다.

업무가 많아 상당히 피로하며 충분히 숙면할 수 없지만 그 어떤 일도 처음에는 어려운 법이다. 그러나 신이 힘을 보태주신 덕분에 조금씩 좋아지게 될 것이며, 지금 좋은 느낌이다. 다만 항상 계속 주목받는 상황이라는 것은 상당히 짜증나는 일이다(1862년 10월 7일 요한나에게 보내는 글, GW, XIV/2, 623).

비스마르크의 총리 취임에 대한 프로이센 국내의 반응은 냉담한 것이었다. 반동주의자로서 시대착오적인 '봉건적' 이익의 대변자, 이것이 그에 대한 평판이었다. 그러한 '농촌 융커'가 군제 개혁 문제로 발단된 국가의 중대사를 해결하는 것은 과연 가능할 것인가? 많은 사람들은 그것에 부정적인 관측을 했고, 이 정권은 오래 계속되지 못할 것으로 간주되었다.

그런데 이 평가의 도대체 어느 부분이 빗나갔던 것일까? 원래 그가 총리로 발탁되었던 것은 외교관으로서의 공적이 평가받았기 때문도 아니었고, 그가 이전부터 수차례나 주장해왔던 오스트리아에 대한 강경론이 정부의 방침으로서 채택되었기 때문도 아니었다. 자유주의파와의 사이에 강력한 커넥션이 있었기 때문도 아니었고, 의회 운영의 수법에 정평이 있었기 때문도 아니었다. 그가 발탁되었던 것은 국왕 측과 의회 측의 충돌이 국왕 퇴위의 가능성을 또한 포함한 심각한 정치 위기로 발전하여 이러한 사태를 타개해야 할 육군장관 론이 비스마르크를 빌헬름 1세에게 강하게 추천했던 것에 다름 아니다. 즉, 당시의 프로이센 국내의 정치 위기가 그에게 총리로의 길을 열어주었던 것이다.

그렇다고 해서 비스마르크의 총리 취임을 단순히 상황의 변화가 만들어낸 결과로서 단순하게 치부하는 것은 그를 대단히 과소평가하는 것이다. 왕비 아우구스타의 조언도 있어서 비스마르크에 대한 경계심을 불식할 수 없었던 빌헬름 1세가 최후에 의지하는 바로 삼았던 것은 군주주의에 대한 절대적 충성이라는 그의 보수적인 입장이며, 그가 지닌 전통적인 측면이었다. 이것이 없었다면 그는 총리는커녕 외교관마저도 되지 못했을 것이다. 하지만 만약 그가 단순히 보수적인 인물밖에 아니었다면 국가의 비상시에 총리로 발탁되는 일도 없었을 것이다. 빌헬름 1세도 론도 최후에는 보수적이면서 어떤 일을 저지를지 알 수 없는 비스마르크에게 도박을 걸었던 것이다. 그러한 점을 간과해서는 안 된다.

'철과 피에 의해': 철혈 연설과 그 영향

정권의 자리에 앉게 되어 득의양양해진 비스마르크는 그 직후에 생각하지 못한 형태로 곤란한 지경에 빠져버린다. 계기는 1862년 9월 30일에 그가 하원 예산위원회에서 한 연설인데, 그 이래 오늘날에 이르기까지 그는 이 연설로 인해 '철혈 재상'이라는 별명을 얻게 된다. 이른바 '철혈 연설'이다.

독일이 주목하고 있는 것은 프로이센의 자유주의가 아니라 그 힘이다. 바이에른, 뷔르템베르크, 바덴은 자유주의로 제멋대로 행동하게 되더라도 좋을 것이다. 하지만 그렇다고 해서 이러한 제국(諸國)에 프로이센의 역할을 분담하고자 하는 자는 그 누구도 없을 것이다. 프로이센은 이미 몇 차례나 좋은 기회를 놓쳐버렸지만, 다음의 좋은 기회를 향해서 자신의 힘을 결집하고 그것을 유지하지 않으면 안 된다. 비엔나의 여러 조약에 의해 정해진 프로이센 국경은 건전한 국가의 운영에 있어서 바람직한 것이 아니다. 현재의 대문제가 결정되는 것은 연설이나 다수결에 의해서가 아니라, 이것 자체가 1848년과 1849년의 큰 오류였는데, 바로 철과 피에 의한 것이다(GW, X, 140).

'철과 피에 의해', 즉 군사력을 통해서 (프로이센·오스트리아를 둘러싼) 독일 문제라는 '현재의 대문제'를 해결하자고 주장했던 것이다. 해당 부분을 보면 알 수 있는 바와 같이, 그는 결코 '철과 피에 의한' 군제 개혁, 나아가서는 예산의 문제를 해결한다는 것은 아니었다. 이때의 주안점은 예산안의 부결을 어쨌든 저지하는 데에 있었으며, 자유주의파에 대해서 타협할 용의가 있다는 의사를 보였던 것에 있었다. 그 때문에 일부러 아비뇽에서 갖고 들어온 (평화의 상징인) 올리브 가지를 보여주는 곡예마저 선보였던 것이었다. 그리고 자유주의파가 강하게 해결을 바라고 있는 독일 문제를 굳이 거론함으로써 이러한 '현재의 대문제'를 앞에 두고 군제 개혁이나 예산 등의 문제에서는 타협할 수 있음에 틀림없다고 주장했던 것이다.

하지만 사태는 비스마르크의 의도와는 정반대의 방향으로 나아갔다. '철과 피에 의해'라는 이처럼 명쾌한 표현과 그 반향은 '연설과 다수결'에 대한 무시와 서로 맞물려서 그들에게 폭력적인 지배를 연상시키기에 충분한 점이 있었다. 하원의 자유주의파는 이 연설에 민감하게 반응하여 격렬하게 반발하고 신문 등을 통해서 광범위하게 세상에 알리고 여론을 들끓게 했던 것이다. 비스마르크 주위의 보수적인 인물마저 이 연설에는 머쓱해 할 정도였다.

'철혈 연설'에 대한 반발은 상당히 컸으며 비스마르크는 그것을 억누를 수 없었다. 그 때문에 그는 이때 바덴 대공국으로부터 돌아오는 길에 있었던 빌헬름 1세를 도중에서 맞이하고 국왕의 지지를 확보하기 위해 행동하지 않을 수 없었다. 얼마나 비스마르크의 입지가 자신의 발언 탓에 불안정해져 버렸는가를 엿볼 수 있다. '철과 피에 의해'는 명백하게 실언이었다.

이리하여 예산이 성립될 전망이 보이지 않는 상태에서 10월 13일에 의회는 폐회되었다.

프로이센 헌법 분쟁

비스마르크 정권과 자유주의파의 항쟁은 '프로이센 헌법 분쟁'이라고 불린다. 군제 개혁, 나아가 그것과 연동된 예산안을 둘러싼 쌍방의 충돌이 프로이센 헌법의 해석을 둘러싼 문제로까지 비화되었기 때문이다.

헌법의 규정에 의하면, 예산이 성립하기 위해서는 국왕(정부), 상원, 하원의 삼자 합의가 필요했다. 이때는 하원이 반대했기 때문에(그런데 상원은 승인함), 예산이 성립되지 못했다. 그럼 예산이 성립하지 못했을 경우는 어떻게 되는가? 여기에서 문제가 되었던 것은 그 점에 관한 규정이 헌법에 없었던 것이다. 비스마르크는 여기에 보이는 헌법상의 '틈새'를 이용해 국가의 활동을 일순간이라도 정지할 수 없는 이상, 정부는 지출을 행할 의무가 있다고 하며 예산 없는 통치를 지속하는 입장을 제시하고 국왕의 양해 아래 그것을 강행했던 것이다. 하지만 이것이 자유주의파의 반발을 가일층 강하게 만드는 결과가 되었다.

1863년 1월에 의회가 다시 열리자 하원은 예산 없는 통치가 헌법 위반이라고 비난하며, 그 결의를 압도적 다수로 채택했다. 자유주의파는 절충이 될 수 없다고 보이자, 여기에 이르러 비스마르크는 일전(一轉)하여 대결 자세를 선명히 하며 억압책을 전개했다. 구체적으로는 1862년 12월에 공포된 '관리령'을 통해서 정부의 방침과 견해를 거슬렀던 관리를 차례로 처벌했던 것이다. 표적은 재판관과 공무원 직에 재직하고 있는 자유주의파 의원이었다. 그는 인사권을 행사하여 좌천 및 징계 처분을 통해 엄격하게 대처했다.

이리하여 헌법 분쟁은 진흙탕처럼 되어간다.

독일 연방 개혁을 둘러싼 오스트리아와의 대립

'철혈 연설'에서 1863년에 걸쳐서 비스마르크는 자신의 실언으로 인해 하원에서 다수파를 차지하고 있던 자유주의파와의 사이에서 출구가 보이지 않는 싸움을 강제 받았다. 하지만 그가 싸우지 않으면 안 되는 상대는 이 밖에도 있었다. 독일 연방 개혁을 둘러싸고 격렬하게 대립하던 오스트리아이다.

여기에서 크리미아 전쟁 이후부터 비스마르크 정권 성립까지의 프로이센·오스트리아 관계에 대해서 개관해보도록 하겠다. 결론부터 먼저 말하자면, 프로이센이 경제 면에서 우위에 서고 그것에 대해서 오스트리아가 독일 문제(독일 연방 개혁)에서 역공을 가해오는 구도였다.

1850년대에 들어서자 프로이센·오스트리아 양국을 포함해 독일 지역에 본격적으로 공업화(산업혁명)가 전개되는데 그중에서도 프로이센의 그것은 다른 제방을 크게 앞질러 나갈 정도의 빠르기로 진행되었다. 그 최대의 요인은 프로이센이 (과거에 프리드리히 대왕이 오스트리아로부터 탈취했던) 슐레지엔에 더하여 비엔나 회의의 결과 주요한 탄광 지대이며 굴지의 공업 지대가 되는 라인 지방의 루르와 자르를 영유했기 때문이다. 게다가 프로이센은 1834년에 발족한 독일 관세동맹을 주도했고 이 시기에는 오스트리아를 제외하면 거의 모든 독일 제방을 산하에 두고, 하나의 거대한 관세권을 구축했던 것이다.

이에 대해서 오스트리아는 어쨌든 이 관세권에 어떻게든 '관세 연합'을 획책하고자 1862년 3월 29일에 가조인된 '프로이센·프랑스 통상조약'(8월 2일에 체결)에 의해 좌절되어버린다. 이 조약은 동 시기의 영국에서 발단된 자유무역주의의 영향을 감안하여 낮은 관세를 전제로 체결된 것이며, 프로이센의 압력에 의해 독일 관세동맹도 이것에 추종하게 되었다. 하지만 오스트리아는 이로부터 자국의 공업을 육성·보호하기 위해서 (높은 세율의) 보호관세를 필요로 했기 때문에 이러한 움직임에 대해서 대응을 보이지 않았다. 그 결과 오스트리아는 프로이센 중심의 경제권에서 축출되는 형태가 되어버린다.

이탈리아 통일 전쟁에 패배한 직후여서, 오스트리아는 여기에서 재기를 도모하기 위해 독일 연방 개혁 문제를 통해서 프로이센에 대해서 공세로 전환했다. 비스마르크가 총리에 취임하기 직전인 1862년 8월 14일 오스트리아는 다른 중규모 제방과 함께 독일 연방 가맹 각 방의 의회 대표자로 구성되는 의회를 창설하는 취지의 개혁안을 제출했다. 이 개혁안은 오스트리아를 포함한 '대독일'적인 방향에서 독일 문제를 해결하는 길을 충분하지는 않지만 여는 것이었기 때문에(같은 해 10월 말에는 이 움직임에 호응하는 듯이 소독일파의 '독일 국민협회'에 대해서 대독일파의 '독일 개혁협회'가 프랑크푸르트에서 결성되어 남독일에서 상승세를 보였음), 프로이센으로서는 연방 내에서의 자국의 존재감 저하를 방지하기 위해서 무엇보다도 저지할 필요가 있다.

이상이 비스마르크가 정권에 취임했을 때의 프로이센·오스트리아 양국을 둘러싼 정치적 환경이었다. 이와 같은 상황 아래에서 그는 전 정권의 방침을 계승하고 전쟁도 불사하는 강경 자세로 오스트리아의 정세에 대항한다. 예를 들면 12월 초에 행해진 베를린 주재 오스트리아 공사 카로이(Alajos Károlyi)와의 교섭에서는 프로이센의 세력권임에 틀림없는 북독일(여기에서는 특히 하노버 국왕과 헤센카셀 선제후국)에 대해서 오스트리아가 영향력을 행사하여 세력을 신장하고 있다고 비판하고, 만약 오스트리아가 과거의 슈발첸베르크 식의 정책을 계속 취하여 북독일에서의 프로이센의 세력권을 인정하려고 하지 않는다면 '파멸'을 초래하게 될 것이라고 위협했다. 후일 그는 나아가 노골적으로 "우리는 총검을 주고받게 될 것입니다"[1862년 12월 27일 카로이가 오스트리아 외교장관 베른하르트 폰 레히베르크(Bernhard von Rechberg)에게 보내는 제122호 보고, APP, III, 145]라고까지 말했던 것이다. 이때 그는 하노버와 헤센카셀에 대해서도 마찬가지의 강경 자세를 보이며 압력을 가했다. 그 결과, 오스트리아가 제창한 연방 개혁안은 이듬해 1863년 1월 22일의 독일 연방의회에서 부결되었다. 헌법 분쟁에서 곤란한 처지 아래에 있었던 비스마르크 정권에 있어서 최초의 정치적인 성공이라고 부를 수 있는 것이었다.

알벤스레벤 협정

1863년 1월 러시아아령 폴란드에서 민족해방 운동과 결부된 봉기가 발생했다. 폴란드는 프랑스 혁명 이전부터 프로이센, 오스트리아, 러시아 3국 간에서 세 차례에 걸쳐 분할되어(폴란드 분할), 1795년에는 지도상에서 그 모습이 사라졌다. 나폴레옹 전쟁 시에 일단 바르샤바 공국이 창건되었지만 비엔나 회의 이후에는 다시 프로이센, 오스트리아, 러시아 3국의 지배·세력 아래에 놓여졌다. 이와 같은 상황하에서 러시아 지배하의 폴란드에서 봉기가 발생했으므로 프로이센에서 민족주의 운동을 담당하는 자유주의파는 말할 필요도 없이 영국과 프랑스 양국까지도 폴란드 측에 동정적이었다.

헌법 분쟁하에 있어서 오스트리아의 공세를 어쨌든 바야흐로 물리친 지 얼마 되지 않은 비스마르크는 내정 및 외교 양면으로부터 이 움직임을 방치할 수가 없었다. 전술한 바와 같이, 프로이센도 또한 폴란드의 일부를 지배하고 있으며 이 봉기가 프로이센령으로까지 비화할 우려가 있었기 때문이다. 하지만 더욱 심각했던 것은 이때 러시아 궁정에는 특히 프랑스와의 관계를 고려하여 폴란드에 대폭적인 양보를 해도 좋다는 그룹이 존재했다는 점이다. 비스마르크에게 그들의 대두는 도저히 용인할 수 있는 것이 아니다. 만약 여기에서 러시아-프랑스 동맹이 성립된다면 독일 문제에서의 프로이센의 행동이 제한될 뿐만 아니라 최악의 경우에는 두 개의 정면 전쟁을 야기할지도 모르기 때문이다. 그 때문에 로타르 갈의 말을 빌리자면, 러시아를 '반혁명적'이며 '반민족주의적인 (프로이센과의) 동맹이라는 전통적인 노선'으로 회귀시킬 필요가 있었던 것이다.

그래서 국왕 고급 부관 구스타프 폰 알벤슬레벤(Gustav von Alvensleben)이 급거 페테르부르크에 파견되었다. 그리고 2월 8일 이른바 '알벤슬레벤 협정'이 체결되었다. 이 협정은 러시아가 폴란드 봉기를 탄압하는 것을 지지하는 것으로, 구체적으로는 프로이센-러시아 쌍방의 군대가 봉기한 사람들을 추격할 때에 상호 간에 월경을 허가하는 것을 포함하여 서로 협력한다는 것이었다.

비스마르크 자신에 의하면, 이 협정은 그 이후의 프로이센-러시아 관계에 길을 열어준 것이며 프로이센 외교가 성공을 거두는 데에 있어서 중요한 전제 조건이었다며 높게 평가하고 있다. 에른스트 엥겔베르크(Ernst Engelberg)를 위시해 이 평가를 답습하는 선행 연구도 적지 않다. 확실히 크리미아 전쟁 이래 '알벤스레벤 협정'에서 보이는 바와 같은 프로이센-러시아 간의 우호관계가 그 후에 전개되는 독일 통일전쟁에 결과적으로 플러스로 움직였던 것은 사실이다.

하지만 그의 평가를 그대로 받아들이는 것은 불가능하다. 이때 비스마르크는 러시아와의 폭넓은 연대를 바랐지만 러시아 측(특히 외교장관 고르차코프)는 거기까지 바라지 않았으며, 이 협정이 원인이 되어 비스마르크가 국내외에서 곤경에 처하게 되었을 때에는 쌀쌀맞은 태도를 취했던 것이다. 이 점에 입각해 보면, 이 당시 프로이센-러시아 간의 우호관계란 어느 정도 확고했던 것이었는지 의문을 품지 않을 수 없다. 그렇다고 해서 이 협정이 전혀 그 어떤 도움도 되지 못했다는 것은 상당한 과소평가라고 할 수 있다. 이 책의 제7장에서 보이는 '재(再)보장조약'은 아니지만 로타르 갈이 지적하는 바와 같이, 어느 정도까지 러시아를 프랑스의 측에 내몰지 않고 프로이센에 호의적인 입장으로 잡아두는 것에 성공했다고 평가할 수 있기 때문이다.

그러나 그 때문에 비스마르크가 지불해야 했던 대가는 너무나도 컸다. 대외적으로는 영국-프랑스 양국에 더하여, 오스트리아까지도 비스마르크의 반폴란드적 간섭 정책에 항의해왔던 것이다. 특히 오스트리아는 동기가 무엇이었든지 간에 결과적으로는 반프로이센, 친폴란드적인 자세를 취했기 때문에 독일 연방 내에 있어서 (자유주의파 간에서도) 위신을 회복하는 것으로 연결되어, 이 해 여름의 연방 개혁(제후 회의)으로의 중요한 걸음이 되었다. 에버하르트 콜브는 이 때 프로이센은 한 걸음 잘못 발을 디디게 되면 국제적으로 고립될 수밖에 없는 위기적인 상황에 빠졌다고 지적하는데, 그것은 반드시 빗나간 말은 아니다.

대내적으로는 폴란드 측에 동정적인 자유주의파가 비스마르크의 조치에 맹반발하여 그렇지 않아도 수습될 기미가 보이지 않는 헌법 분쟁에서 불에 기름을 퍼붓는 결과가 되어버렸다. 그들의 정부에 대한 대결 자세는 가일층 첨예해져서 5월에는 정부의 정책에 대한 모든 협력의 거부와 내각 교체를 요구하는 상주문을 압도적 다수로 결의했다. 수일 이후 의회는 폐회되었다.

비스마르크의 입장은 더욱 고통스러운 것이 되었다.

자유주의파에 대한 대항

여기에서 강경 자세를 멈출 비스마르크가 아니었다. 1863년 6월 그는 출판령을 내고(주로 자유주의파를 표적으로 삼았다) 신문과 잡지의 규제 및 통제에 나서고 단속을 강화했다. 그렇지만 이것도 또한 엄청난 불평을 자아내는 일로 헌법 분쟁을 더욱 격화시켜 국내의 반발을 더욱 사는 것이 되었다. 이 출판령을 둘러싸고는 왕태자 프리드리히 빌헬름이 단치히[Danzig, 현재 폴란드의 그단스크(Gdańsk)]의 시(市) 환영 식전 때에 정부의 조치에 반발하는 발언을 할 정도였다.

비스마르크가 '전 독일 노동자협회'의 지도자인 사회주의자 페르디난트 라살(Ferdinand Lassalle)과 접촉했던 것은 거의 이 무렵이다. 라살은 이 해의 5월에 자유주의파의 영향을 받지 않고 노동자 계급 독자의 정치 조직화를 지향하며 동 협회를 설립한 지 얼마 안 되었으며 국가의 원조에 의한 '생산 협동조합'의 결성을 제창하는 것과 함께 보통·평등·직접 선거의 실현을 호소했다. 그러한 그에게 비스마르크는 주목했다. 말할 필요도 없는 것이지만, 비스마르크가 사회주의에 교감을 보였던 적은 한 번도 없다. 그가 라살에게 접근했던 것은 자유주의 세력에 대해서 공동 전선을 펼친다는 전술적 색채가 대단히 강했던 것인데, 선거 제도에 관해서도 그는 다른 의미로부터 라살의 의견에 찬동하는 바가 있었다.

당시 프로이센은 3급 선거제도를 취했다. 이것은 만 24세 이상의 성인 남자 보통선거인데, 선거민을 납세액에 따라 3개의 급으로 나누어 원칙적으로 각 급에서 같은 수의 선거인을 선발하는 불평등·간접 선거였다. 또한 투표는 공개·구두로 행해졌기 때문에 지주와 그 토지의 유력자에게 유리하고, 비스마르크를 위시한 보수파의 융커에 있어서는 결정적으로 유리하기 때문에, 자유주의 세력의 모체였던 시민 계층(특히 중간층)이 크게 대두하고 그것이 선거의 결과로 여실히 반영되어 하원에서 그들이 다수파를 차지하는 데에까지 이르렀다. 그 때문에 비스마르크는 자유주의에 '오염되지 않은' 보수적인 민중인 농민층을 정치에 편입시키고자 하여 보통·평등·직접 선거를 바라게 되었던 것이다.

하지만 이러한 전술도 이때에는 큰 효과를 거두지 못했다. 사태를 타개하기 위해 1863년 9월에 하원 해산에 나섰는데, 10월의 선거는 선거 제도를 바꾸지 않고 행해져 그 결과 자유주의파가 다수를 차지하는 상황을 무너뜨리지 못했던 것이다. 국내의 비인기는 절정에 달했고, 비스마르크 정권은 여전히 돌파구를 찾지 못하고 갈수록 고통스러운 상황에 내몰렸다.

오스트리아와의 재충돌: 프랑크푸르트 제후 회의

대외적으로도 비스마르크의 곤경은 계속되었다. 독일 연방 개혁을 둘러싸고 오스트리아가 재차 공세를 가해왔기 때문이다.

오스트리아 황제 프란츠 요제프(Franz Joseph)는 1863년 8월 3일 요양지인 가스타인(Gastein)에 체류하는 빌헬름 1세를 방문하여 8월 16일에 연방 가맹 각 방의 군주를 프랑크푸르트에 모이게 하여 독일 연방 개혁을 함께 논의하는 '제후 회의'에 초대했던 것이다. 이때의 개혁안은 종래의 각 방 공사로 구성되는 연방의회 외에 제후 회의와 각 방 의회의 대표로 구성되는 대표자의회, 그리고 연방 재판소의 3자에 의해 중앙기관을 구성하고 그 정점에는 오스트리아 황제, 프로이센 왕, 바이에른 왕, 그리고 윤번제(輪番制)로 교체되는 2명의 군주를 보유한 오두제(五頭制)의 집정부를 설치한다는 것이었다. 이것을 통해 '대독일'적인 통일국가가 탄생되는 것은 아니었지만 국가 동맹밖에 되지 못했던 독일 연방을 다소라도 독일 국민국가로 접근시키는 개혁이며, 이 중에서는 주도자인 오스트리아에 비해서 프로이센의 존재감이 더욱 저하될 우려가 있었다.

이 제안에는 외교관 시대 이래 항상 프로이센·오스트리아 동일 권력을 주장해왔던 비스마르크가 동의할 리가 없었다. 게다가 이와 같은 제안이 그를 배제시키고 직접 프로이센 왕에게 행해졌으므로 그의 난처한 입장은 더욱 심각한 것이 되었다. 국왕을 프랑크푸르트로 가도록 해서는 안 된다. 그는 자신의 사직을 넌지시 암시하면서 빌헬름 1세를 맹렬하게 설득하여 국왕의 프랑크푸르트행을 저지하는 것에 어쨌든 성공했다.

하지만 이것으로 사태는 끝나지 않았다. 오스트리아는 빌헬름 1세의 결석에도 불구하고 '제후 회의'를 개최하고 전술한 개혁안이 채택되었던 것이다. 그래서 비스마르크는 9월 15일 프로이센이 취해야 할 대응을 제시했다. 그것에 의하면, 프로이센이 제시하는 조건을 오스트리아가 수용한다면 개혁안을 수락한다는 것으로, 그 내용은 프로이센·오스트리아 양국의 연방 내에서의 동일 권력화의 실현에 더하여, 각 방 의회의 대표로 구성되는 대표자회의를 대신하여 독일의 '전체 국민이 직접 참가하여 성립하는 국민대표회의'를 설치한다는 것이었다(1863년 9월 15일 빌헬름 1세에게 보내는 보고, GW, IV, 166-171). 오스트리아가 절대로 받아들이는 것이 불가능하며 민족주의 운동에 호응하도록 하는 과격한 제안을 함으로써 개혁안 그 자체를 없애버리고자 했던 것이다.

'전체 독일 국민으로 구성되는 국민대표회의'라는 제안을 비스마르크는 어느 정도 진지하게 고려했던 것일까? 그럼에도 이것은 단순히 오스트리아에 대한 대항 전술 정도만은 아니지 않았을까? 그가 총리에 취임한 이래 이와 같은 제안을 수차례나 했다는 것은 사실이다. 라살과의 협의 무렵에도 엿보이는 바와 같이 독일의 대중을 자신의 편으로 만든다는, 혁신적이며 이제까지 없었던 창조적인 제안을 상당히 전향적으로 고려했다는 것을 엿볼 수 있다.

그러나 바로 그렇기 때문에 그가 그것에 기초해 독일 민족주의의 움직임에 호응하여 독일 통일일 추구했다고 하기에는 다소 비약이 있는 것으로 생각된다. 과거에 비스마르크가 빌헬름 1세에게 제출했던 각서(이것은 1866년에 이르기까지의 프로이센 외교의 조감도를 제시한 것으로서 유명함)를 보면, 그는 프로이센이 "(독일) 연방의 조약 그물망에서 해산"된다면 중첩이라고 보고 있으며 "독일 연방의 존속 여부에 관계없이 그것을 병행하든지, 혹은 그것과 별개로 프로이센 국가에 내재하는 비중을 완전히 발휘한다"는 것을 실현하기 위해서 독일 관세동맹이 유효하다는 점, 그때에는 기존의 독일 관세동맹을 개변하여 '동맹 제방의 주민으로 구성되는 대표기관'을 설립해야 한다고 생각했던 것이다(1862년 12월 25일 각서, GW, IV, 30-32). 언뜻 보면 민족주의를 배경으로 한 혁신적인 제안처럼 보이는데, 그가 지향한 것은 결국 프로이센의 대국화(大國化)라는 자신이 계승해왔던 그때까지의 전통적 요소를 옹호·발전시킨 것에 불과했다고 할 수 있다.

비스마르크를 둘러싼 정치 환경은 여전히 심각했고 헌법 분쟁도 진흙탕처럼 되었다. 실로 사면초가의 상황 속에서 그를 구했던 것은 바로 '외부로부터의 자극', 즉 외적 상황의 변화였다. 바로 슐레스비히·홀슈타인 문제이다.

슐레스비히·홀슈타인 문제

슐레스비히 공국과 그에 인접해 있는 홀슈타인 공국은 유틀란트(Jütland) 반도 남부에 위치하여 홀슈타인의 남부에 인접한 라벤부르크 공국과 함께 당시에는 덴마크 왕국과 동군(同君) 연합 관계에 있었다. 홀슈타인과 라우엔부르크(Lauenburg)는 독일어 주민으로 구성되어 있으며 모두 독일 연방에 가맹했었는데 슐레스비히에는 독일어 주민과 덴마크어 주민이 혼재하고 있어 독일 연방에는 포함되지 않았다.

여기에서 문제가 되었던 것이 슐레스비히였다. 중세 이래 슐레스비히와 홀슈타인은 불가분의 존재로서 전통적으로 하나의 지역을 형성해왔는데 19세기의 시대조류인 민족주의의 원칙에 기초한다면 이 유대는 부자연스러운 것이 되어버린다. 따라서 덴마크 측의 민족주의 세력은 슐레스비히를 덴마크로 병합할 것을 요구했고, 한편 독일 측의 민족주의 세력은 두 공국을 연계하는 기존의 전통적인 유대를 거론하며 슐레스비히를 덴마크로부터 떼어내 독일 측에 포함시킬 것을 요구했던 것이다.

여기에서 동군 연합의 관계에 있는 덴마크 왕국의 계승 문제가 사태를 더욱 복잡하게 만들었다. 덴마크에서는 여계(女系) 상속의 군주는 용인되었지만 슐레스비히, 홀슈타인 두 공국은 남계(男系) 상속의 군주밖에 인정하지 않는 입장을 취했기 때문이다.

슐레스비히를 둘러싸고는 1848년에 3월 혁명이 발발하여 두 공국에 혁명 임시정권이 성립되자, 그것을 지원하는 프로이센과 그것에 반발하는 덴마크 사이에서 전쟁이 발발한다(덴마크에서는 '제1차 슐레스비히 전쟁'이라고 부른다). 이때는 러시아와 영국 등의 개입도 있어서 프로이센군은 철수에 내몰리게 되어, 1852년 런던 회의에서 두 공국이 원상(덴마크와의 동군 연합 관계)으로 복귀하는 것과 함께, 여계 상속의 군주를 용인하는 것이 확인되었다(런던 조약). 하지만 이 해결은 독일 측, 덴마크 측 쌍방의 민족주의 세력을 만족시키는 것은 아니었기 때문에 불씨는 완전히 제거되지 못했고 그 이후에도 계속 타오르게 된다.

1863년 11월, 사태는 큰 움직임을 보였다. 이때 덴마크에서는 염원하던 슐레스비히 병합을 정한 새로운 헌법(11월 헌법)이 의회를 통과했다. 게다가 그 직후에 덴마크 왕 프레데릭 7세(Frederick VII)가 갑자기 사망했다. 런던 조약에 기초하여 그의 후계자로는 전 왕의 조카딸의 남편인 글뤽스부르크(Glücksburg) 왕가 출신의 크리스티안 9세(Christian IX)가 즉위하여, 또한 곧바로 새로운 헌법에 서명했기 때문에 슐레스비히·홀슈타인 문제가 여기에서 격렬하게 재연되었다.

이때 민족주의로 들끓어 오르는 여론과 (프로이센·오스트리아를 제외한) 독일 연방 각 방은 슐레스비히를 덴마크로부터 떼어내고, 홀슈타인도 독일로 편입시킬 것을 요구했다. 그리고 남계 상속에 의한 계승권을 주장하여 슐레스비히·홀슈타인 공(公)으로서 즉위 선언을 행한 아우구스텐부르크(Augustenburg) 가문의 프리드리히 8세를 지지했던 것이다. 이리하여 슐레스비히를 둘러싼 독일 측과 덴마크 측의 대립은 단번에 긴박해지게 되었다.

"가장 자랑스럽게 느끼고 있는 외교전"

후일 비스마르크가 당시를 회상하며 "이것은 내가 가장 자랑스럽게 느끼고 있는 외교전이다"(1877년 10월 20일의 모리츠 부슈와의 대담에서, GW, VIII, 231)라고 평가하고 있는 바와 같이, 긴박해지는 슐레스비히·홀슈타인 문제의 때에 취했던 그의 대응은 탁월했다고밖에 달리 말할 방도가 없다.

그는 크리스티안 9세의 즉위를 정당한 것으로 인정한 뒤에, 런던 조약을 위반하여 슐레스비히 병합의 움직임을 취한 덴마크에 대해서 무력행사에 나서는 자세를 보였던 것이다. 예전부터 비스마르크는 "우리나라에 있어서 바람직한 행동 방식으로 덴마크 문제 전체를 해결하기 위해서는 전쟁밖에 없다"[1862년 12월 22일 카를스루에(Karlsruhe) 주재 공사 플레밍에게 보내는 글, GW, IV, 28]라고 했는데, 이때에는 들끓어 오른 민족주의 움직임에 호응하지는 않고 열강 간에서 결정된 국제질서를 유지하는 입장을 취했던 것이다. 그 이유를 그는 다음과 같이 논하고 있다.

만약 오늘 우리나라 협회가 제창하는 민주주의의 그물에 걸려든 (독일의) 소규모 제방의 정책에 몸을 던져, 열강에 대해서 등을 돌린다면 (프로이센) 군주국은 내외에 대해서 가장 비참한 상황에 빠지게 되어버리게 될 것이다. …… 귀하는 '독일의 여론' 중에서, 즉 의회와 신문 등의 것들 중에서 연합 정책 혹은 패권 정책을 취하는 데에 있어서 우리나라를 밑받침하고, 혹은 도와주는 뭔가가 있을 것이라고 생각하고 있을 것으로 보인다. 그것은 나의 관점에서 말하자면 터무니없는 착각이며 환상이다. 우리나라의 강함은 의회 정치와 언론 정책에 있는 것이 아니라 무력에 기초한 대국 정책에서만 유래하는 것이며, 우리나라는 잘못된 전선(前線)에 있어서 상투구(常套句)와 아우구스텐부르크를 위해 소모할 수 있을 정도의 충분한 지속 가능한 힘을 갖고 있지 않은 것이다(1863년 12월 24일, 파리 주재 대사 골츠에게 보내는 글, GW, XIV/2, 659).

대외적인 효과는 절대적이었다. 이때 그는 런던 조약에 기초한 국제질서를 파괴했던 것은 덴마크라는 점을 인상짓게 하면서 프로이센은 '평화를 교란한 자'가 아니라 '유럽 질서의 공동 보증자'라는 평가를 획득했으며 기타 유럽 열강의 개입을 (당분간이기는 하지만) 저지하는 것에 성공했던 것이다. 그뿐만 아니라 국내 사정으로 인해 민족주의의 움직임에 일절 부정적인 자세를 취한 오스트리아의 협력을 얻는 것이 가능했다(1846년 1월 16일에 프로이센·오스트리아 협정을 체결하여 공동보조를 취하는 것을 약속함). 실로 그는 '대의명분'을 수중에 넣고 주도권을 장악했던 것이다.

이때 그의 행동을 속박하는 우려는 오히려 국내에 있었다. 전술한 바와 같이, 아우구스텐부르크를 지지하는 움직임은 민족주의의 물결과 함께 독일 전역으로 퍼졌으며 프로이센도 그 예외가 아니었다. 왕비 아우구스타와 왕태자를 위시해 아우구스텐부르크에게 동정적인 인물이 적지 않게 존재하고, 국왕 빌헬름 1세도 그것에 신경이 계속 쓰였던 것이다. 그 때문에 비스마르크의 대응은 국내에서는 대단히 불평을 초래했고 또다시 강렬한 반발에 직면했다. 자신의 정책을 추진하기 위해서도 비스마르크는 여기에서 뭔가 국왕의 지지를 얻을 필요가 있었다. 이때 헌법 분쟁으로 악화의 극치에 도달했던 하원과의 대립 관계가 그에게 유리하게 작용했다. 하원의 자유주의파를 선동하여 반발을 높였던 것 등 '철혈 재상'에게는 조작(造作)도 없는 것이었다. 이리하여 그는 계속해서 국왕의 신임을 확보하고 전술한 방침을 취할 수 있게 되었던 것이다.

덴마크 전쟁

덴마크에서 '제2차 슐레스비히 전쟁'이라고 불리는 이 전쟁은 1864년 2월 1일에 시작을 알렸다. '독일·덴마크 전쟁'이라고 불리기도 하는데, 실제로는 독일 연방 각 방이 프로이센·오스트리아 양국의 주장을 인정하지 않고 군을 동원하지 않았기 때문에 프로이센·오스트리아 양국과 덴마크 사이의 전쟁이 되었다. 독일 연방 각 방은 물론이고 여론으로부터도 지지받지 않는 전쟁이었다. 그것은 비스마르크가 독일 가운데에서 공감하고 지지하는 아우구스텐부르크가 아니라 런던 조약을 우선시하는 자세를 보였기 때문이다. 하지만 바로 그것 때문에 덴마크가 의지하고 있던 영국과 프랑스의 개입을 당분간은 방지할 수 있었다.

그 때문에 이 전쟁에서는 덴마크의 열세가 결정적이 되었다. 전선은 유틀랜드 반도로 확대되어 4월 18일에 는 격전 끝에 덴마크 측의 뒤뵐 보루가 함락되었다. 이러한 사태에 과거에 슐레스비히·홀슈타인 문제를 조정했던 실적을 갖고 있는 영국이 런던에서 국제회의를 열어서 조정을 시도했는데, 그 어떤 성과도 올리지 못했다. 그것을 감안하여 프로이센·오스트리아 양국은 전투를 재개하고 일시적으로 덴마크 해군이 승리를 거두었지만, 6월 말에 프로이센군이 슐레스비히의 동쪽 해안에 면한 알스 섬에 상륙했고, 수일 후에 이 섬을 점령하자 승부가 나게 되었다.

8월 1일 비엔나에서 프로이센·오스트리아와 덴마크 사이에 강화가 맺어졌다(이 시점에서는 가조약이며 정식의 강화조약은 10월 30일에 체결되었다). 그 결과, 덴마크가 보유했던 슐레스비히, 홀슈타인 두 공국의 주권은 라우엔부르크의 그것과 합쳐서 프로이센·오스트리아 양국에 양도되어, 양국의 공동 관리 아래에 놓이게 되었다. 그 이후 이 결정은 이듬해 1865년 8월 14일 양국 간에 체결된 가스타인 협정에서 수정되어, 슐레스비히는 프로이센이, 그리고 홀슈타인은 오스트리아가 관리하게 된다. 라우엔부르크는 프로이센이 금전으로 구입하고, 단독 영유하게 되었다. 그런데 이 공로로 비스마르크는 빌헬름 1세로부터 세습 백작에 서훈된다.

흔들리는 비스마르크의 대(對)오스트리아 자세

덴마크 전쟁에서의 승리를 거쳐 프로이센·오스트리아 간에 가로놓여 있는 대립이 완화되었는가 하면, 거꾸로 더욱 심각한 것이 되었다. 그 원인은 덴마크로부터 획득한 슐레스비히와 홀슈타인에 대한 취급 문제였다. 비스마르크는 북독일에서의 프로이센의 패권을 확립하기 위해 두 공국의 병합을 꾀했던 것에 반해서, 오스트리아의 입장에서 본다면 그와 같은 일방적인 양보를 강요받을 이유는 없으며 프로이센에 대해서 협조 노선을 계속할 것인가, 아니면 강경 자세를 취할 것인가를 놓고 의견이 분분하여, 최종적으로는 아우구스텐부르크에 두 공국을 양도하는 방침을 취하게 되었기 때문이다. 이러한 양국의 대립은 최종적으로는 1866년의 프로이센·오스트리아 전쟁으로 귀결된다. 하지만 그렇다고 해서 이 시기의 비스마르크가 오스트리아에 대해서 대결 자세 일변도였는가 하면, 그렇지는 않았다. 이때 그는 대립 노선과 협조 노선의 사이에서 지그재그로 흔들렸던 것이다.

여기에서 화제는 비엔나에서 덴마크와의 사전 강화가 체결된 직후인 1864년 8월 하순으로 돌아간다. 이때 비스마르크는 오스트리아 외교장관 레히베르크로부터 프로이센·오스트리아 제휴에 대한 타진을 받았다. 그것에 의하면, 오스트리아가 이탈리아 방면에서 군사적으로 재기를 행할 때(구체적으로는 롬바르디아 탈환), 프로이센이 그것을 지원해준다면 두 공국을 프로이센 측에 양도해도 좋다는 것이다. 하지만 비스마르크는 이 제안을 거절했다. 그뿐만 아니라 그는 관세동맹을 둘러싼 교섭에서도 오스트리아를 거기에 가입시키지 않는다는 명확한 자세를 보였다(이 교섭 실패가 영향을 미쳐 레히베르크는 실각한다).

이 상태로 대립 노선을 밀고 나아갈 것으로 생각되었지만, 1865년 5월 29일에 행해진 어전 회의 자리에서는 급히 완화되어버린다. 이 회의에서는 슐레스비히와 홀슈타인 두 공국을 병합하는 방침이 결정되어, 육군장관 론과 이후의 전쟁에서 프로이센을 전술적으로 승리로 유도하게 되는 참모총장 헬무트 폰 몰트케를 위시해 오스트리아와의 전쟁도 불사하겠다는 의견이 압도적이었다. 하지만 비스마르크는 나폴레옹 3세 및 국내 여론의 동향에 주의를 기울이며 이 시점에서의 대오스트리아 개전에 대해서 반대하고 그 타이밍을 뒤로 미루자고 주장했다. 그리고 그로부터 약 2개월 반 이후인 8월 14일에는 전술한 오스트리아와의 사이에서 가스타인 협정을 체결하여 프로이센·오스트리아 협조의 길을 남겨두었다.

그런데 라우엔부르크 획득을 포함해 이 가스타인 협정에 국내 여론은 맹렬히 반발했다. 라우엔부르크 획득은 의회의 동의를 얻지 않은 것에 더해 프로이센·오스트리아 양국에 의한 두 공국의 분할 관리가 아우구스텐부르크의 슐레스비히·홀슈타인 공(公) 즉위의 움직임을 멀리하도록 만들었기 때문이다.

이처럼 지그재그로 보이는 비스마르크의 대오스트리아 자세를 어떻게 설명하면 좋을까? 오늘날의 비스마르크 연구에서는 이구동성으로 그가 북독일에서의 프로이센의 패권 확립을 위해서 오스트리아와의 무력 대결 노선과 평화 협조 노선의 양방을 동시에 추진했다고 주장한다. 아마도 이 주장의 기초에 있는 것이 미국의 역사가 오토 플란체(Otto Pflanze)가 제기한 '대안 테제(alternative these)'인 것으로 보인다. 이 설에 따르면, 비스마르크의 정치는 항상 복수의 선택지를 확보하는 것이었다고 하며, 이때는 오스트리아와의 전쟁이라는 선택지에 더하여, 프로이센이 북독일에 오스트리아가 남독일(과 이탈리아)에 각각의 세력권을 설정한다는 세력권 분할 구상에 기초해서 양국의 협조와 공존을 도모한다는 선택지를 최후까지 계속 지녔다는 것이다. 이 테제는 오늘날에 이르기까지도 또한 건재하고 있다.

물론 이 '대안 테제'에 대해서도 이론이 없는 것은 아니다. 세력권 분할 구상에 기초한 프로이센·오스트리아 협조 노선이 과연 전쟁을 대신할 만큼 동등한 '선택지'가 될 수 있었는가 하는 것이다. 확실히 오스트리아는 이탈리아 통일 전쟁에서 패배했다고 해도 슐레스비히·홀슈타인 문제에서 프로이센에 일방적으로 양보하지 않을 수 없을 정도로 내몰렸던 것은 아니며 두 공국을 프로이센이 병합하기 위해서는 오스트리아와의 무력 충돌은 피하지 않으면 안 되었을 것이다. 그래서 그는 1865년 10월에 남프랑스의 비아리츠에서 나폴레옹 3세에 접근하여 구체적인 지명 자체는 제시하지 않았지만, 지원의 반대급부로서의 영토 보상을 미끼로 삼으면서 전쟁에 이를 경우 오스트리아와의 협력을 붙들어놓고자 했던 것이다.

그렇다면 비스마르크의 또 한 가지 선택지는 그 정도로 의미가 없으며 전쟁의 타이밍을 계산하기 위한 시간 벌기용 정도밖에 안 되는 것이었을까? 확실히 그와 같이 주장하는 선행 연구도 없는 것은 아니다. 하지만 그렇다고 하면 비스마르크가 주도면밀하게 오스트리아와의 전쟁을 준비했던 것이 되는데, 이러한 일면적인 견해는 근년의 비스마르크 연구가 단호하게 경계하고 있는 바이며, 여기까지 지그재그로 사태가 전개되었다고 설명할 수 없다. 생각건대 이 문제는 비스마르크가 어느 쪽의 선택지를 실제로 바랐는가 하는 것보다도 그에게 그 선택지를 선택하게 만들었던 정치외교 상황 쪽이 결정적으로 중요한 것이 아닐까? 후술하는 바와 같이, 이러한 지그재그 상태가 해소되고 프로이센·오스트리아 전쟁에 도달하게 된 직접적인 계기는 그 자신이 획책했던 것은 아니다. 그러한 의미에서 그는 피동적인 입장에 서 있었을 뿐이며, 복수의 선택지를 갖고 있었다는 것은 어떠한 외적 상황의 변화에도 즉시 대응할 수 있기 위한 것이었던 것으로 이해해야 할 것이다.

오스트리아와의 전쟁을 향해

비스마르크가 최종적으로 오스트리아와의 대결 노선을 선택했던 계기는 1866년 1월 23일에 오스트리아가 관리하는 홀슈타인의 알트나에서 행해진 민중 집회였다. 이 집회는 아우구스텐부르크를 지지하는 것과 함께, 슐레스비히·홀슈타인 의회의 소집을 요구한 것으로, 본래 반프로이센적인 색채를 띠고 있는 것이었지만 이 집회의 개최를 오스트리아 당국이 허용했던 것이 사태를 더욱 심각하게 만들었다. 이것이 비스마르크의 맹렬한 항의를 초래하고 프로이센·오스트리아 간의 충돌은 더 이상 피할 수 없다는 분위기를 쌍방에 만들어내게 되었다.

2월 21일 오스트리아에서는 프로이센과의 개전을 향한 움직임에 나서는 것이 각의(閣議) 결정되었다. 그로부터 7일 후인 2월 28일, 프로이센에서도 어전

회의가 열려 왕태자를 제외한 전원이 오스트리아와의 전쟁은 피할 수 없다는 인식에 의견 일치를 보았다.

그렇지만 여기에서 비스마르크는 전쟁 목표로서 기존의 '북독일에서의 프로이센의 패권 확립'이 아니라 '소독일주의에 기초한 국가통합'을 제기했다. 그렇지 않아도 동포 오스트리아와의 '형제 전쟁'은 국내에서 현저하게 인기가 없는 가운데, 여기에서 종래의 패권주의적인 프로그램을 제시하면서 갈수록 국내 여론을 적으로 돌려버리게 된다. 그것을 피하기 위해서 일부러 여론의 지지를 받는 독일 민족주의의 목표를 내세움으로써 사태를 조금이라도 유리한 방향으로 유도하고자 했던 것이다. 하지만 그것도 결국에는 주효하지 못하고 비스마르크는 여전히 국내에서는 심각한 상황을 극복할 수 없는 상태로 전쟁에 돌입하게 된다[5월 7일 그는 대학생 페르디난트 코헨-블린트(Ferdinand Cohen-Blind)의 습격을 받는다. 이때 그는 찰과상을 입는 데에 그쳤으며, 스스로 저격범으로부터 총을 빼앗았다는 에피소드가 있다].

그 이후 사태는 단번에 전쟁을 향해 가속되어간다. 4월 8일 그는 이탈리아와의 사이에 유효 기간 3개월이라는 극히 이례적인 비밀 군사동맹을 체결했다. 이것에 의하면, 준비했던 독일 연방 개혁안이 거부되었을 경우에는 오스트리아와의 전쟁에 돌입한다고 기록되어 있었다. 이튿날 4월 9일, 그는 독일 연방에 대해 보통·직접 선거에 기초해 전체 독일 의회를 개설한다는 취지의 개혁안을 재차 제출했다. 여기에서도 그는 프로이센의 전쟁 목표를 소독일주의에 기초한 민족주의의 요망에 맞춤으로써 여론의 지지 획득을 노리는 것과 함께, 다른 독일 제방에 압력을 가하고자 했던 것이다. 하지만 이러한 시도는 잘 움직이지 않아 개혁안은 부결되고 주요 독일 제방은 프로이센 측에 서려고 하지 않았다. 이것과 병행해서 그는 중앙 유럽 정세에 강한 관심을 지닌 나폴레옹 3세에게 재차 접근하여 라인 지방을 지원의 반대급부로서 제공하는 거동을 선보이면서 그의 지지를 획득하고자 노력했고, 나아가서는 헝가리의 혁명 세력에도 접근하여 적어도 유리한 상황을 만들어내고자 했다.

6월 1일, 오스트리아가 가스타인 협정을 파기하고 슐레스비히·홀슈타인 두 공국의 처우를 독일 연방에 맡기는 것을 정식으로 선언하자, 프로이센군은 6월 7일 홀슈타인에 침공하여 해당 지역을 점령했다. 6월 11일 오스트리아는 프로이센과의 단교를 선언하는 것과 함께 프로이센에 대한 연방군 동원을 가결했다. 이튿날 12일 오스트리아는 나폴레옹 3세와의 사이에서 비밀조약을 체결하고 프로이센을 희생시키고 나폴레옹 3세에 대가(가 되는 영토)를 제공함으로써 프랑스의 중립을 확보하는 데에 성공했다. 일이 여기에 이르러 프로이센은 6월 14일 독일 연방 맹약은 '파괴'되어 '해소'된 것으로 간주한다는 취지의 선언을 하고 프로이센·오스트리아 간의 전면 전쟁으로 돌입하게 되었던 것이다.

프로이센·오스트리아 전쟁

이리하여 시작된 프로이센·오스트리아 전쟁에서는 프로이센군이 당시의 최첨단 기술을 전쟁에 동원했던 것이 특징의 한 가지로 들 수 있을 것이다. 부대 수송에 철도를 사용하고 전신을 활용하고 나아가 속사(速射)에 뛰어난 후장식(後裝式)* 드라이제 총(침타식 총)을 사용함으로써 오스트리아군에 대해서 우위에 서서 전쟁을 진행해간다.

그리고 이 전쟁의 또 한 가지 특징은 '7주간 전쟁'이라는 별명이 보여주는 바와 같이 단기전이었다는 점이다. 전면 전쟁으로 돌입하자, 프로이센은 참모총장 몰트케의 작전계획에 기초해서 오스트리아 측에 섰던 하노버 왕국, 작센 왕국, 헤센카셀 선제후국을 6월 중에 격파 및 점령하고 7월 중순에는 자유도시 프랑크푸르트를 점령하기에 이르렀다. 한편 뵈멘(Böhmen) 방면에서 세 개의 방향으로부터 비엔나를 향하여 침공을 개시한 프로이센군은 7월 3일 쾨니히그

---

* 탄환을 총신(銃身)의 뒤로부터 재장전하는 형태를 말한다. _옮긴이주

레츠 전투[Battle of Königgrätz, 일명 '사도바(Sadowa) 전투']에서 오스트리아·작센 연합군을 격파하고 여기에서 사실상 이 전쟁의 결말이 났다.

7월 26일에는 니콜스부르크(Nikolsburg)에서 사전 강화조약이, 그리고 약 1개월 후인 8월 23일에는 프라하 강화조약이 체결되었다. 이 조약에 의해 독일 연방은 해체되고 그것을 대신해서 프로이센이 라인 강 이북의 북독일에 새로운 연방체(북독일 연방)를 창설하고 오스트리아가 거기로부터 제외되는 것이 결정되었다. 슐레스비히와 홀슈타인 두 공국의 주권은 프로이센에게 이양되었지만, 오스트리아는 베네치아(이탈리아에 할양)를 제외하고 영토를 상실하지 않고 배상금은 2,000만 탈러(Thaler)로 결론이 나는 등, 전체적으로 오스트리아에 대해서 관대한 내용이 되었다.

이 전쟁이 단기간에 끝난 배경으로는 쾨니히그레츠 전투의 뒤에 강화를 서둘렀던 비스마르크의 예사롭지 않은 노력이 있었다. 그가 강화를 서둘렀던 이유는 몇 가지 정도가 고려된다. 예를 들면 콜레라가 부대 내에서 확산되었던 것, 한편으로 오스트리아군은 이탈리아 전선에서는 승리를 거두었으며 부대를 합류시켜 태세를 재정비하고 있었던 것 등이다. 하지만 결정적인 요인은 역시 나폴레옹 3세의 간섭이라고 할 수 있다. 7월 9일의 시점에서 비스마르크는 아내에게 다음과 같이 토로하고 있다.

우리는 순조롭기는 하지만 나폴레옹이 있다. 만약 우리나라가 과도한 요구를 하지 않고 세계를 정복했다고 생각하지 않는다면 노력에 상응하는 강화(講和)를 손에 넣게 될 것이다. 하지만 우리는 곧 무기력해지는 것과 마찬가지로 곧 우쭐해져 버린다. 나는 거품이 일어나고 있는 와인에 물을 주입하며 우리나라는 단독으로 유럽에 있는 것이 아니라 우리나라를 증오하고 질투하고 있는 다른 3개국(영국, 프랑스, 러시아를 말함)과 함께 있다는 것이라는 점을 주장한다는, 무엇보다도 달갑지 않은 과제를 부여받고 있는 것이다(GW, XIV/2, 717).

나폴레옹 3세의 개입을 앞에 두고 비스마르크는 (본인의 말을 빌리자면) "발작적으로 격렬하게 흐느껴 울었다"라고 할 정도로 신경을 쇠약시키면서(회상록에 의함, GW-NFA, IV, 243), 승리의 기세에 편승하여 전쟁 계속을 주장하는 빌헬름 1세와 군부의 반대를 무릅쓰고 어쨌든 강화로 끌고 갔던 것이다.

'위로부터의 혁명'

이리하여 단기간에 오스트리아에 승리한 프로이센은 많은 전쟁성과를 수중에 넣을 수 있었다. 영토 면에서 말하자면, 과거부터 기도했던 슐레스비히와 홀슈타인 두 공국에 더하여, 하노버 왕국, 헤센카셀 선제후국, 나사우(Nassau) 공국, 자유도시 프랑크푸르트를 병합하고 비엔나 의정서에 의해 동서로 분단되었던 프로이센 왕국은 여기에 이르러 결국 하나로 이어지는 영토를 형성하게 되었다. 특히 프랑크푸르트는 경제와 금융의 중요 거점이기도 한 것만으로도 이곳을 병합했던 것은 프로이센의 경제력 강화에 직결되는 것이었다. 그리고 무엇보다도 비스마르크의 염원이기도 했던 북독일에서의 프로이센의 패권을 오스트리아로부터 인정받았던 것이 최대의 전과라고 할 수 있다.

프로이센·오스트리아 전쟁의 승리는 프로이센의 국내 정세를 일변시켰다. 동 시기에 행해진 프로이센 하원 선거의 결과, 자유주의파로 구성된 진보당이 크게 후퇴하고 친정부 성향의 보수파가 약진했던 것이다. 게다가 그때까지 비스마르크의 수법에 맹반발해왔던 자유주의파 중에 그에 대해 재평가를 하려는 움직임이 단번에 높아졌다. 이 기회에 그는 의회와의 화해안을 제시하고 향후에는 국가의 재정 운영을 예산에 기초해 행하는 것을 약속하는 대신에, 이제까지의 예산 없는 통치를 의회가 사후 승낙한다는 취지의 '사후 승낙 법안'을 의회에 제출했다. 이것을 둘러싸고 자유주의파는 두 개로 분열되어 그 한쪽이 찬성표를 던짐으로써 법안은 9월 2일에 가결되었다. 또한 9월 7일에는 하노버,

바르친에 있는 현재의 옛 비스마르크 관저

헤센카셀, 나사우, 프랑크푸르트를 프로이센령으로 편입시키는 '합병법'을 하원이 가결했다. 실로 독일 통일로 향하여 의회가 비스마르크를 뒷받침해주는 형태가 되었던 것이다. 이리하여 프로이센 헌법 분쟁은 여기에서 막을 내리게 되었다. 이제까지 격렬하게 대립했던 의회가 (무조건은 아니지만) 비스마르크 지지로 전환하는 순간이었다.

그런데 이때의 비스마르크의 공로에 대해서 국왕이 그에게 40만 탈러의 은사금(恩賜金)을 하사하는 것이 의회에서 승인되었다. 비스마르크는 이듬해 4월, 이 은사금을 투입하여 포메른 지방에 있는 바르친〔Varzin, 현재 폴란드의 바르치노(Warcino)〕에 토지를 구입하여 종종 여기에서 거주하게 된다.

'사후 승낙법'의 성립은 그 이후의 프로이센의 정계 재편을 가져오는 계기가 되었다. 찬성표를 던졌던 자유주의 세력의 일부는 진보당을 이탈하여 프로이센에 병합된 다른 제방의 자유주의 세력과 합류하여 국민자유당을 결성했다. 또한 보수당도 정통주의를 멸시하는 비스마르크를 혐오하는 세력과 그를 옹호하는 세력으로 분열되어, 후자가 자유보수당〔독일 제국 성립 이래의 제국의회에서는 제국당(帝國黨)으로 칭함〕을 결성했다. 이리하여 비스마르크를 (정도의 차이는 있지만) 지지하는 2개의 신당이 의회에서 다수파를 차지하게 되어, 비스마르크의 정책을 입법 방면에서 밑받침하게 된다.

이처럼 독일 문제는 프로이센·오스트리아 전쟁을 계기로 하여 프로이센을 중심으로 한 소독일주의적 통일로 향해서 크게 움직임을 보이게 된다. 군주주의를 신봉하는 강경 보수파의 입장을 취하는 비스마르크가 이러한 움직임을 주도하고, 또한 하노버 왕과 헤센 선제후, 나아가 나사우 공(公)을 폐위시킴으로써 당시부터 그의 행동은 '위로부터의 혁명'이라고 평가받았다. 이것은 비스마르크 본인의 입장에서 본다면, "그와 같은 파국(독일에서의 완전한 혁명적 혼란)을 방지하는 유일한 길은 적절한 시기에 위로부터의 개혁을 도모하는 것밖에 없다"(1866년 5월 27일 회상, GW, V, 514)는 인식이며, "혁명이 일어나지 않을 수 없다면, 혁명을 일어나게 하기보다는 일으키는 쪽이 낫다"(1866년 5월 27일 만토이펠에게 보내는 전보, GW, VI, 120)라는 생각을 실천했던 형태라고 볼 수 있을 것이다. 실로 그는 '백색 혁명가'라는 평가에 적합한데 '위로부터', 즉 군주제에 입각하여 본래라면 보수적이며 반혁명의 입장을 취해야 하는 정부의 측으로부터 혁명을 일으킴으로써 그 자신이 계승했던 전통적인 가치관과 그로부터 파생하는 목표를 구현하고, 그것을 자신의 이상에 맞추는 형태로 새롭게 만들어내고자 했던 것이다.•

• 전쟁에서 속도와 정치가 특정한 관계를 맺는 것처럼, '위로부터의 혁명'이라는 방향성은 비스마르크의 치국방략(治國方略)과 외교책략에서 전쟁과 관련하여 속도와 정치가 더욱 긴밀한 관계를 갖도록 했다〔Paul Virilio, *Speed and Politics*, New Edition (Semiotext(e), 2006)〕. _옮긴이주

제5장

북독일 연방 재상이 되다 : 프로이센 정치가에서 독일 정치가로의 변신
(1867~1871)

북독일 연방의 창설을 향하여

비스마르크의 진정한 노림수가 독일 통일이 아니라 북독일에 프로이센의 패권을 확립하는 것이었다고 해도 프로이센·오스트리아 전쟁의 목적으로서 소독일주의적 프로그램을 내세워버렸던 이상, 그리고 프로이센 의회가 자신의 정책을 포함해 이러한 움직임을 뒷받침하고 있는 이상, 그로서는 북독일 연방의 성립과 합쳐서 소독일주의에 기초한 독일 통일 노선을 추진할 수밖에 없었다.

그렇게 결정된다면 비스마르크의 움직임은 신속했다. 오스트리아와의 프라하 조약 교섭을 병행하여 그는 남독일 4방 중에 뷔르템베르크(8월 13일), 바덴(8월 17일), 바이에른(8월 22일)과 비밀리에 공수동맹(攻守同盟)을 체결하고, 다가올 통일 국가의 포석을 깔았다(나머지 헤센 대공국과는 1867년 4월에 체결했다). 우려되었던 나폴레옹 3세의 개입에 대해서는 8월 초부터 베를린 주재 프랑스 대사 베네데티와 수차례나 교섭을 하여 프로이센의 북독일에서의 세력 확대 및 소독일주의에 기초한 독일 국가건설을 프랑스가 인정해주는 반대급부로 네덜란드 왕과 동군 연합의 관계에 있으며 독일 연방에 가맹했던 룩셈부르크를 영토 보상으로서 프랑스 측에 제공하는 것으로 손을 써두고자 했다. 룩셈부르크에는 독일 연방 요새가 구축되어 있어 거기에 프로이센군이 주둔하고 있었는데, 독일 연방이 해체된 지금에 이르러 프로이센군이 거기에 계속 주둔할 이유가 없어지게 되었다. 따라서 프로이센군 철수와 연동하는 형태로 프랑스 측에 제공하고자 했던 것이다. 그 때문에 그는 독일 연방을 대신하여 새롭게 창설되는 북독일 연방에 대한 룩셈부르크 가입을 인정하지 않았던 것이다. 이러한 비스마르크의 구상에 나폴레옹 3세는 합의했고 8월 하순에는 이러한 점을 명기하여 프로이센·프랑스 조약안이 마련되었다(이 조약안에 의하면 벨기에도 영토 보상의 대상에 포함되었는데, 후술하는 이유로 이 조약은 체결되지 않는다).

다방면에 걸쳐서 신경을 써야 하는 격무가 거듭되었던 탓이었을까? 여기까지 이르러 비스마르크의 건강은 한계에 도달했다. 9월 중순에 격렬한 신경통이 그를 엄습했고, 그 때문에 그는 3개월 정도 공무에서 떠나서 발트 해에 있는 뤼겐(Rügen) 섬의 푸트부스(Putbus)에서 요양을 하게 되었다. 이 푸트부스에서의 요양은 다양한 의미에서 그 이후 역사의 전개에 커다란 영향을 미치게 된다.

푸트부스에서의 요양은 비스마르크에 주어진 환경 중에서 북독일 연방 헌법 초안의 뼈대를 정리하는 시간을 제공해주었다. 그 이후의 독일 제국 헌법의 전신이 되는 이 헌법의 특징은 남독일 제방에 대해 배려하여 "형식상으로는 국가 연합의 형태를 취하지 않으면 안 되지만, 실제로는 유연성이 있어서 두드러지지는 않아도 포괄적인 표현과 함께 연방 국가의 성질을 부여하게 될 것이다. 그 때문에 중앙 기관으로서 내각이 아니라 연방 의회가 그 기능을 담당하는 것이 될 것이다. 그때 과거의 연방의 쿠리에 제도(독일 연방 의회에서 방의 규모에 따라 표의 수에 차이가 설정되었던 것을 지칭함)를 의거로 삼는다면 잘 진행될 것으로 생각된다"(1866년 10월 30일 푸트부스 구술서, GW, VI, 167)라는 것이며, 보통·직접·평등 선거에 의한 북독일 연방 의회를 설치했지만, 당초의 안(案)에서는 의회주의에 대한 반감 때문에 그것에 큰 권한을 주려고는 하지 않았다(자세한 내용은 제6장 참조).

이 구상에 기초하여 1867년 2월 12일에 프로이센 세력하의 북독일에서 선거가 이루어져, 2월 24일에 북독일 연방 헌법심의 의회가 열렸다. 여기에서 북독일 연방, 나아가 독일 통일국가의 건설을 향하여 결국 구체적으로 프로그램이 시동되었던 것이다. 3월 11일 그는 의회 연설에서 다음과 같이 상징적으로 논하고 있다.

> 의원 여러분, 서둘러서 일을 합시다! 이를테면 독일에 안장을 올립시다! 이미 독일은 말에 타고 있으니까(GW, X, 329).

그렇지만 헌법심의 의회에서는 비스마르크가 작성한 헌법 초안을 둘러싸고 정부 측과 의회 측(특히 국민자유당을 위시한 자유주의 세력) 사이에서 격렬한 공방이 전개되었다. 특히 큰 쟁점이 되었던 것은 책임내각제의 도입과 군사 예산에 대한 의회 권한이었다. 전술한 바와 같이, 의회주의 그 자체에 반발하는 비스마르크의 견지에서 보면, 군사 예산을 의회의 제약 아래에 두고자 하지 않았으며, 나아가 향후 가맹이 예상되는 자긍심이 높은 남독일 제방에 대해 배려하여 연방 국가체제를 형성하고자 느슨한 것으로 해서 중앙 기관은 설정하지 않았던 것이다. 하지만 이것으로는 '정부의 책임'의 소재가 애매해지고, 의회의 권한 그 자체가 크게 훼손되기 때문에 의회 측은 격렬하게 반발했던 것이다.

비스마르크로서는 이 이상을 양보하려고 하지 않았지만, 그렇다고 해서 높은 독일 건국의 기운이 약화되기는커녕 나폴레옹 3세가 개입하게 될 우려도 있었기 때문에 여기에서 우물쭈물 하고 있을 수 없었다. 그는 상황을 타개하는 차원에서 3월 19일과 23일의 이틀에 걸쳐서 1866년 여름에 남독일 3개 방과 비밀리에 체결한 공수동맹을 공개하고, 그것에 의해 자신에게 유리한 여론을 형성함으로써 심의를 전진시키고 남독일 제방을 북독일 연방에 단번에 편입하고자 시도했다.

룩셈부르크 위기와 북독일 연방의 성립

그런데 이 조치가 예상 밖의 사태를 초래해버렸다. 프로이센의 합의 아래 프랑스·네덜란드 양국에 의해 수면하에서 진행되어 이 시기에 정리가 이루어졌던 룩셈부르크 양도 교섭이 좌절되었던 것이다.

1866년 9월에 비스마르크가 요양을 하기 위해 푸트부스로 물러나버렸기 때문에, 프로이센·프랑스 간의 룩셈부르크를 둘러싼 비밀 교섭은 중단되고 의도했던 프로이센·프랑스 조약도 체결되지 못하게 되었다. 게다가 정무에 복귀한 비스마르크가 북독일 연방 헌법의 성립에 전념했던 일도 있어서 룩셈부르크 양도를 둘러싸고 프로이센·프랑스 간에 의견 차이가 나타나게 되었던 것이다. 프로이센과의 교섭이 진전되지 않는 것에 속을 끓였던 나폴레옹 3세는 네덜란드 측과의 직접 교섭에 나서 1867년 3월 하순에는 프랑스가 룩셈부르크를 구입하는 데에 교섭은 정리되는 방향으로 나갔다.

그렇지만 이 타이밍에서 비스마르크가 남독일 3개 방과의 공수동맹을 공표하여 독일 민족주의를 부채질했다. 이로 인해 이웃나라는 충격을 받았다. 특히 룩셈부르크 교섭의 당사자들은 독일 여론이 룩셈부르크를 독일 고유의 영토로 간주했기 때문에 그 창끝이 자신들을 향하고 있는 것은 아닌가 하고 크게 동요해버리게 된다. 그중의 한 사람이 네덜란드 왕 빌렘 3세였다. 그는 3월 26일에 교섭을 일시 중단하고 프랑스에의 룩셈부르크 매각의 승낙을 프로이센에 정식으로 요구하고, 프로이센 왕의 동의 없이 룩셈부르크를 매각하지는 않는다고 표명했던 것이다. 그런데 때를 같이 하여 프랑스가 룩셈부르크를 병합한다는 취지의 보도가 룩셈부르크에서 이루어졌다.

이리하여 생각지도 않은 형태로 룩셈부르크의 프랑스에 대한 매각 이야기는 완전히 폭로되어버렸다. 북독일 연방이 성립되지 않은 시점에서 독일 여론을 적으로 돌릴 수밖에 없었던 비스마르크는 프랑스와의 우호관계보다도 독일 여론과의 협조를 우선시하고 여기에 이르러 룩셈부르크를 양도할 수 없다는 자세를 표명했다. 이것에 프랑스가 격앙되어 1867년 3월 말부터 4월에 걸쳐서 룩셈부르크를 둘러싼 사태는 프로이센·프랑스 전쟁의 위기로 단번에 격화되었다(룩셈부르크 위기). 이 사태에 영국과 러시아 양국이 개입하여 최종적으로는 5월 7일에 이 문제를 둘러싸고 런던 회의가 열려 거기에서 열강의 보장 아래 룩셈부르크의 비무장·영세 중립화가 결정됨으로써 결국 위기는 종식되었다.

이 룩셈부르크 위기는 북독일 연방 성립에 있어서 '순풍'이 되었다. 프랑스와의 전쟁 위기 시에 북독일 연방 헌법심의 의회는 국내의 일치단결을 우선시했던 것이다. 의회 측은 책임내각제 도입을 단념하고[그 대신에 책임의 소재를 명확히 하기 위해 신설되는 연방 재상이 연방 주석의 포고(布告)에 부서(副署, 추가 서명)하는 제도를 도입함], 나아가 군사 예산에 관해서 매년 의회에서 심의하는 요구도 일단 단념하는 등(독일 제국 성립 이후에 양자 간에 타협이 성립되어 군사 예산의 큰 틀은 매년이 아니라 7년마다 심의하는 것이 됨), 의회주의의 요소가 제한되는 대폭적인 양보를 했던 결과, 4월 16일에 북독일 연방 헌법이 성립되었다. 전쟁 위기가 발발한 지 겨우 보름이 지난 이후의 일이었다.

독일 통일이 이루어지지 않다: 비스마르크의 독일 정책의 한계

그렇지만 비스마르크는 프랑스와의 전쟁 위기를 갖게 되더라도 1867년의 시점에서 독일을 통일로 유도할 수는 없었다. 공수동맹을 공표하고 나아가 북독일 연방 헌법을 단번에 성립시켜 독일 민족주의를 부채질함으로써 남독일 제방이 독일 연방에 자발적으로 참가하기 쉬운 환경을 정비했음에도, 남독일 제방은 룩셈부르크 위기의 시기에 (그 이후에 발생한 독일·프랑스 전쟁과는 달리) 비스마르크와 적극적으로 행동을 함께하려고 하지 않았던 것이다.

이러한 풍조는 1868년 2월에 행해진 '관세 의회'의 선거 결과에도 반영되었다. 이 관세 의회는 1867년 여름에 독일 관세동맹에 새롭게 설치된 것으로 권한 자체가 관세동맹에 관한 문제에 제한되었지만, 관세동맹에 가맹하는 남북 독일 제방에서 보통·평등·비밀 선거에 의해 선출된 의원으로 구성되는, 문자 그대로의 전체 독일 의회와 동등한 것이었다. 이 '2월의 선거'의 결과, 남독일 제방에서는 가톨릭 세력을 중심으로 반프로이센파의 의원이 대량으로 당선되었던 것이다. 북독일 연방 성립까지는 좋았지만 남독일 제방을 더한 독일 통일 사업의 어려움이 재차 부각되어진 순간이었다.

비스마르크의 애당초 노림수는 북독일에 프로이센의 패권을 확립하는 것에 있었으며 독일 통일 사업을 지향하지는 않았다. 독일 민족주의를 아군으로 삼고자 하며 소독일주의에 기초한 독일 통일 사업을 입으로 말한 적도 있었지만, 그것은 프로이센·오스트리아 전쟁을 유리하게 추진하기 위한 수단에 불과했다. 그리고 그는 프로이센·오스트리아 전쟁의 와중인 1866년 7월의 시점에서도 남독일 제방을 북독일 연방에 병합하는 것은 어렵다는 예측을 보였다. 그렇지만 프로이센·오스트리아 전쟁의 승리를 계기로 민족주의로 들끓는 독일 여론의 뒷받침을 받으며 북독일 연방 헌법심의 의회가 열리자, 비스마르크는 당초의 방침에 더하여 남독일 제방도 편입시켜 단번에 독일 통일을 지향하는 듯한 발언을 하게 되었던 것이다. 아이르히 아이크(Eirch Eyck)의 말을 빌리자면, 룩셈부르크 위기를 거치면서 비스마르크는 '프로이센의 정치가'에서 '독일의 정치가'로 변신하게 되었던 것이다.

확실히 그는 19세기의 시대조류인 민족주의를 교묘하게 이용하여 북독일에서의 프로이센의 패권을 수립시키는 것에 성공했다. 하지만 그것은 동시에 원래 의중에 없었던 독일 통일 사업에 착수하게 되어, 독일 통일이 실현될 수 없었던 단계에서 프랑스를 완전히 적으로 돌리게 되는 외교 상황을 만들어버렸다. 독일의 역사가 빌헬름 몸젠(Wilhelm Mommsen)이 지적하고 있는 바와 같이, 이때의 비스마르크는 민족주의를 잘 다루지 못해서 자신의 정책과 행동이 그것에 규정되어버렸던 것이다. 바로 이 점에 '정치가 비스마르크'의 한계가 있었을지도 모른다.

그렇기 때문이었을지는 몰라도 룩셈부르크 위기 이후 비스마르크의 발언은 북독일 연방 헌법심의 의회 때의 것과는 뒤바뀌어 남독일 제방에 대한 배려도 있었는데, 다음에 보이는 바와 같이 급하게 얌전한 모습이 되어버린다.

만약 독일이 19세기 안에 그 국민적인 목표를 달성할 수 있게 된다면, 그것만 으로도 위대한 것이라고 생각하며 만약 5년, 아니 10년 안에 그것이 달성될 수 있 다면 예상 밖의 신의 은혜라고밖에 생각되지 않는다(1868년 5월 11일 뷔르템베 르크 군 참모장과의 대담에서, GW, VII, 259).

내가 생각하기에 독일 통일이 현재의 시점에서 아직 익은 과실을 맺지 못하고 있는 것은 명백하다. …… 우리가 시계바늘을 앞으로 돌리는 것은 가능하지만 바 로 그렇다고 해서 시간이 일찍 나아가는 것은 아니므로, 사태가 진전되는 동안에 기다린다는 능력 자체가 실제의 정치의 한 가지의 전제 조건이 되는 것이다(1869 년 2월 26일 뮌헨 주재 공사에게 보내는 글, GW, VI/b, 2).

적어도 나는 우리가 역사를 **만들어** 낼 수 있다고 믿고 있을 정도로 우쭐해하 고 있는 것은 아니다. 나의 사명은 역사의 조류를 관찰하고 그 조류 속에서 최대 한 나의 배(船)를 조정하는 것이다. 조류 그 자체를 유도하는 것은 불가능하며, 실로 그것을 불러일으키는 것 등은 불가능한 일에 틀림없다(1869년 7월 21일 킨 켈에게 보내는 글, GW, XIV.2, 752).

독일 통일 사업은 여기에 이르러 장기간에 걸쳐 정체에 내몰리게 된 듯이 생각되었다. 그런데 이러한 막다른 길에 처한 상태를 벗어나는 계기는 사실 '외부로부터' 초래된 것이었다. 바로 스페인 왕위 계승 문제이다.

스페인 왕위 계승 문제

사건의 계기는 1868년 9월에 발발한 스페인 혁명이었다. 여왕 이사벨 2세 (Isabel II)가 이 혁명으로 추방되자, 새로운 정권은 새로운 국왕 후보자를 모색하게 되었다. 몇 명인가의 후보자 이름이 리스트에 오르게 되었지만, 최종적으로 새로운 정권이 스페인 왕의 후보자로 특별히 뽑았던 인물은 프로이센 왕실의 분가(分家) 계통에 해당하는 호헨촐레른-지그마린겐 가문 출신의 세자 레오폴트(Leopold von Hohenzollern-Sigmaringen)였다. 이 가문으로부터는 이전에 루마니아 군주가 선출되었던 전례가 있으며〔즉위했던 카롤 1세(Carol I)는 레오폴트의 동생〕, 게다가 그는 프로테스탄트인 프로이센 왕실의 일원이면서 가톨릭 교도이며, 또한 왕비•는 스페인 왕실과도 인척 관계에 있는 포르투갈 왕실 출신이었다. 따라서 스페인 측에 있어서 그는 후보자로서는 더할 나위 없는 인물이었다. 그래서 비밀리에 레오폴트와 그의 부친 카를 안톤(Karl Anton)에게 타진했다. 하지만 양자 모두 이러한 제안을 받아들이려는 기미가 보이지 않았기에 이 말은 사라지게 되는 듯이 생각되었다.

그런데 여기에서 비스마르크가 이 제안에 집요하게 끼어들었다. 그는 카를 안톤 부자(父子)를 맹렬하게 설득하고, 레오폴트에게 스페인 왕위를 받아들이도록 권했던 것이다. 그 결과, 1870년 6월이 되자, 카를 안톤 부자는 비스마르크의 뜻을 받아들여 스페인 측의 요청을 받아들이기로 마음의 결정을 내렸다.

만약 이것이 실현된다면 카를 5세(신성로마 제국 황제) 때의 합스부르크 가문처럼 호엔촐레른 가문이 프랑스를 지정학적으로 협공하는 절호의 기회가 되기 때문에, 프랑스가 침묵하고 있을 리가 없었다. 게다가 당시 나폴레옹 3세는 1860년대에 들어서면서부터 멕시코 원정의 실패와 룩셈부르크 위기에서의 패배 등, 외교 방면에서의 실점이 계속되었다. 건강 면에서도 문제가 있었기 때

• 인판타 안토니아(Infanta Antónia)를 지칭한다. _옮긴이주

문에 국민의 지지를 획득하여 자신의 왕조를 유지하기 위해서는 이 이상 외교 방면에서의 실패는 용납되지 않았으며, 이번의 사건에서는 프로이센에 대해서 전쟁도 불사한다는 태도로 임하게 될 가능성이 대단히 높았다.

이러한 위험이 있었음에도 불구하고 왜 비스마르크는 이 스페인 왕위 계승 문제에 적극적으로 관여했던 것일까? 독일 통일 사업을 추진하기 위해서 프랑스와의 전쟁을 지향했던 것일까? 아니면 당시 진행되었던 것으로 보이는 프랑스·오스트리아·이탈리아 삼국 동맹을 저지하기 위한 견제였던 것일까? 이 점을 둘러싸고는 명확한 근거가 발견되지 않고 있어서, 이제까지의 비스마르크 연구에서 (아마도 가장) 왕성하게 논의되고 있으며, 그 어떤 설도 지금까지 하나의 정설로 굳어지지 못하고 있는 모양새이다.

한 가지 말할 수 있는 것은 이것은 앞에서 살펴본 오스트리아에 대한 자세에도 해당되는 것이지만, 프랑스와의 전쟁은 아마도 그의 선택지들 중의 한 가지에 불과했으며 스페인 왕위 계승 문제에 관여했던 시점에서는 결정적이지 않았다는 점이다. 당시 비스마르크가 전쟁이라는 선택지를 취하지 않을 수 없을 정도로 내몰리게 되었던 것은 아니라는 점은 일부의 선행 연구가 보여주고 있는바 그대로이다. 스페인 왕위 계승 문제라는 '외부로부터의 자극'을 교묘하게 이용하여 프랑스에 향한 흔들기이든, 반프로이센적인 움직임에 대한 견제이든, 프로이센이 놓여 있는 상황을 조금이라도 개선하고자 했다는 정도가 아니었을까?

그런데 7월이 되자, 상황은 예상하지 못했던 형태로 갑작스럽게 바뀐다. 본래라면 레오폴트의 입후보에 부응하여 곧 스페인 의회가 승인 절차를 밟게 될 것임에 틀림없었지만 의회가 이미 여름철 휴가에 들어가 버려서, 레오폴트의 입후보 승인 절차가 가을까지로 일정이 미루어지게 되었던 것이다. 레오폴트가 입후보했다는 이야기는 금세 항간에 퍼져, 7월 3일에는 일찍이도 프랑스 측이 이 이야기를 본국에 보고하고 있다. 스페인 측의 실수로 비밀리에 추진되었던 레오폴트 옹립의 이야기가 노출되어버렸던 것이다.

프랑스는 맹렬하게 반발했다. 7월 6일, 외교장관 그라몽이 비난 성명을 발표하여 전쟁도 불사하겠다는 자세를 국내외에 선보였다. 그리고 곧 베를린 주재 프랑스 대사 베네데티(Vincent Benedetti)를 빌헬름 1세가 체류하고 있는 엠스에 파견하여 맹렬하게 항의하도록 했다. 그 결과, 7월 12일에는 레오폴트의 입후보 사퇴를 얻어내는 데에 성공했다. 비스마르크는 표면적으로는 호엔촐레른 왕실의 문제였으며 신하가 이러쿵저러쿵 말을 해서는 안 된다는 입장을 보였기 때문에 이와 같은 상황하에서는 자신의 손과 발을 스스로 묶는 형태가 되어 효과적인 대응책을 갖고 있지 못했다. 실로 프랑스 외교의 승리라고 말해도 과언이 아니었다.

그렇지만 프랑스 정부는 반프로이센 감정으로 들끓어 오르는 여론을 앞에 두고 이 성과에 만족하지 않고, 더한 요구를 프로이센 왕실에 요구했던 것이다. 두 차례나 레오폴트를 포함하여 호엔촐레른 가문에 연계된 자가 스페인 왕위 후보자가 되는 것에 국왕이 동의를 하지 않도록, 그 확약을 원한다. 조속하게 그 취지를 엠스에 있는 베네데티에게 전하도록 했던 것이다.

기사회생의 '엠스 전보(The Ems Telegram)'

1870년 7월 13일은 독일·프랑스 관계사에 있어서 큰 의미를 지닌 하루가 되었다. 이 날 베네데티는 프랑스 측이 요구하는 확약을 얻기 위해 빌헬름 1세와 회담했다. 그 모습은 국왕을 향해서 엠스에 갔던 베네데티를 통해서 곧 베를린에 타전되었다. 이하 조금 길지만 전문(全文)을 여기에서 소개해보도록 하겠다.

국왕 폐하는 나에게 다음과 같이 전해주었습니다. "베네데티 백작이 산책길에서 짐을 대기하고 있다가 호엔촐레른 가문의 사람이 다시 (스페인) 국왕 후보가 되는 것과 같은 일이 있더라도 향후 절대로 동의하지 않는다고 짐이 서약하는 내용의 취지를 (파리에) 타전하는 권한을 주면 좋겠다고, 마지막으로는 대단히 강요하는 태도로 요구했다. 짐은 향후 영겁에 걸쳐서 그와 같은 약속을 한다는 것은 허락할 수 있는 것이 아니며, 가능한 것도 아니라고 말하고, 최후에는 다소 싸늘한 말투로 그의 요구를 물리쳤다. 물론 짐은 그에게 이렇게도 전했다. 짐은 (레오폴트의 사퇴에 관해서) 아직 그 무엇도 듣지 못하고 있으며, 자네는 짐보다도 일찍 파리 및 마드리드를 경유해서 정보를 얻었기 때문에 짐의 정부는 (계승 문제에) 그 어떤 것도 관여하지 않는다는 것을 알 수 있었을 것이다"라고 말이다. 폐하는 그 이후 (카를 안톤) 후작의 서간을 전해 받았다. 폐하는 베네데티 백작에게 (카를 안톤) 후작으로부터의 통지를 기다리고 있는 중이라고 말씀하셨기 때문에, 위에서처럼 부당한 요구를 감안하여 (내무장관) 오일렌베르크 백작과 나의 의견에 입각하여 더 이상 베네데티 백작과는 만나지 않으며 베네데티가 파리로부터 입수했던 정보를 밑받침하는 통지를 (카를 안톤) 후작으로부터 받았으며 (프랑스) 대사에게 이 이상 말할 것은 아무것도 없다고 부관을 통해서 전하라는 것을 결정해주셨다.

폐하는 베네데티가 새로운 요구를 제기했으며 폐하가 이것을 물리쳤다는 것을 즉시 우리나라의 공사 및 언론에 전해야 할 것인지의 여부, 그 판단을 각하에게 위임한다(1870년 7월 13일 아베켄이 외무부에 보내는 제27호 전보, PA-AA, R 11674).

이것을 살펴보면 알 수 있는 바와 같이, 이 전보는 어디까지나 베네데티와의 대화의 상세한 내용을 비스마르크에게 전하는 것에 불과했다. 하지만 이 전보를 본 비스마르크는 다음에 보이는 바와 같이, 그 내용을 2개의 문장으로 요약하고 불필요한 설명을 일절 생략한 뒤에 바로 독일 각 방 주재 공사에게 전보로 전달하고 신문을 통해서 공표했다.

호에촐레른 가문의 세자(레오폴트)가 (스페인 왕위를) 사퇴해야 한다는 취지,

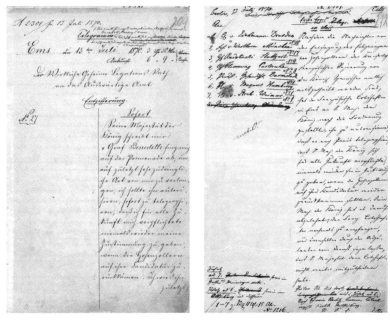
엠스 전보 / 왼쪽이 원본이고, 오른쪽이 비스마르크에 의한 것이다

스페인 정부가 프랑스 정부에 대해서 공식적으로 통고한 이후 프랑스 대사는 엠
스에서 또한 국왕 폐하에 대해서 호엔촐레른 가문의 사람이 다시 (스페인) 국왕
후보가 되는 것과 같은 일이 있더라도 향후 절대로 동의를 하지 말 것을 국왕 폐
하가 서약해야 한다는 취지, 파리에 타전하는 권한을 주도록 요구해왔다. 이에
대해서 국왕 폐하는 프랑스 대사와 다시 만나는 것을 거절하고 부관을 통해서 대
사에게 이 이상 그 어떤 것도 전할 것은 없다고 전하게 되었다(1870년 7월 13일
독일 각 방 주재 공사에게 보내는 전보, GW, Ⅵ/b, 371).

　　이것이 세상에 이름 높은 '엠스 전보'이며 비스마르크에 있어서 실로 기사회
생의 전보가 되었다. 본래의 전보는 단순한 상황 보고에 불과했지만, 그는 '엠
스 전보'에 의해 스페인 왕위 계승 문제로 프랑스가 프로이센 왕에게 부당한

요구를 들이댔다는 인상을 부각시키는 것에 성공했던 것이다. 그뿐만 아니라 이러한 프랑스 측의 요구를 프로이센 왕은 딱 잘라 거절하고, "프랑스 대사와 더 만나나는 것을 거절"했으며 "그 어떤 것도 전할 바가 없다"라는 부분을 강조함으로써 독일·프랑스 쌍방의 여론을 강하게 자극했던 것이다. 이러한 '엠스 전보'가 공표된 순간 본래의 문제에서 승자였음에 틀림없었던 나폴레옹 3세가 오히려 궁지에 내몰리게 되어버렸다. 이러한 프로이센의 무례함을 감수한다면 프랑스의 패배를 의미하기 때문에, 여론의 지지를 확보하여 자신의 왕조를 유지하기 위해서는 이미 프로이센에 대해서 강경하게 나서는 것 이외에는 선택지가 없었다. 7월 19일, 프랑스는 선전포고를 함으로써 이에 응했고 여기에 이르러 전쟁의 서막이 열리게 되었다.

독일·프랑스 전쟁

이리하여 독일·프랑스 전쟁(프로이센·프랑스 전쟁)이 시작되었다. 비스마르크는 이 전쟁에서 영국·러시아 양국의 개입을 (전자에 대해서는 벨기에를 전쟁의 소용돌이에 휘말려 들지 않게 한다는 것을 조건으로, 후자에 대해서는 1856년의 파리조약에 있는 흑해 조항의 폐지를 지지하는 것을 조건으로) 방지함으로써 전쟁의 국지화에 성공했다. 나아가 그는 북독일 연방 제방뿐만 아니라 룩셈부르크 위기 때와는 달리, 이번에는 공수 동맹에 기초해서 남독일 제방을 또한 프랑스와의 전쟁에 참가시키는 것에 성공했다(이 점에 입각하게 되면 일본에서 일반적으로 '프로이센·프랑스 전쟁'이라는 것보다도 '독일·프랑스 전쟁'으로 부르는 편이 더욱 적절할 것이다). 그 결과, 전황은 프로이센군에 유리한 형태로 진전되었고, 아울러 9월 1일부터 2일에 걸쳐서 스당(Sedan) 전투에서는 포위 공격을 받은 메츠(Metz) 요새를 구원하기 위해 급히 달려온 나폴레옹 3세를 포로로 잡았던 것이다.

이것으로 전쟁이 끝나는 것처럼 보였다. 그렇지만 실제로는 그렇게 되지 못했다. 파리에서는 9월 4일에 '국방 정부'가 성립되었는데, 독일에 영토를 할양하는 것을 혐오하여 전쟁 계속의 방침이 취해졌다. 그 결과, 프로이센군의 진격은 계속되어 9월 19일에는 파리를 포위하기에 이르렀다. 파리에 대한 포격도 행해져 프랑스군의 저항도 부질없이, 이듬해 1871년 1월 28일에 파리가 함락되고 독일·프랑스 사이에 정전이 실현되었다. 그 이후 선거에 기초한 국민의회가 프랑스에서 성립하여 새롭게 발족한 신정부와의 사이에서 2월 26일에 베르사유 사전 강화조약, 그리고 5월 10일에 프랑크푸르트 강화조약이 체결되었고 여기에 이르러 전쟁은 끝났다.

프랑스 측에는 배상금 50억 프랑이 부과되어 지불이 모두 완료될 때까지 동부 지역이 점령하에 놓이게 되었다. 또한 벨포르(Belfort)를 제외한 알자스와 로렌의 일부가 독일 측에 할양되었다. 알자스와 로렌(독일어로는 엘자스와 로트린겐)은 현재의 프랑스 북동부에 있으며 독일에 접해 있는 지역으로, 17·18세기에 프랑스령이었지만 이전에는 신성로마 제국령이었던 적도 있으며, 특히 알자스는 언어적으로도 독일에 가까운 지역이었다. 그 때문에 독일의 여론에서는 이 땅을 요구하는 목소리가 강했던 것이다. 배상금에 더하여 땅을 상실하는 것은 프랑스에 있어서 상당히 가혹한 내용이었다. 그 중에서도 알자스·로렌의 할양은 격렬한 대독일 복수심을 프랑스에 심게 만들었으며, 그 이후의 비스마르크 외교의 족쇄(나아가서는 제1차 세계대전에 이르기까지의 독일·프랑스 불화의 원인)이 되어버렸던 것은 잘 알려져 있는 일이다.

왜 비스마르크는 자신의 외교 정책을 제약할 수밖에 없는 알자스·로렌의 할양을 강화의 대가로서 강하게 요구했을까? 이 점에 관련해서도 선행 연구에서 격렬한 논쟁이 이루어졌다. 특히 쟁점이 되었던 것은 알자스·로렌을 요구하는 독일의 여론과 그 압력의 존재이며(그러한 것의 존재는 상당히 이전부터 지적되어왔지만), 이러한 여론을 비스마르크가 선동하여 의도적으로 형성했는지 여부였다. 오늘날에는 이러한 여론이 이미 자발적으로 형성되었다는 점이 밝혀지고 있다. 군사적 이유(특히 남독일의 방위)도 없었던 것은 아니지만, 비스마르크는 다음에 보이는 것과 같은 독자적인 관점으로부터 영토 할양을 요구했던 점이 로타르 갈과 에버하르트 콜브에 의해 지적되고 있다.

이미 **자도바**에서의 우리 군의 승리마저 **프랑스인**에게 고통스러운 생각을 갖게 만들고 있다. 실로 그들 자신에 대한 우리 군의 승리가 어느 정도의 생각을 갖게 만들게 했겠는가! 메스와 발트의 복수는 영토 할양이 없었다고 해도 자도바와 위털루의 복수 이상으로 긴 함성을 (프랑스 측에) 계속 울려 퍼지게 했을 것이다. 놓여 있는 상황 아래에서 유일하게 올바른 정책은 성실한 친구로서 획득하는 것이 **불가능한** 적을 적어도 다소는 해가 적은 존재로 바꾸어버리고 우리의 안전을 제고시키는 것이며, 그리고 그것을 위해서는 우리를 위협하고 있는 몇 가지의 요새를 파괴시켜 취하는 것이 아니라, 그 일부라도 우리에게 양도하도록 만드는 것이 아니라면 충분하다고 말할 수 없는 것이다(1870년 8월 21일 런던 주재 대사 베른슈토르프에게 보내는 글, GW, VI/b, 25).

황제 만세!: 독일 제국의 성립

그때까지 정체 상태에 있었던 독일 통일을 향한 기운은 독일·프랑스 전쟁을 계기로 단번에 왕성해졌다. 비스마르크는 이 기회를 놓치지 않고 파리 포위전의 와중에 프로이센군의 대본영이 설치되어 있었던 베르사유 궁전으로부터 남독일 제방과의 통일로 향한 교섭의 지시를 계속 냈다. 1870년 10월부터 11월에 걸쳐서 힘의 행사에 의한 것이 아니라 자발적으로 북독일 연방에 가입할 수 있도록 각기 끈질긴 교섭을 계속한 결과, 북독일 연방 헌법이 그 이후 성립된 독일 제국 헌법으로 계승되었는데 각 방에 응하여 군사, 세제, 우편, 철도, 전신에 관해서 일정한 보류권을 인정한다는 조건을 덧붙여 남독일 제방과의 사이에서 합의가 성립되었다.

그때 비스마르크가 원했던 것은 프로이센 왕이 일방적으로 독일 황제라는 이름을 칭하는 것이 아니라 남독일 제방의 요청을 받은 형태로 프로이센 왕이 독일 황제를 계승하는 형식이었다. 그는 남독일의 가장 유력한 방인 바이에른 왕 루드비히 2세에 대해서 빌헬름 1세에게 신성로마 제국을 계승하는 독일 황제의 호칭을 사용하도록 의뢰하는 것에 심혈을 기울였다. 하지만 바이에른 왕은 남독일 제방 중에서 가장 친오스트리아·반프로이센적인 입장을 취해왔던 만큼, 교섭은 일반적인 방법을 통해서는 이루어질 수 없었다. 비스마르크는 루드비히 2세의 '약점'을 간파하고, 다액의 자금 원조를 약속하는 것을 통해서 결국 동의를 얻어내는 데에 성공했다. 그런데 이때 루드비히 2세가 획득했던 자금은 남독일을 장식하고 있는 노이슈반슈타인 성(Neuschwanstein Castle)을 위시해 그의 이상을 구현화하기 위해 쓰였다는 것은 유명한 이야기이다.

독일 통일이 눈앞으로 다가오는 가운데 비스마르크와 빌헬름 1세의 사이에서 '황제'의 칭호를 둘러싸고 심각한 대립이 발생했다. 빌헬름 1세는 일련의 전쟁의 승리자를 의식하며 호칭을 사용하게 된다면, 독일 전체 영토에 군림하는 황제를 의미하는 '독일(국가의) 황제(Kaiser von Deutschland)'를 희망했다. 하지만 비스마르크는 끈질긴 교섭 끝에 결국 남독일 제방의 동의를 확보했을 뿐이며 여기에서 그들을 자극하는 것은 득책이 아니라고 하면서 전자의 칭호보다는 뉘앙스가 애매한 '독일 황제(Deutscher Kaiser)'를 요구했던 것이다. 양자의 의견 충돌은 무엇보다도 이때가 최초가 아니며 대체로 빌헬름 1세가 비스마르크에게 양보하는(혹은 끈기가 딸리는) 형태로 수습되었지만, 이때만큼은 빌헬름도 양보하지 않았다. 이리하여 양자의 대립이 극복되지 않은 상태에서 독일 황제 즉위식을 맞이하게 된다(독일 제국 헌법에는 비스마르크의 주장이 반영되었지만, 빌헬름 1세는 이 칭호를 사용하고자 하지 않았다).

독일 황제 즉위 선언식은 1871년 1월 18일 아직 파리 포위전이 계속되고 있는 가운데 베르사유 궁전 '거울의 방'에서 집행되었다. 베르사유 궁전은 대국 프랑스의 상징적인 존재이기 때문에 거기에서의 독일 황제 즉위 선언식은 저

독일 황제 즉위 선언식(중앙에 묘사된 흰색 군복을 착용한 비스마르크) / 자료: A. V. 베르나 그림

절로 독일·프랑스 여론을 필요 이상으로 자극하게 되는 것으로 연결되었다. 하지만 비스마르크는 거기까지 계산하여 '거울의 방'에서 선언식을 행했던 것은 아니다. 최근 수개월 동안 그는 끈질긴 인내력으로 남독일 제방의 동의를 결국 획득했지만, 칭호 문제에서는 빌헬름 1세와 충돌했고 파리 포위전을 둘러싸고는 몰트케를 위시한 군부와 충돌하는 등, 다양한 저항에 직면했다. 여기에서 우물쭈물하다가는 더욱 고약한 저항이 발생할 가능성도 있는 것으로 여겨졌던 만큼, 비스마르크로서는 무엇보다도 가급적 신속하게 황제 즉위 선언식을 끝내버렸던 것뿐이다.

이리하여 대본영이 설치된 베르사유 궁전 '거울의 방'에서 행해진 선언식은 1시간 정도 동안에 빌헬름 1세도 비스마르크도 현저하게 유쾌하지 않은 가운데 집행되었다. 바덴 대공(大公) 프리드리히가 임기응변을 잘하여, '황제 빌헬름 만세!'라고 외치는 목소리와 함께 여기에서 독일 제국이 탄생했던 것이다. 이때의 심경을 비스마르크는 다음과 같이 토로하고 있다.

이 황제 출산은 난산이었다. 국왕들이라는 것은 갖고 있지 않았던 것을 세상에 내보내기 직전의 부인처럼 이 시기에 이르러서도 변덕스러운 욕망을 갖고 있었던 것이다. 산파인 나는 폭탄이 되어 건물 전체를 파괴하여 가루로 만들어버릴까 하고, 여러 차례 몹시 생각했었던가?(1871년 1월 21일 요한나에게 보내는 글, GW, XIV/2, 810).

여기에서 독일 민족주의의 비원이 달성되었다.• 그것은 프로이센의 군사력에 의한 '위로부터의' 통일이었다. 비스마르크의 관점에서 본다면, 프로이센의 대국으로서의 이익을 추구한다는 스스로가 계승해왔던 전통적인 목적을 달성한 것이 된다. 그렇지만 그때에 민족주의를 이용했기 때문에 그 성과는 '대프로이센'이 아니라 '소독일'이라는 당초에는 예상하지 못했던 새로운 형태가 되어 나타났던 것이다.

• 비스마르크 시대의 독일 민족주의에 대해서는 다음을 참조하기 바란다. 今野元, 『ドイツ・ナショナリズム: '普遍'対'固有'の二千年史』(中央公論新社, 2021). _옮긴이주

제6장

독일 제국 재상이 되다 : 비스마르크 체제하의 독일 제국
(1871~1890)

비스마르크 시대의 서막이 열리다

1871년 1월 18일, 베르사유 궁전 '거울의 방'에서 프로이센 왕 빌헬름 1세가 황제에 즉위하여, 이로부터 독일 제국이 탄생했다. 비엔나 체제하에 억압을 계속 받아왔던 독일 민족주의의 비원이 오스트리아를 배제하고 프로이센 국왕을 중심으로 하는 '소독일'이라는 형태로 결국 실현되는 순간이었다. 비스마르크가 그 최대의 공로자가 되는 것인데, 이미 살펴본 바와 같이 이것은 그가 당초부터 지향했던 것은 아니었다.

그는 민족주의 시대에 있더라도 프로이센 군주주의를 신봉하며 자신의 권익을 지키기 위해서도 전통적인 스타일에 집착하는 융커 정치가였다. 그러한 그가 지향했던 것은 중앙 유럽에서 오스트리아에 필적하는 형태로 프로이센을 대국화하는 것이며, 구체적으로는 '대프로이센'으로서 북독일에 프로이센의 패권을 확립하는 것이었다. 그때 그는 오스트리아에 대항함에 있어서 독일 민족주의를 아군으로 돌려 이용하고자 했다. 그 효과는 프로이센·오스트리아 전쟁 이후에 여실히 나타났다. 전쟁에 승리함으로써 민족주의에 자극받은 프로이센을 위시한 독일 각지의 여론으로부터 뒷받침을 받는 형태로 그는 북독일에서의 프로이센의 영토와 세력을 크게 확대시켜, 북독일 연방으로서 프로이센의 패권 확립에 성공했던 것이다. 하지만 가령 그가 수단으로서밖에 보지 않았다고 하더라도 그 민족주의의 지원을 받아버렸기에 그는 필연적으로 독일 통일 사업을 그 이후의 정책 목표로 내세우지 않을 수 없는 상황에 내몰리게 되었다. 그 결과, 독일·프랑스 전쟁의 승리에 의해 프로이센 주도의 독일 제국이 실현되었던 것이다.

이와 같이 보면, 독일사에서의 획기적인 전환점인 1871년의 독일 제국 창건은 비스마르크 자신의 근간이라고도 말할 수 있는 전통적인 '프로이센주의'라는 이제까지 계승되어 배양되었던 요소와, 그것과는 상반되는 독일 민족주의라는 전혀 새로운 요소가 기묘한 형태로 융합된 산물이라고 할 수 있다. 비스마르크의 관점에서 본다면 후자에 의해 전자를 옹호 및 발전시키는 것이 될지도 모르겠지만, 아마도 후자에 의해 전자가 (그 자신도 포함하여) 변질되는 상황에 내몰리게 되었다는 것이 더욱 실태에 가까운 것인지도 모른다.

어쨌든 독일 제국의 창건에 있어서 비스마르크가 그 최대의 공로자였다는 것에는 변함이 없다. 빌헬름 1세는 그의 공적에 대해서 세습의 후작으로 서훈하는 것과 함께 함부르크 교외의 땅 프리드리히스루를 그에게 하사했다. 이 땅은 바르친과 아울러 비스마르크가 아꼈던 토지이며, 후술하는 바와 같이 여기에서 그는 생의 마지막 시기를 보내게 된다(현재도 비스마르크의 자손은 이 땅에 거주지를 마련하고 있다). 독일 제국의 건국자로서의 영예가 그에게 부여되어, 이후에 각지에서 건립되는 자신의 (크고 작은 다양한) 동상을 통해서 그것이 전해져 말해지게 된다. 실로 이 순간이 그의 정치 인생에서 절정이었다고 해도 과언이 아닐 것이다.

하지만 그의 정치 인생은 이것으로 끝났던 것은 아니다. 그는 프로이센 총리와 외교장관을 겸임하면서 신설된 제국 총리로도 취임했고, 그가 퇴진하는 1890년까지 신생 독일 제국의 운영을 한 몸에 담당하게 된다. '비스마르크 시대'라고 칭해지는 이 시기에 그는 탄생한 지 얼마 안 되는 독일 제국에 있어서 어떠한 정치 시스템을 구축하고, 어떠한 비전을 갖고 내정을 했을까? 이 장에서는 그 점에 주목하여 논해보도록 하겠다.

독일 제국의 정치 시스템

독일 제국의 성립 이후 비스마르크의 내정상의 과제는 어떻게 제국의 내부를 정비해갈 것인가 하는 것에 있었다. 거기에서 우선은 독일 제국의 정치 시스템에 대해서 확인해보도록 하겠다.

독일 제국의 기본적인 틀은 독일 제국 헌법에 의해 규정되고 있다. 이 헌법은 그가 이전에 그 골격을 정했던 북독일 헌법을 계승한 것으로, 남독일 4개의 방(바이에른, 뷔르템베르크, 바덴, 헤센)이 참가했던 것에 합쳐서 다소 변경이 이루어졌다. 따라서 독일 제국의 정치 시스템은 비스마르크에 의해 정해졌다고 해도 과언이 아니다. 아래에서 상세하게 논하겠지만, 이것을 살펴보면 얼마나 그가 신성로마 제국 시대부터 뿌리 깊게 계승되어왔던 방 분립주의나, 특히 반프로이센 감정이 강한 남독일 4개 방에 대해 배려했는지가 간취된다.

그는 제국을 강제적으로 중앙집권적인 틀로 삼고자 하지는 않았다. 그는 독일을 과거의 독일 연방 시대에 살펴볼 수 있었던 '국가 연합'에서 22개의 군주국과 3개의 도시국가로 구성되는 '연방 국가'로 '옷 갈아입기'를 하고자 했다. 각 방은 그때까지처럼 현재의 정부, 의회, 행정을 유지할 수 있으며, 경제, 교통, 군사, 외교 등의 문제에 관해서는 제국 수준에서 대응할 수 있지만, 그 이외에는 각 방에 맡겨졌다. 그중에서도 남독일 4개의 방에 대해서는 제국 수준의 안건이 되는 경제, 교통, 군사, 외교 분야에서 몇 가지 정도의 예외적인 대응이 인정되었다.

이와 같은 그의 배려는 다른 곳에서도 보인다. 예를 들면 국가 원수는 프로이센 왕이 세습하는 독일 황제가 되지만, 제국의 주권자는 독일 황제가 아니라 독일 제국을 구성하는 22개의 군주국 군주와 3개의 도시국가 참사회(参事會)가 전체적으로 유지되는 형태를 취하고 있다.

입법기관으로서는 연방 참의원과 제국의회의 양원제를 취하고 있다. 연방 참의원은 제국을 구성하는 25개의 제방 정부의 대표에 의해 구성되며, 제국의 주권을 대표하는 기관이 된다. 각 방 정부의 대표기관이라는 점도 있어서 행정 면에서의 역할도 담당하는 것인데, 제국의 입법에 있어서는 연방 참의원의 동의가 불가결하며 오히려 그러한 쪽에서 존재감을 발휘하는 일이 많았다. 의석 배분을 살펴보면, 각 방의 국력에 응하여 표수가 분배되는데 여기에도 비스마르크의 배려를 살펴볼 수 있다. 헌법 개정을 저지하기 위해서는 필요한 표수가 14표인 것에 대해서 확실히 프로이센이 최대 표수인 17표를 보유하고 있었지만, 남독일 제방이 결속한다면 그것에 도달하게 되는 수가 된다(바이에른 6표, 뷔르템베르크 4표, 바덴 3표, 헤센 3표). 이처럼 연방주의적인 헌법이 일방적으로 개정되지 않도록 하는 틀을 만들었던 것이다(〈표 2〉 참조).

이에 반해서 제국의회는 제국 수준에서 만 25세 이상의 남성에 의한 보통, 평등·직접·비밀 선거에 의해 선출된 의원으로 구성되어 있다. 과거 라살과의 회담에서도 보였던 바와 같이, 비스마르크는 3급 선거제도 아래에서 자유주의 세력이 정치적으로 대두해왔다는 것을 씁쓸하게 여겼으며 농민층을 위시하여 이러한 자유주의에 '오염되지 않은' 보수적·군주주의적인 민중을 편입시키고자 보통선거를 도입했던 것이다. 각 방 수준에서는 3급 선거제도를 위시해 불평등 선거가 건재하며 또한 당시의 유럽에서도 제한 선거가 일반적이었던 점을 고려해보면, 당시로는 선진적인 제도가 도입되었다고 할 수 있다. 그 이후 점차 나타나게 되지만, 제국의회의 선거 결과가 비스마르크의 의도대로 되지 않는 일도 자주 있었다. 하지만 연방주의적인 성격이 강해짐에 따라 제국 수준에서의 보통선거 제도 도입은 국내 통합에 적지 않은 공헌을 하는 것이었다. 이에 의해 일반 국민의 정치화를 진행시키고 그때까지의 명망가 정당에서 국민 정당으로 정당의 존재 방식이 크게 변화하게 되었는데, 그것이 본격화되는

〈표 2〉 연방 참의원에서의 각 방의 투표권 수

프로이센	17표	작센코부르크고타	1표
바이에른	6표	안할트	1표
작센	4표	슈바르츠부르크루돌슈타트	1표
뷔르템베르크	4표	슈바르츠부르크존더스하우젠	1표
바덴	3표	발데크	1표
헤센	3표	로이스그라이츠	1표
메클렌부르크슈베린	2표	로이스게라	1표
브라운슈바이크	2표	샤움부르크리페	1표
작센바이마르	1표	리페	1표
메클렌부르크슈트렐리츠	1표	뤼베크	1표
올덴부르크	1표	브레멘	1표
작센마이닝겐	1표	함부르크	1표
작센알텐부르크	1표		

합계 58표

자료: 成瀬治·山田欣吾·木村靖二 編, 『ドイツ史 2』(山川出版社, 1996), p.396.

것은 비스마르크가 퇴진한 이후의 일이다.

이리하여 보통선거에서 선출된 제국의회가 입법기관으로서 중요한 위치를 차지했다는 것은 확실하다. 비스마르크라고 해도 항상 법안을 생각했던 대로 성립시킬 수는 없었고, 제국의회에서 지지 기반을 형성할 필요가 있었다. 그 때문에 그는 의회를 해산시키는 일도 있었다(1878년과 1887년의 2회). 그런데 첫 번째는 생각한 대로 성과를 올리지 못했지만, 두 번째는 비스마르크를 지지하는 보수당, 제국당, 국민자유당이 선거 협력 협정(카르텔)을 체결해서 대승을 거두었고 확고한 지기 기반을 형성하는 데에 성공한다.

하지만 의회주의를 혐오했던 비스마르크가 제국의회에 큰 권한을 부여할 리는 없었다. 예를 들면 전술한 바와 같이, 제국의회의 결정이 법률이 되기 위해서는 연방 참의원의 동의가 필요하게 된다. 또한 외교 문제나 대외 정책에 관해서 제국의회는 일절 관여할 수 없었다(그 때문에 그는 이 책의 제7장에서 보이는 바와 같이 의회의 의도를 일절 신경 쓰지 않고 자신의 외교 정책을 전개할 수 있었던 것이다). 군사 예산에 관해서도 평시의 병사 수와 1인당 비용을 매년 심의

하는 것이 아니라 7년마다 심의함으로써 의회의 군대에 대한 통제를 제한했다(1874년의 제국 군사법). 그리고 제국의회의 권한 제한에서의 압권은 제국 행정의 수장인 제국 총리와의 관계에 있었다고 말할 수 있다.

독일 제국에서는 자유주의파 의원들이 바랐던 책임내각제가 취해지지 않고 황제가 임명하는 제국 총리가 유일한 대신으로서 행정을 도맡아 책임지게 되었다. 행정 기관으로서는 애당초 재상부(宰相府)밖에 설치되지 않았지만, 역할마다 점차 각 관청으로 갈려져 나오게 되었고, 그 관청의 일인자는(대신이 아니라) 제국 재상의 직속 부하인 '장관'이며 제국의회에 대해서 책임을 지지 않았다. 이 시스템에서는 의회가 정부에 정치적 책임을 물을 수 없다고 하며, 자유주의파 의원은 어쨌든 제국 재상의 정치적 책임을 명확하게 하도록 거듭해서 요구했던 것이다. 이 점을 둘러싸고 비스마르크와 그들의 충돌은 이 책의 제5장에서 살펴보았던 북독일 연방 헌법심의 의회 무렵에도 보였으며, 그때는 (북독일 연방) 총리가 연방 원수의 통치 행위에 대해서 부서(추가 서명)하는 것으로 책임을 지게 되어, 그 시스템이 독일 제국에서도 답습되었다. 또한 1878년에는 '재상 대리법'이 제정되어 이른바 부재상이 설계되는 것과 함께, 제국 각 관청의 장관이 재상의 권한을 대행하는 것이 가능해졌다. 하지만 그럼에도 책임내각제라고 하기에는 다소 동떨어져 있었고 결국에는 정부의 정치적 책임은 애매한 상태 그대로였다

통치 시스템으로서의 '비스마르크 체제'

이상이 비스마르크가 구축한 독일 제국의 정치 시스템이며, 기본적으로는 이 시스템이 그의 퇴진 이후에도 계승된다. 하지만 이 시스템을 운용하는 데에 있어서 그는 그 이후 역대의 제국 총리와 다른 수법을 취하게 된다. 제국 성립 이후, 그는 자신의 건강 문제로 인해 앞에서 소개한 영지인 바르친, 혹은 프리

드리히스루로 물러나서 머무는 일이 많아졌고, 그곳으로부터 수도 베를린에 빈번하게 지시를 보내 정치를 움직여 나가게 된다(그 때문에 비스마르크의 각서나 지시의 수는 방대한 것이며, 그 덕분에 그때마다 그의 의도나 생각을 추적하는 것이 불가능하다). 1886년에 그의 장남 헤르베르트가 외무장관에 취임하자, 전적으로 그가 대역으로서 아버지의 지시를 충실히 실행하게 되며, 큰 존재감을 보여주게 되었다. 이처럼 비스마르크의 통치 스타일은 내정 면에서도 '비스마르크 체제'라고 불러도 손색이 없는 독특한 양상을 노정했던 것이다.

1888년 황제에 즉위한 빌헬름 2세가 비스마르크와 충돌했던 이유는 후술하는 바와 같이 몇 가지를 들 수 있는데, 이와 같은 통치 스타일 — 늙은 총리가 베를린으로부터 멀리 떨어진 곳에서 자신을 제쳐두고 월권하듯이 모든 것을 결정해버리는 것 — 은 자존심이 강하고 정치에 적극적으로 관여하고자 하는 젊은 황제에게는 신경질이 나도록 만드는 일이었을 것이다. 어쩌면 양자의 사이에서 발생한 균열의 본래 원인은 이 부분에 있었을지도 모른다.

자유주의적 풍조 아래에서

비스마르크 시대 전반기에서의 그의 국내 통합 정책은 국민자유당과의 협력 관계 아래에서 추진되어왔다. 국민자유당은 이 책의 제4장에서 살펴본 바처럼 자유주의 세력 중에 있었으며 프로이센·오스트리아 전쟁 후에 비스마르크에 협력함으로써 독일 통일 사업을 추진하고자 결성된 정당으로, 이 시기의 제국의회에서 최대 세력을 과시했다. 그는 국민자유당에 가입하여 보수 세력 중에 있었던 자신의 정책을 지지해주는 자유보수당(제국당)과 주고받음으로써 제국의회에서 확고한 기반을 찾아내고, 몇 가지의 중요한 법안을 차례로 성립시켰다. 구체적으로는 통일적인 형법전, 영업법, 은행법, 출판법, 사법 관계 제법 등이며, 모두 통일 국가에서 필요한 기본적인 제도를 정비하는 것이었다.

나아기 이때에 도량형과 통화도 통일되었다. 기념비와 행사도 탄생한 지 얼마 되지 않은 독일 제국의 국내 통합에 큰 역할을 수행했다.

예를 들면 1873년 9월에는 제국 건국에 따른 세 차례의 전쟁 승리를 기념하여 전승기념탑이 제국의회 의사당 앞에 건립되었고〔나치 시기에 티어가르텐(Tiergarten)으로 이동되어 축조되어 현재에 이르고 있음〕, 그 밖에도 각지에 기념탑이 만들어져 간다. 또한 독일·프랑스 전쟁 시에 나폴레옹 3세를 포로로 잡았던 스당의 전투가 일어났던 9월 2일은 '스당 기념일'로 간주되어 국민적 축제가 거행되었다. 이 축제는 비스마르크의 발안에 의한 것이 아니라 지역 수준에서 자발적으로 발생한 것이었지만, 급속히 전국으로 확대되었다. 이러한 기념비와 축제는 후에 '제국 민족주의'를 상징하는 것으로 되어간다.

이 시기의 비스마르크 내정의 특징은 국민자유당과의 제휴 관계도 적지 않게 영향을 미쳤는데, 종합적으로 보면 자유주의적 색채가 강했다고 할 수 있다. 비스마르크를 밑받침하는 보좌진을 살펴보아도, 자유무역주의를 내세우는 총리실 장관 루돌프 폰 델브뤼크(Rudolf von Delbrück)를 위시해 국민자유당에 가까운 인물이 몇 명이나 간취된다. 의회주의를 혐오하는 비스마르크가 여기까지 국민자유당과의 제휴를 중시했던 것은 앞에서 살펴본 바와 같이 성립하지 얼마 되지 않은 제국에 있어서 필요 최저한의 법 정비를 행할 필요에 내몰렸기 때문에 다름 아니다. 그렇다고 해서 국민자유당이 말하는 대로 따라할 그가 아니었다. 앞에서 살펴본 1874년의 '제국 군사법'이나 1878년의 '총리 대리법'에서는 자신의 주장을 상당한 정도로 관철시키는 것에 성공했고, 국민자유당은 대폭적인 타협에 내몰리게 되었다.

그럼 왜 국민자유당은 그렇게까지 해서 비스마르크에게 협력했던 것일까? 그들은 비스마르크와의 협력 관계를 쌓아나감으로써 제국 총리로부터 서서히 양보를 이끌어내고 이를 통해서 제국의회의 권한을 강화해가며 제국을 자유주의적인 경로로 유도하고자 했던 것이다. 하지만 이것은 비스마르크가 가장 바라지 않았던 일이며, 양자의 제휴 관계가 극복하기 어려운 큰 벽에 직면하게 되는 것은 시간 문제였다고 할 수 있다. 실제로 그것은 제국 성립으로부터 10년도 지나지 않은 가운데 도래하게 되었다.

'문화 투쟁'

비스마르크에 의한 국내 통합은 국내에 '국가의 적'을 만들어내는 수법에서도 진전되었다. 이른바 '마이너스의 통합'이라고 불리는 것이다. 최초로 표적이 되었던 것은 가톨릭교도였다. 여기에 독일 제국을 뒤흔든 '문화 투쟁'이 1870년대를 통해서 전개되어간다.

'문화 투쟁'은 비스마르크가 최초부터 의도하여 발동했던 것은 아니었다. 그 배경에는 19세기를 통해서 로마 교황청을 중심으로 가톨릭교회가 들이닥치게 되어, 세속화·근대화의 물결에 대항하기 위해 재기를 도모했던 것을 들 수 있다. 특히 교황 비오 9세(Pius IX)는 1864년 12월, 근대적인 사상과 문화의 '오류'를 규탄하는 '오류표(誤謬表)'를 발표하여 자유주의를 위시한 근대화를 모조리 비판하고 1869년 12월부터 개최된 제1 바티칸 회의에서는 '교황 오류 불가성'(신앙 및 도덕에 관한 교황의 결정은 오류가 날 수 없다는 것)을 제창했던 것이다. 이와 같은 교황청의 강경 자세는 진보의 개념을 중시하며 근대화를 추진해나간다는 자유주의 세력에는 위협으로 비추어져, 유럽 각국에서 세속 권력 및 자유주의 세력과 가톨릭교회 간의 대립이 발생하게 되었다. 그것은 독일에서도 무관하지 않았다. 독일 의학계의 중진으로 자유주의 좌파 진보당의 의원이기도 했던 루돌프 피르호(Rudolf Virchow)는 1873년의 프로이센 하원 연설에서 가톨릭 세력과의 대결은 독일 국민의 '문화'를 지키기 위한 투쟁이라고 선언했다. 그런데 이 당시 그의 연설이 '문화 투쟁'의 어원이 되었다. 이러한 자유주의 세력과 가톨릭 세력의 대립에 비스마르크가 편승하는 형태로 '문화 투쟁'이 전개되었던 것이다.

'문화 투쟁'에서 대립하는 비스마르크와 비오 9세를 묘사한 풍자 그림
자료: 1875년 5월 16일의 ≪클라더라다취(Kladderadatsch)≫ 제22, 23호

　비스마르크가 '문화 투쟁'에 나서게 된 이유는 실제로는 잘 알려져 있지 않다. 1874년 2월 5일 자 (러시아 황제에게 보내는) 각서에 의하면, 프로이센 동부에서 (가톨릭교도인) 폴란드인 세력이 강해지고 있어서, 비스마르크가 그것에 위기감을 갖게 되었다는 것이 간취된다. 혹은 이 시기 '교회의 자유'를 제창하며 결성된 중앙당이 가톨릭의 종파적 이익을 우선시하며 앞에서 살펴보았던 교황청의 강경 자세가 그것과 중첩되어, 〔당의 지도자 루드비히 빈트호르스트 (Ludwig Windthorst)가 반드시 비오 9세의 자세에 찬동했던 것은 아니지만〕 중앙당의 존재가 국내 통합을 저해하는 요인이 될 수 있다며 반감을 갖고 있었던 것도 지적되고 있다. 나아가서 전술한 바와 같이, 이 시기 그는 자유주의 세력의 국민자유당과 협력하여 다양한 법 정비를 행하고 있는 와중에 가톨릭 세력의 반동적인 움직임을 위험시하는 동당(同黨)과의 결속을 강화하고자 했다는 견해도 있다.
　그 어떠한 의도가 있었던지 간에, 비스마르크는 자유주의 세력을 아군으로 만드는 형태로 가톨릭에 대한 억압 정책을 제국 수준에서 실시했다. 1871년 12월에는 설교단 조항(성직자가 설교할 때에 정치문제에 대해 언급할 경우에는 형벌의 대상이 된다고 정한 조항)을 형법전에 추가하고 이듬해 7월에는 예수회 금지 법령, 1874년에는 성직자의 국외 추방 처분에 관한 법을 정했고, 1875년 2월에는 결혼법이 정해져 민사혼(民事婚)을 의무화했던 것이다(프로이센에서는 1874년에 이보다 앞서 실시되었다).

이러한 가톨릭 억압 정책은 제국을 구성하는 각 방에서도 전개되는데, 그중에서도 프로이센에서는 그것이 가혹했다(독일 제국 중에서 가톨릭교도의 절대수가 가장 많았던 것이 프로이센의 827만 명으로 프로이센 인구의 33.5%였다. 다음으로 바이에른이 346만 명으로 바이에른 인구의 71.2%였다). 1871년 7월에는 프로이센 교육부 가톨릭국이 폐지되었다. 이듬해에 자유주의적인 입장을 취하는 아달베르트 팔크(Adalbert Falk)가 프로이센 교육장관에 취임하자, 가톨릭 억압책이 격화되어가고 같은 해에 학교의 감독권을 성직자로부터 강탈했다(학교 감독법). 1873년에는 이른바 '5월 제법(諸法)'이 실시되어 새롭게 성직자가 되는 자에 대해서 국가시험을 부과하고, 또한 성직자의 임면에 국가가 개입하는 것 등이 정해져 국가에 의한 통제가 강화되었다. 1875년이 되자, 가톨릭교 교회에 대한 국가 보조금이 정지되고, 아울러 순수 의료 목적의 것을 제외한 모든 수도회가 해산되었다.

"우리는 카노사(Canossa)에는 가지 않는다. 신체적으로도 정신적으로도!" (1872년 5월 14일의 제국의회 연설, GW, XI, 270). 11세기에 신성로마 제국 황제가 교황에게 무릎을 꿇었던 고사(故事)에 입각하여 이렇게 목청 높여 선언했던 비스마르크의 반가톨릭 정책은 1875년에 절정을 맞이했는데, 그 결과는 그의 의도와는 정반대의 것이 되어버렸다. 가톨릭교도는 중앙당을 거점으로 하여 단합하며 소극적 저항을 끈질기게 계속했다. 그것은 제국의회 선거에서의 중앙당의 의석 증가라는 형태로 나타나, 1870년대 후반에서는 제국의회 의석의 약 4분의 1을 차지하는 것과 함께, 의회에서 캐스팅 보드를 잡을 정도로 성장했던 것이다. 가톨릭을 표적으로 삼은 '마이너스의 통합'은 명백히 실패했다. 그 이후 그는 1878년에 교황이 비오 9세로부터 온건한 레오 13세(Leo XIII)로 교체되는 것을 계기로 해서 반가톨릭 정책을 방기하고 일련의 반가톨릭 제법(諸法)을 완화해가게 된다.

사회주의자 진압법

비스마르크에 의한 '마이너스의 통합'의 표적은 사회주의자에게도 향해졌다.

전술한 바와 같이, 1850년대에 전개되었던 공업화의 영향으로 독일의 사회 및 경제 상황은 크게 변화했으며, 공업 노동자 수는 증대하게 되었다. 그것을 배경으로 해서 노동자 정당이 1860년대에 결성되어간다. 그중에서도 주목해야 할 것은 앞에서 보았던 라살이 주도하는 전(全)독일노동자협회이며, 그것에 계속되는 형태가 아우구스트 베벨(August Bebel)이 주도하는 마르크스주의의 영향을 받았던 사회민주노동당이었다. 자유주의 계통이 노동자 문제의 받침 접시가 되었던 영국과는 달리, 독일에서는 위의 두 세력이 합류하여 1875년에 사회주의노동자당(1890년에 독일사회민주당으로 개명하여 현재에 이르고 있음)을 결성하자, 마르크스주의적 조류가 주류가 되어, 동당(同黨)이 노동자운동을 리드하게 된다. 이러한 움직임을 경계한 비스마르크는 사회주의 세력이 더 이상 대두하는 것을 방지해야 한다며 출판법과 결사법을 동원해서 규제하고자 시도했지만, 1877년의 제국의회 선거에서는 거꾸로 사회주의노동자당에 50만 표 가까이가 모여, 제국의회에서 12명의 의원이 배출되는 것을 허락해버리고 말았던 것이다.

비스마르크는 1878년 양철공 막스 회델(Max Hödel)에 의한 황제 암살 미수 사건(5월 11일)을 감안하여 사회주의자를 단속하는 법안을 제국의회에 제출했는데, 법 앞의 평등을 훼손하는 내용으로 인해 제국의회에서 압도적 다수로 부정되었다. 하지만 6월 2일에 또다시 황제 암살 미수 사건〔범인은 대학 출신의 카를 노빌링(Karl Nobiling)으로 사회주의 세력과는 직접 관계가 없었음〕이 일어났고, 게다가 81세의 빌헬름 1세가 중상을 입자, 비스마르크는 이 법안을 가결시키기 위해 제국의회의 해산에 나섰다. 사회주의의 공포를 선동했던 것도 있어서 1878년의 제국의회 선거에서는 자유주의 세력이 후퇴하고, 보수 세력이 의석을 신장시켰다. 이러한 선거 이후 제국의회에서 국민자유당의 찬성을 어쨌든 얻어내어 결국 법안이 가결되었다. 세상에서 말하는 '사회주의자 진압법'이다.

노동자운동을 겨냥했던 이 법률에 의해 사회주의 계통의 조직은 (그렇게 의심되는 것을 포함해서) 해산되었고 집회와 인쇄물도 금지되었다. 그 결과, 베를린을 위시해 몇 개의 도시에서 소규모이지만 계엄령이 선포되고 1878년 말의 시점에서 약 200개의 결사 조직이 해산에 내몰리게 되는 등, 엄격한 단속이 행해졌다. 국민자유당의 요망으로 애당초 2년 시한의 입법이었지만 4회에 걸쳐 연장되어 1890년까지 효력을 계속 유지하여 약 150명이 금고형에 처해지고, 약 900명이 각 지역으로부터 추방 처분을 받았다.

그렇지만 이와 같은 엄격한 단속을 행했음에도 불구하고 결과는 또다시 비스마르크의 의도와는 완전히 다르게 되었다. 사회주의자 진압법에서는 선거에 참가할 권리와 의원으로서의 면책권이 보장되었으며 억압받은 상황 아래에 있었더라도 사회주의노동자당은 활동을 계속했다. 그 결과 1880년대 중반 이래에는 득표수와 의석을 착실하게 늘렸고, 1890년의 제국의회 선거에서는 득표수와 의원 수가 최대가 되었던 것이다(1878년 시에는 9명이었지만, 1890년에는 35명으로 득표수에서는 제1당이었다).

이리하여 사회주의자를 표적으로 삼았던 '마이너스의 통합'도 실패로 끝나게 되고, 1890년에는 비스마르크 퇴진을 외치게 되는 요인의 한 가지가 되었다.

전환점으로서의 1879년

1879년은 〔제7장에서 논하는 바와 같이 외정(外政) 면에서 전환점이 되는 해이지만〕 내정(內政) 면에서도 비스마르크 체제에 있어서 전환점이 되었다. 보호관세의 도입과 그에 수반되는 국민자유당과의 제휴 관계의 해소이다.

보호관세 도입의 목소리가 국내에서 강했던 배경으로는 국내의 경제 정세의 변동을 들 수 있다. 제국 창건 직후에는 1850년대부터 본격화된 공업화의 영향과 프랑스로부터의 배상금의 효과로 독일 경제는 전례가 없는 호경기로 비등했고, 1871년부터의 3년 동안에 프로이센에서는 철도를 중심으로 900개 이상의 주식회사가 설립되어 '회사 설립 붐'이 일어났다. 그렇지만 1873년에 비엔나의 증권거래소에서의 대폭락을 계기로 하여 발생한 세계공황에 의해 독일 경제는 반대로 심각한 불황에 빠져버린다. 이와 같은 상황 속에서 중공업을 중심으로 산업계는 외국과의 경제 경쟁에 견뎌내기 위해서라도 이제까지 정부가 추진해왔던 자유무역에서 보호관세 무역을 추구하게 되었다. 한편 농업계도 교통수단과 저장 기술 발전의 결과, 동 시기에 미국과 러시아로부터 대량의 염가의 곡물이 독일에 유입되어, 마찬가지로 보호관세를 둘러싼 공동 전선을 확대하게 되었다.

비스마르크가 최종적으로 이러한 보호관세의 요구에 응하게 되었던 것은 확실히 그 자신이 융커이며 농업계의 이익을 공유했기 때문인데, 그것과는 다른 이유도 있었다.

전술한 바와 같이, 독일 제국은 22개의 군주국과 3개의 도시국가로 구성되는 연방 국가이며 직접세는 모두 각 방의 재원이 되었기 때문에 제국의 재원은 간접세, 관세, 제국의 사업 수입에 한정되어, 재정의 부족 부분은 제방이 염출하는 분담금에 의해 충당되었다. 이러한 상황을 개선하여 제국의 세입 증가를 도모하기 위해서 그는 보호관세 도입에 전향적이었던 것이다. 자유무역주의를 제창하고 그때까지 비스마르크를 밑받침해왔던 총리부 장관 델브뤼크가 1876

년에 퇴임했던 것도 이러한 흐름을 강화시키는 결과가 되었다.

보호관세 문제를 둘러싸고 비스마르크는 애당초 국민자유당의 동의를 얻고자 했다. 그때에 그는 국민자유당의 지도자 루돌프 폰 베니히센(Rudolf von Bennigsen)에게 프로이센 장관 자리를 제공하려고까지 했던 것이다. 하지만 그것에는 많은 난제가 가로놓여져 있었다. 애당초 국민자유당은 경제 면에서도 자유주의를 신봉했기 때문에 보호관세 도입은 당의 기본 방침에 정면으로 대립하는 것이었다. 그 점에서 절충이 이루어지지 않았음에도 국민자유당은 베니히센에 더하여 장관의 자리 2개를 추가로 요구해왔다. 빌헬름 1세의 양해가 얻어질 것이라는 예측도 전혀 바라기 어려웠다. 그래서 비스마르크는 방침을 전환하여 국민자유당의 약체화를 도모하고 나아가서는 제국의회에서의 제휴 상대방을 달리 구하고자 했다.

전자에 관해서는 두 번째의 황제 암살 미수 사건에서 발단하는 1878년의 제국의회 선거에서 보호관세 운동을 전개함으로써, 그리고 같은 해의 사회주의자 진압법 제정에 의해 국민자유당의 세력을 후퇴시키는 것에 성공했다. 후자에 관해서는 비스마르크는 '문화 투쟁'에서 표적으로 삼았던 중앙당에 접근했던 것이다. 그는 중앙당이 제시하는 조건〔관세와 간접세에 의한 제국 수입 중의 1억 3,000만 마르크를 넘는 액수에 대해서는 각 방에 분배하고 그 대신에 각 방은 제국이 부족한 액수를 기존대로 분담금을 염출함으로써 보완한다는 것으로 제안자의 이름을 따서 '프랑켄슈타인(Frankenstein) 조항'이라고 불림〕을 수용함으로써 1879년에 보수당, 제국당, 중앙당의 세력으로 '보호관세법'을 성립시켰다.

보호관세 도입이 가져온 영향은 경제 수준에 멈추지는 않았다. 제국 창건 시에는 최대 세력을 자랑하면서 1878년의 제국의회 선거와 사회주의자 진압법의 영향으로 세력이 후퇴되었던 국민자유당이 보호관세를 지지하는 우파와 그것에 반대하는 좌파가 연이어 탈당해버렸기 때문에, 의회 제1당의 지위에서 내몰리고 세력이 대폭적으로 하락되었던 것이다. 제국의회에서는 이것을 대신하여 '문화 투쟁'을 전개함으로써 중앙당이 상대적으로 의회 제1당으로 올라와 존재감을 갈수록 높여간다.

자유주의 세력의 후퇴는 프로이센 정부 내부에서도 발생했다. 과거에 '문화투쟁'의 기수로서 활동했던 교육장관 팔크를 포함하여 자유주의적인 성향의 인물로 간주되었던 장관 6명이 1878년부터 1879년에 걸쳐서 사임 및 경질되었던 것이다. 이것을 계기로 하여 독일의 정치사회가 보수적인 양상을 띠게 되었던 것으로부터, 이때의 전환을 '제2의 제국 건국' 혹은 '보수적 전환'이라고 부른다.

심화되는 '마이너스의 통합'

1880년대에 들어서면서부터 비스마르크 내정의 특징은 표적을 다른 세력으로 바꾸어서 '마이너스의 통합'의 계속과 일련의 사회보장 정책의 두 가지로 수렴되었다고 할 수 있다.

1880년대 전반기는 독일 국내에서 자유주의 좌파 세력이 활기로 가득했던 시기이기도 했다. 그 배경으로는 1880년에 83세를 맞이한 황제 빌헬름 1세가 언제 사망하더라도 이상하지 않은 상황이 있었다. 황태자 프리드리히 빌헬름은 이때 49세로, 프로이센·오스트리아 전쟁과 독일·프랑스 전쟁에서는 군대를 이끌고 승리에 공헌했으며 후계자로서는 그 어떤 문제도 없었다. 하지만 비스마르크에게 있어서 상황이 좋지 않았던 것으로는, 그가 영국 빅토리아(Victoria) 여왕의 장녀 빅토리아(Victoria, Princess Royal)를 비로 맞아들여 과거부터 자유주의에 호의적인 존재로서 주위의 눈에 비추어졌으며, 또한 그 자신도 그처럼 행동하는 일도 자주 있었던 것이다. 진보당과 국민자유당 탈당 인사들의 자유주의 좌파 세력은 이와 같은 상황을 앞에 두고 대동단결하여 '독일자유사상가당'을 1884년에 결성하게 되었다. 프리드리히 빌헬름이 즉위한다면 이 정당이 크게 약진하여 재상의 지위에서 쫓겨나게 될지도 모를 일이었다. 위기감을 느낀 비스마르크는 동당(同黨)으로 대표되는 친(親)영국적인 자유주의 좌파를 '제국의 적'으로 규정하고 공격하게 된다.

이 시기에 '제국의 적'이라는 딱지가 붙여진 사람들 중에는 폴란드인 세력도 있었다. '문화 투쟁'의 무렵에도 가톨릭 억압책을 통해서 프로이센 동부 지역에서의 폴란드인 세력을 억누르고자 했던 비스마르크는 1880년대 중반이 되자, 독일어 교육의 추진과 독일인 농민의 입식(入植) 등을 통한 게르만화(독일화) 정책을 더욱 더 추진하는 것과 함께, 독일 국적을 보유하지 않은 폴란드인 농업 근로자를 국외로 추방했다.

일련의 사회보험 정책

이러한 '마이너스의 통합'의 한편으로, 비스마르크는 일련의 사회보험 정책을 전개한다. 사회주의 세력이 크게 대두하는 요인으로 공업 노동자의 증가가 있었던 것은 이미 살펴본 바와 같으며, 어떤 대응을 강구할 필요가 생겨나게 되었다. 비스마르크는 사회주의자 진압법에 의해 노동자운동에 대해서는 단호한 자세를 보여주었지만, 그러한 한편에서 '기독교적인 정신'을 갖고 있으면서 어렵고 궁핍한 상태에 있는 노동자의 보호를 도모했다. 그 자세는 1881년 11월 17일의 제국의회 개회식에서 빌헬름 1세로부터 공표된 '개회 칙어(開會勅語, 이른바 '사회 칙어')' 중에서 보이고 있다.

그 결과, 1883년 6월에는 질병보험법, 1884년 7월에는 산재보험법, 1889년 6월에는 노령폐질(老齡廢疾)보험법이 성립되었다. 질병보험법에서 보험 가입자는 기존 질병금고(疾病金庫, sickness funds) 중의 한 곳에 대한 가입이 의무화되었고, 원칙적으로 보험료의 3분의 2를 부담하며(나머지 3분의 1은 고용자 부담), 무료 진료 및 투약을 받을 수 있게 되었다. 산재보험법에서는 고용자 및 노동자 모두 산재보험에 대한 가입을 의무화하고, 보험료는 고용자 측이 전액 부담(부과 방식)하며, 그 관리 운영은 고용자가 결성한 '동업협동조합'에 위임되었다. 노령폐질보험법에서는 가입자가 70세 이상, 혹은 산재와 관계가 없는 질병 및 사고로 인해 취업을 할 수 없는 경우에는 연금을 지급하는 것이 결정되었다.

자세하게 살펴보면, 당초 가입 의무는 일정한 부문에 한정되었으며, 또한 실업도 포함하여 생존에 관계되는 몇 가지의 중요한 위험이 거기로부터 제외되었다. 게다가 지급액이 부족하여 모두 충분한 사회보장이라고 할 수는 없었다. 하지만 그럼에도 비스마르크에 의한 일련의 사회보험 정책이 오늘날까지 이어지고 있는 사회보장 제도의 초석을 쌓았다는 점을 고려한다면 역시 높이 평가해야 할 것이다.

그렇지만 여기에서 실현된 일련의 사회보험은 비스마르크가 애당초 구상했던 것과는 다른 것이었다. 그러한 차이가 특히 현저했던 것이 1884년에 성립된 산재보험법이었다. 그는 당초에 저임금 노동자의 보험료를 제국이 부담하는 형태의 보험을 고려했으며, '제국 보험 시설'을 신설하여 그것을 통해서 산재보험을 관리·운영함으로써 노동자를 직접 국가에 결부시키고자 했던 것이다. 이것은 실로 (오늘날에는 흔히 보이는 것과 같은) 국가가 사회보험에 직접 관여하는 형태였다. 하지만 독일 제국에서는 각 방이 존중되는 연방제가 취해지고 있었기에 이와 같은 중앙집권적인 국가의 개입은 저항감을 갖고 받아들여졌다. 또한 특히 자유주의 좌파 세력에 이르러서는 비스마르크의 정책을 '국가사회주의'라고 통렬하게 비판하고, 노동자가 가입하는 사회보험은 민간에 맡겨야 한다면서 국가가 나서서는 안 된다고 했던 것이다. 이러한 격렬한 저항으로 인해서 산재보험법 법안은 최초에 제국의회에 제출된 이후부터 성립까지 3년의 시간이 소요되었으며, 게다가 최종적으로는 비스마르크가 양보하는 형태(다시 말해 국가가 직접 개입하지 않는 형태)로 성립되었다.

그렇다면 이러한 일련의 사회보장 정책은 비스마르크가 기도했던 바와 같은 성과를 올렸을까? 전술한 바와 같이, 사회주의노동자당이 1880년대 중반 이래에는 득표수와 의석을 착실하게 확대해나갔으며 1890년의 제국의회 선거에서는 득표수에서는 의회 제1당으로 올라왔다는 점을 고려하면, 생각하는 바와 같이 노동자를 편입하는 데에 성공하지 못했다고 평가하지 않을 수 없다.

이렇게 볼 경우, 역사적으로는 커다란 의의를 갖는 사회보험 정책을 또한 포함하여 비스마르크는 내정 분야에서는 많은 점에서 의도대로 일이 진척되지 않았고, 그가 바랐던 성공을 거두지 못했다고 할 수 있다.

제7장

성실한 중매인으로서 활약하다 : 비스마르크 체제하의 유럽
(1871~1890)

독일 제국이 안고 있던 대외적 부담

　제국 재상으로서 비스마르크가 그 능력을 마음껏 발휘했던 것은 역시 외교
정책 분야에서였다.

　성립된 지 얼마 되지 않은 독일 제국에 있어서는 대내적인 문제보다도 대외
적인 문제 쪽이 훨씬 심각한 상황이었고, 총체적인 방향을 정하는 데에 어려운
결정이 요구되었다. 그 요인은 독일 제국의 성립 과정에서 찾아진다. 이미 살
펴본 바와 같이, 비스마르크는 겨우 10년도 되지 않은 사이에 유럽 5대국 중에
서도 두 국가(오스트리아와 프랑스)를 계속해서 격파하고, 프로이센을 독일 제
국 창건으로 이끌었던 것이다. 실로 이것은 그때까지의 유럽 대륙에서의 국제
질서와 대국 간의 세력 균형을 군사력으로 크게 뒤집은 것을 의미했다. 그 때
문에 독일은 더욱 전쟁에 의해 영토를 확대하는 것이 아닌가 하는 강한 불안감
과 경계심을 다른 열강에게 주어버렸던 것이다. 후에 영국의 총리가 되는 디즈
레일리에 이르러서는 1871년에 이러한 움직임을 '독일 혁명'으로 칭하며 의회
에서 경종을 울릴 정도였다.

　이것 외에도 성립된 지 얼마 되지 않은 독일 제국은 커다란 대외적인 부담을 안

게 된다. 그것은 프랑스와의 적대관계였다. 전술한 바와 같이, 독일·프랑스 전쟁 시에 독일은 50억 프랑의 배상금에 더하여, 밸푸어를 제외하고 알자스와 로렌의 일부를 프랑스로부터 탈취했다. 비스마르크가 알자스·로렌의 할양을 요구했던 이유에 대해서는 이 책의 제5장에서 살펴본 바와 같이 여러 논의가 존재하는데, 어찌되었든 결과적으로는 대국 프랑스의 자존심에 현저한 상처를 입혔고 반발 심 및 복수심을 프랑스 측에 심어주었다. 게다가 그것이 프랑스의 제3공화정 아래에서 단기적인 것으로 그치지 않고 프랑스와의 적대관계를 고정시켜버렸다.

그때 비스마르크가 우려했던 것은 '동맹의 악몽'이었다. 주지하는 바와 같이 독일은 유럽 대륙의 중앙부에 위치하고 있기 때문에 반독일적인 동맹이 형성 되면, 용이하게 포위될 위험이 있었다. 그 때문에 그는 독일 제국의 안전보장 을 확립하기 위해서는 무엇보다도 프랑스에 대해 독일을 포위하고자 하는 반 독일 동맹을 맺지 못하도록 할 필요가 있었다.

'충족(充足) 국가'로서

이처럼 독일 제국은 성립되자마자 커다란 대외적 부담을 안게 되었다. 그래 서 비스마르크는 다음에 보이는 두 가지의 전략을 취함으로써 이러한 대외적 부담을 경감시키고 독일 제국의 안전보장을 확보하고자 노력하게 된다.

첫 번째의 전략은 독일 제국이 이미 '충족한' 상태에 있으며 이 이상으로 영 토를 획득하는 일은 없다는 자제하는 자세를 내외에 호소함으로써 주변 열강 이 갖고 있던 독일에 대한 경계심을 다소라도 완화시키고자 했던 것이다. 1876 년 2월 9일 그는 제국의회에서 "우리에게는 정복해야 할 그 어떤 것이 없는가 하면, 획득해야 할 그 어떤 것도 없으며, 우리가 갖고 있는 것으로 만족하고 있 으며, 우리가 더욱 영토의 정복과 확장을 원하고 있다고 말하는 것은 비방하고 중상하는 것일 뿐이다"(GW, XI, 431)라고 명언하고 있다. 이러한 자세는 그 이후에도 유지되어 1887년 1월 11일의 제국의회에서는 "우리는 전쟁을 원하지 않으며 그 메테르니히 노후(老侯)가 명명한 '충족 국가'에 속하며, 칼을 들고 (영토를) 싸워서 취할 속셈은 없다"(GW, XIII, 209)라고 논했다.

이처럼 비스마르크는 전쟁의 위험성을 만지작거리지 않고 평화를 지향하는 인물로서 행동하고자 했다. 그리고 그는 그것을 동유럽에서 실현할 기회를 얻었다. 독일과 오스트리아·헝가리(프로이센·오스트리아 전쟁에서의 패배 이후 오스트리아는 1867년 헝가리에 동등한 지위를 부여해 이중 군주제를 취함), 러시아 사이에 1873년 10월 22일에 성립된 3제 협정(三帝協定)이다.

이것은 1872년 9월에 러시아 황제 알렉산드르 2세(Alexander II)와 오스트리아 황제 프란츠 요제프가 베를린을 방문했던 것을 계기로 교섭이 시작되어, 이듬해 1873년 6월에 오스트리아·러시아 간에 쇤브룬 협정(Schönbrunn Convention)이 체결되어, 거기에 독일이 가입함으로써 실현되었던 것이다.

오스트리아·헝가리와 러시아는 크리미아 전쟁 이래 대립관계에 있었으며 쌍방이 각각의 정치적 야심을 추구하기 위해 독일의 지지를 얻고자 노력했다. 비스마르크는 이러한 어느 쪽이 양국 간 관계를 구축·확장하는 것이 아니라 3국의 우호관계를 구축함으로써 오스트리아·러시아 양국의 대립을 완화시킬 수 있을 뿐 아니라 프랑스에 대한 독일의 국제적 입장을 강화하고자 했던 것이다. 그런데 이 협정은 독일의 안전보장을 확보하는 데에 있어서 그 어떤 군사적인 약속이 이루어졌던 것은 아니며 3제 간의 우호협력 관계를 선언했던 것에 불과했다. 그럼에도 비스마르크는 이 3국간의 결속을 중시하며 최후까지 이것을 유지하고자 진력하게 된다.

프랑스에 대한 전략과 오산

적대적인 방향에서 양국 간 관계가 고정되어버렸던 프랑스에 대해서 비스마르크는 두 번째의 전략으로 상대하고자 한다. 그것은 프랑스를 회유하지 않고 강경 자세를 통해 압력을 계속 가하며 프랑스의 외교적 고립을 도모하는 것이었다. 1872년 2월 그는 그 방침을 다음과 같이 전하고 있다.

> 우리나라가 원하는 것은 프랑스에 의해 방해를 받지 않는 것이며, 만약 프랑스가 우리나라와의 평화를 원하지 않을 경우에는 프랑스가 동맹국을 찾아낼 수 없도록 하는 것이다. 프랑스가 동맹자를 찾아낼 수 없는 한, 우리나라에게 있어서 프랑스는 위험한 존재가 아니며 유럽의 군주제 여러 대국이 결속되어 있는 한, 그 어떤 공화국도 위협이 되지 못한다(1872년 12월 20일 파리 주재 대사 아르님에게 보내는 서한, GW-NFA, III-1, 414f.).

프랑스가 독일의 의도에 반하여 배상을 겨우 수년 만에 완납하고 게다가 1875년 3월에는 육군의 확대에 따른 개혁이 이루어지자, 비스마르크는 위기감을 갖게 되어 여론전을 확대함으로써 프랑스를 견제하고자 했다. 4월 9일 그는 베를린의 ≪포스트(Post)≫에 "전쟁이 눈앞에 다가왔는가?"라는 제목의 충격적인 기사를 쓰도록 했고, 그리고 그 수일 후에는 정부 계통의 신문 ≪북독일 일반신문(Norddeutsche Allgemeine Zeitung)≫에 보충 기사를 게재하도록 했다. 이러한 일련의 보도를 통해서 그는 프랑스에 유럽의 평화 교란자 이미지를 심어, 이것에 대항하기 위해 무력행사의 가능성을 넌지시 드러냈던 것이다.

하지만 프랑스에 대한 위협은 실패로 끝났다. 이때는 프랑스 측의 대응이 한 수 위였다. 프랑스의 정력적인 외교 활동의 결과, 러시아뿐만 아니라 그 러시아와 중앙아시아 및 발칸 문제 등에서 대항관계에 있었던 영국까지도 전쟁을 회피하기 위해서 파리가 아니라 베를린에 대해서 외교적으로 간섭을 해왔던 것이다. 실로 비스마르크는 프랑스에 대한 열강의 반응을 잘못 읽어냈던 것이었으며, 이로 인해 외교적 철수에 내몰리게 되었다.

이 '눈앞의 전쟁' 위기를 통해서 비스마르크는 가령 영국·러시아 양국의 관심이 국내 및 유럽 외부로 향해지고 있더라도 독일의 태도 여하에 따라서는 독일에 대해서 '간섭'하게 될 위험이 있다는 것을 몸으로 알게 되었던 것이다. 이러한 경험을 통해서 열강이 갖고 있는 독일에 대한 경계심을 재인식한 그는 독일 제국의 안전보장을 확립시키기 위해서, 첫 번째의 전략을 보강하기 위해서 입으로만이 아니라 어떤 형태의 구체적인 방법에 의해 열강의 경계심을 완화시킬 필요에 내몰리게 되었다.

발칸 정세의 변동과 영토 보상 구상

그때에 비스마르크가 채택했던 것은 과거에 비엔나 회의에서 채택되어 그 자신이 1860년대에 실시하고자 했던 '영토 보상'이라는 전통적인 수법이었다. 이때 그가 구상했던 것은 오스만 제국을 희생시켜 영국에는 이집트(수에즈)를, 러시아에는 크리미아 전쟁에서 상실했던 베사라비아(Bessarabia) 지방(혹은 불가리아)을 그리고 오스트리아·헝가리에는 보스니아·헤르체코비나를 할당하고, 해당 지역에의 진출을 적극적으로 지원하는 것이었다. 독일 제국이 비엔나 체제에 기초한 그때까지의 국경선의 변동에 따라 성립된 것을 받아들이고 그 대가를 각국에 제공함으로써 새로운 세력 균형에 기초한 국제질서를 만들어내고자 했던 것이다.

이러한 비스마르크의 구상의 배경에는 발칸 반도 정세의 변동이 있었다. '눈앞의 전쟁' 위기가 종식된 직후인 1875년 7월 헤르체고비나에서 농민 봉기가 발발하여 곧 바로 이웃해 있는 주(州) 보스니아로 삽시간에 불길이 번졌다. 본래라면 이 봉기는 오스만 제국에서 발생한 지방 반란에 불과할 것이겠지만, 슬라브계 여러 민족의 불만과 민족주의, 나아가 오스트리아·헝가리와 러시아의 의도와 개입이 교착된 결과 열강을 휘말리게 하는 국제문제로 발전했다. 게다가 1876년 6월 말부터 7월 초에 걸쳐서 세르비아와 몬테네그로가, 또한 그 이듬해 4월에는 러시아와 오스만 제국에 대해 선전포고(러시아·터키 전쟁)를 했기 때문에 사태는 악화일로를 걷게 되었다. 이처럼 1875년 여름에 돌발한 발칸 문제로 인해서 열강의 관심은 독일에서 발칸 반도로 이동되었다. 비스마르크는 "머스켓 총으로 무장했던 단 1명의 건전한 포메른 병사의 뼈에 상응되는 가치도 없다"(1876년 12월 5일 제국의회 연설, GW, XI, 476)라고 평가할 정도로 발칸 반도 그 자체에 그 어떤 이익도 찾아낼 수 없었기 때문에, 발칸 반도 정세의 변동이라는 '외부로부터의 자극'을 이용하여 그 어떤 주저하는 일도 없이 오스만 제국을 희생케 한 영토 보상 구상을 마련하게 되었던 것이다.

이 구상에 기초하여 비스마르크는 1876년 이래 각국에 대해서 그가 대가로서 상정하는 지역에 대한 진출을 뒷받침하는 자세를 매사에 보였다. 특히 발칸 반도에 대한 세력 진출을 기도하는 러시아를 강하게 의식했는지, 그는 영국의 관여를 강하게 원했다. 예를 들면 1876년 가을에는 다음과 같이 논하고 있다.

현 시점에서 나는 다만 만약 황제 알렉산드르(2세)와 같이 온후한 군주가 어려운 국내 상황으로 인해서 터키(오스만 제국)에 있는 기독교도의 지원에 나서게 된다면, 영국은 그 때문에 러시아에 대해서 선전포고하는 것이 아니라 수에즈와 알렉산드리아를 점령해야 하며, 그것에 의해 가령 터키를 희생케 하더라도 유럽의 평화를 유지해야 한다고 생각하고 있다(1876년 10월 20일 바르친 구술서, GW-NFA, III-2, 623).

키싱겐 구술서

'키싱겐(Kissingen) 구술서'는 러시아-터키 전쟁이 발발한 직후인 1877년 6월 15일 비스마르크가 요양지였던 키싱겐에 머물고 있을 때에 작성된 것으로, 그것은 원래 페테르부르크 주재 대사 한스 로타르 폰 슈바이니츠(Hans Lothar von Schweinitz)에 대한 향후의 구체적인 지시를 정리했던 것이었다. 하지만 거기에는 비스마르크의 국제정세에 대한 인식과 그것에 대한 기본 구상이 단적이면서 구체적으로 전개되고 있기 때문에, 이제까지 몇 차례나 선행 연구에서 인용되어왔던 유명한 사료이다.

그것에 의하면 '동맹의 악몽'을 경계하면서 영국, 러시아, 오스트리아·헝가리 각각이 발칸 반도나 흑해, 동지중해를 포함한 오리엔트 지방에서 서로 대항하는 상황이 만들어진다면, "프랑스를 제외한 모든 열강이 우리나라를 필요로 하게 되며, 그리고 상호 간의 관계를 통해서 우리나라에 대해 적대하는 연합이 가능한 한 방지되며, 그와 같은 정치적인 전체 상황"을 만들어내는 것이었다(GW-NFA, III-3, 153).

이제까지는 위에서 소개한 부분이 주목을 받아왔는데 다른 부분을 살펴보면, 실제로는 앞서 소개했던 비스마르크의 영토 보상 구상이 전개되어 있다. 해당 구술서의 모두(冒頭)를 살펴보도록 하겠다.

내가 바라는 것은 만약 영국이 이집트에 대해서 의도를 품고 있다면, 그것을 두드러진 형태를 피하면서도 그들을 장려하는 것에 있다. …… 영국과 러시아가 전자의 경우 이집트를, 후자의 경우 흑해를 수중에 넣는다는 토대에 서서 합의하게 된다면, 양국은 장기간에 걸친 현상유지에 만족할 수 있을 것이며, 게다가 양국 최대의 이익에 관해서 상호 간에 경합하지 않으면 안 되며, 그 경합 상태로 인해서 쌍방 모두 우리나라에 적대하는 연합에 참가하는 것이 ― 영국의 경우 그러한 참가를 방해하는 내적인 장해가 있다는 것을 별도로 해도 ― 거의 불가능하게 될 것이다(GW-NFA, III-3, 152).

다시 말해 영국·러시아 양국이 오리엔트 지방에서 새로운 영토를 획득한다면, 그 때문에 새로운 대립을 불가피하게 이끌어내 버리기 때문에 독일의 외교적 지지가 필요해지며, 반독일적인 동맹에는 가담하지 않게 될 것으로 생각하고 있는 것이다. 그리고 "가령 영국·러시아 전쟁이 저지되지 못한다고 하더라도 나의 생각으로는 독일의 목표는 계속적으로 동일한 것이 될 것이다. 즉 터키(오스만 제국)를 희생시켜 쌍방을 만족시키는 평화의 중개를 맡는 것이다"라고까지 논했다(GW-NFA, III-3, 153).

베를린 회의

이 구상을 실현시킬 수 있는 좋은 기회가 도래했다. 1878년 6월 13일에 열린 베를린 회의이다.

러시아·터키 전쟁에 승리한 러시아는 1878년 3월에 '산스테파노 조약(Treaty of San Stefano)'을 체결하고 베사라비아 지방을 위시해 몇 곳의 영토를 획득했다. 또한 이 조약에 의해 세르비아, 몬테네그로, 루마니아가 오스만 제국으로부터 독립하는 것이 인정되었고, 불가리아는 영토를 확대시키는 형태로 오스만 제국의 자치국(대불가리아)이 되었다.

하지만 이 '대불가리아'가 러시아의 영향 아래에 놓이는 것을 간파했던 영국과 오스트리아·헝가리가 이것에 대해 맹렬하게 반발했다. 특히 영국은 수에즈 운하를 통해서 가장 중요한 식민지 인도에 이르는 '제국의 길(empire road)'을 유지하기 위해서 러시아의 남하를 저지해야 했고, 인도군을 동원해서 말타에 파견했기 때문에 사태는 일촉즉발의 긴박한 것이 되었던 것이다.

그래서 이 사태를 해결하기 위해서 베를린에서 국제회의가 열리게 되었다. 디즈레일리와 고르차코프를 비롯해 각국의 정상이 모인 가운데 비스마르크는 "거래의 성립을 진실로 바라는 성실한 중매인"(1878년 2월 19일 제국의회 연설, GW, XI, 526)으로서 열강 간의 이익을 조정하고 약 1개월에 걸친 교섭 끝에 국제적인 위기를 극복하는 데에 성공하고 7월에 '베를린 조약'이 체결되었다. 이로써 영국과 러시아 간의 전쟁은 피할 수 있게 되었고, 의회를 정리하고 '명예

러시아

오스트리아-헝가리

보스니아-
헤르체고비나

루마니아

세르비아

흑해

불가리아

몬테네그로

동루멜리아

아드리아 해

이탈리아

알바니아

마케도니아

그리스

오스만 제국

지중해

0   250km

도데카니사 제도

──·─·─ 오스만 제국의 경계선

발칸 반도 주변 지도(1878~1915)

로운 평화'를 실현한 비스마르크에 대한 국제적 평가는 여기에서 단번에 높아
졌다. 게다가 이때 독일은 그 어떠한 대가도 요구하지 않았기 때문에 독일이
더욱 영토를 확대시키지는 않을까 하는 열강의 경계심을 거의 불식시킬 수 있
었다.

그런데 이 조약에 의해 세르비아, 몬테네그로, 루마니아의 독립이 정식으로 인정되었고, 오스트리아·헝가리는 보스니아·헤르체고비나의 관리권을, 영국은 키프로스 섬의 통치권을, 그리고 러시아는 베사라비아 지방에 더하여 몇 곳의 영토를 획득했다. 다만 러시아가 강하게 원했던 '대불가리아'는 3분할되어져, 발칸 반도에서의 러시아의 세력은 후퇴에 내몰리게 되었다. 이것이 생각지도 않은 형태로 비스마르크 외교에 도약대를 제공해주게 된다.

임시변통의 대응: 동맹 정책으로의 전환

러시아의 관점에서 볼 때 베를린 회의의 결과는 확실히 다소의 영토를 획득할 수 있었지만, '산스테파노 조약'에서의 중요한 성과를 상실하는 것을 의미했다. 그 때문에 러시아 국내에서는 불만과 원망의 목소리가 들끓어 올랐고, 그 창끝이 독일과 비스마르크에게 향해졌다. 그것이 초래한 사태는 그에게 있어서 심각한 것이었다. 그가 가장 중시했던 3제 협정이 붕괴되어버렸기 때문이다. 이 상태로는 독일에 대한 반감으로부터 러시아·프랑스 양국이 동맹을 체결하여 독일을 협공하게 되는 최악의 사태를 초래할 수밖에 없다. 우려했던 '동맹의 악몽'이 그의 머릿속을 스쳐갔던 것이다.

그래서 비스마르크는 그때까지의 영토 보상에 기초한 외교 방침을 일단 폐기하고 '임시변통'으로 이 사태에 대항했다. 1879년 10월 7일 그는 황제 빌헬름 1세의 반대를 무릅쓰면서 오스트리아·헝가리와의 사이에 비밀 군사동맹(독일·오스트리아 동맹)을 체결한다. 그 내용은 '러시아가 양국 중 한 국가를 공격해왔을 경우에 양국이 공동으로 싸운다', '프랑스가 독일에 대해서 전쟁을 가해왔을 경우에는 오스트리아·헝가리는 호의적 중립을 유지한다'는 것을 약속한 것이었다(다만 프랑스가 러시아와 제휴하여 독일을 공격해왔을 경우에는 오스트리아·헝가리에는 참전의 의무가 발생한다). 이 독일·오스트리아 동맹을 발판으로 삼아, 그는 비스마르크 외교의 대명사라고도 할 수 있는 동맹 정책을 전개해 나아간다. 1879년이라는 해는 내정뿐 아니라 비스마르크 외교에 있어서도 전환점이 되었던 것이다.

독일·오스트리아 동맹이 성립되기 직전인 1879년 9월, 비스마르크는 영국에 대해서도 동맹을 타진했다. 이것은 실현에 이르지 못했지만 그의 영국 및 오스트리아·헝가리에 대한 접근은 러시아에 대해서 막대한 외교적 압력을 주게 되었다. 그 결과, 러시아의 쪽으로부터 독일·러시아 제휴를 제안해왔던 것이다. 실로 이것 자체가 그가 영국 및 오스트리아·헝가리에 접근했던 최대의 노림수였다. 그는 오스트리아·헝가리와 동맹을 체결함으로써 그들이 다른 열강과 동맹을 맺는 것을 방해하는 것과 동시에, 러시아와의 사이에 과거의 3제협정을 부활시키도록 했던 것이다. 베를린 주재 러시아 대사 표트르 알렉산드로비치 사부로프(Peter Alexandrovich Saburov)에 대해서 그는 다음과 같이 논하고 있다.

나는 이리하여 오스트리아와 서구 양 대국의 사이에 장벽을 설치한다는 나의 정치 시스템의 제1단계라고 부르는 것을 실행에 옮기는 것에 성공했다. …… 나는 제2단계를 실현시키는 것을 포기하지 않는다. 그것은 3제 협정을 다시 구축하는 것이다. 그것은 내가 보는 바에서는 유럽의 평화를 최대한 안정시키는 유일한 시스템인 것이다(Saburov, Memoirs, 75).

이리하여 비스마르크는 1881년 6월에 염원했던 3제 협정을 부활시키는 것에 성공했다(이때 성립된 것은 사료에서는 '3제 동맹'이라고 부르는데 독일·오스트리아 동맹과 그 후에 보이는 삼국 동맹과 달리, 적극적인 군사 지원의 약속이 포함되어 있지 않기 때문에 선행 연구에서는 3제 '협약'이나 3제 '조약' 등, '동맹'이라는 말을 피하고 있는 경향이 있다. 이 책에서는 1873년의 3제 협정과의 연속성을 중시하여 '제2차 3제 협정'이라고 부르기로 한다).

비밀 조약으로서 체결되었던 제2차 3제 협정은 1873년의 제1차 협정과 크게 다르며, 제4국과 전쟁하게 되었을 경우(예를 들면 독일·프랑스 전쟁, 영국·러시아 전쟁)에는 다른 2국은 호의적 중립의 입장을 취한다는 것과, 발칸 반도에서는 베를린 회의에 기초해 현상을 유지하는 것과 함께, 3국간에서 충분히 협의하여 행동하는 것이 약속되었다. 이리하여 비스마르크는 프랑스와 전쟁이 일어났을 경우에 러시아의 중립을 확보하는 것과 동시에, 발칸 반도에서 대립하기 일쑤인 오스트리아·러시아 양국의 충돌의 저지를 도모했던 것이다.

그 이듬해 1882년 5월 20일에 그는 독일, 오스트리아·헝가리, 이탈리아 간에 3국 동맹을 실현시켰다. 이것은 북아프리카의 튀니지에 대한 진출을 노리고 있었던 이탈리아가 프랑스에 의해 그곳을 빼앗겼기 때문에 독일에 접근했던 것이 계기가 되어 성립된 것이었다. 이 3국 동맹에서는 프랑스가 이탈리아를 공격했을 경우에는 독일과 오스트리아·헝가리 양국이 참전하는 것, 프랑스가 독일을 공격했을 경우에는 이탈리아만이 참전하는 것(다만 프랑스가 러시아와 제휴하여 독일을 공격했을 경우에는 오스트리아·헝가리에도 참전 의무가 발생함), 그리고 오스트리아·헝가리와 러시아가 전쟁에 이르게 될 경우에는 이탈리아는 호의적 중립의 입장을 취한다는 것이 약속되었다.

게다가 그 이듬해 10월 30일에는 오스트리아·헝가리와 루마니아의 사이에 동맹 조약(제3국으로부터 공격을 받았을 경우에는 상호 간에 원조한다는 것을 약속함)이 체결되었고, 그것에 독일도 참가하여 또 하나의 3국 동맹(독일-오스트리아·헝가리-루마니아 3국 동맹)으로 발전했다(그런데 1888년에는 이탈리아가 여기에 참가한다).

이처럼 3제 협정의 붕괴라는 최대의 위기에 대해서 '임시변통'으로 대처했던 결과, 비스마르크는 염원했던 3제 협정을 부활시키는 것뿐 아니라 이탈리아 및 루마니아와의 동맹 관계를 구축하여 결과적으로는 1880년대 전반의 중유럽·동유럽에 독일을 중심으로 한 (비밀조약에 기초한) 동맹 네트워크를 구축했다. 이것에 의해 독일은 프랑스로부터 공격을 받았을 경우에는 러시아와 오

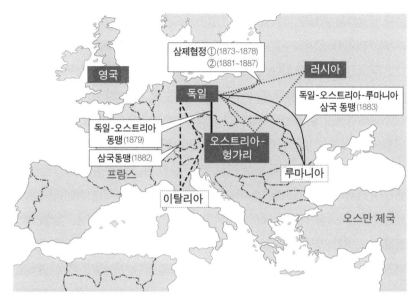

비스마르크의 동맹 시스템(1884)

스트리아·헝가리로부터는 호의적 중립을, 이탈리아로부터는 군사적 원조를 얻게 되었다. 프랑스로부터의 군사적 위협에 대한 독일의 안전보장은 일단 여기에서 확보되었던 것이다. 당초부터 지향했던 것은 아님에도 결과적으로 이러한 동맹 네트워크를 구축하여 (충분하지는 않지만) 독일의 안전보장을 확보했던 비스마르크의 외교적 수완은 '근사했다'라고밖에 달리 할 말이 없다.

영토 보상 구상을 다시하다

그런데 이러한 동맹 네트워크는 러시아의 나오는 태도에 따라 그 존속이 현저하게 좌우되는 것이기도 했다. 러시아가 라이벌 국가인 영국과 충돌했을 경우에는 독일은 제2차 3제 협정에 기초하여 러시아를 지지하는 입장에 서기 때문에 영국과의 대립을 야기할 수밖에 없다. 또한 러시아가 발칸 반도를 둘러싸고 오스트리아·헝가리와의 대립을 재연시켰을 경우에는 독일의 안전보장을 단번에 위협할 수밖에 없다. 그 때문에 비스마르크는 1880년대를 통해서 영국과의 우호관계를 유지하는 것과 함께, 러시아와 오스트리아·헝가리의 관계를 긴박하게 만들지 않도록 계속 조정하지 않으면 안 되었던 것이다.

이와 같은 때에 비스마르크가 의거했던 것이 '영토 보상'이라는 구태의연한 전통적인 외교 수법이었다. 우선 파트너인 러시아와 오스트리아·헝가리에 대해서는 전자에게는 불가리아를, 후자에게는 세르비아를 각각의 세력권으로서 할당하고, 두 대국 각각의 세력권에서의 정책을 지원했던 것이다. 제2차 '3제 협정'으로 발칸 반도에 관해서는 베를린 조약에 기초하여 현상유지를 약속하고 있었기 때문에 표면적으로 뭔가를 적극적으로 행하지는 않았지만, 만약 발칸 반도에서 비상사태가 발생했을 경우에는 그는 이 구상에 기초해서 사태를 해결하고자 했던 것이다. 한편 영국에 대해서는 이제까지처럼 이집트로의 진출을 적극적으로 후원하고 그 획득을 계속 부추기게 된다.

그뿐만 아니라 비스마르크는 영국의 이집트 정책에서 대해서 제시된 우호 및 후원의 자세를 적대관계에 있는 프랑스에 대해서도 표명했다. 그 배경에는 1870년대 후반부터 1880년대 초반에 걸쳐서 프랑스의 대외 정책에서의 관심은 유럽 문제에 있지 않고 아프리카 대륙을 위시한 식민지 정책으로 향해지고 있었다. 비스마르크는 그것에 편승하는 형태로 프랑스의 모로코 및 튀니지를 향한 진출을 적극적으로 뒷받침을 하면서 그 정책을 지지했다. 이러한 아프리카 대륙에서의 식민지 문제를 둘러싸고 그는 식민지 정책 추진파인 프랑스 총리 쥘 페리(Jules Ferry)에게 접근하여, 한정적이기는 했지만 어느 정도의 제휴 관계를 프랑스와의 사이에서 구축하는 것에 성공했던 것이다.

하지만 영국·프랑스 양국의 아프리카 대륙에서의 식민지 정책은 충돌을 수반하지 않고 넘어가지는 못했다. 그때 조정자 역할로 돌아왔던 것도 비스마르크였다. 1884년 11월 15일 벨기에 왕 레오폴트 2세(Leopold II)가 취득했던 콩고의 경계선과 영유를 둘러싼 국제회의가 베를린에서 개최되었다. 이 베를린·콩고 회의에서는 콩고와 그 주변 지역에서의 영국·프랑스 양국의 식민지 및 세력권 획득 욕망을 교묘하게 이용하여 양국의 이익을 조정하면서 쌍방이 독일의 외교적 지지를 필요로 하는 상황을 만들어냈던 것이다. 그런데 이 회의에서는 레오폴트 2세 소유의 '콩고자유국'이 승인되었던 것 외에 콩고 분지에서의 통상의 자유 및 노예무역의 금지, 니제르 강과 콩고 강에서의 자유항행, 나아가서는 선점권을 갖는 국가에 의한 실효 지배의 원칙 등이 승인되었다.

식민지 정책을 둘러싸고

이러한 제국주의적인 대외 진출 욕구에 독일 역시 관련되지 않을 수는 없었다. 제국 성립 이래, 해외 식민지를 요구하는 목소리는 국내에서 나날이 커져 갔다. 이미 살펴보았던 것처럼, 비스마르크는 식민지를 또한 포함해서 새로운 영토 획득에는 항상 반대해왔다. 그것은 무엇보다도 열강의 독일에 대한 경계심을 누그러뜨리고 불필요한 충돌을 회피함으로써 독일의 안전보장을 확보하기 위해서였다. 원래 해외 식민지에는 관심마저 갖고 있지 않았던 것이다.

그렇지만 비스마르크는 여기에 이르러 갑작스럽게 식민지 정책에 착수하게 된다. 1884년 4월, 남서아프리카(현재의 나미비아)에서 브레멘(Bremen) 출신의 상인 아돌프 뤼데리츠가 취득한 토지를 제국의 보호 아래에 두었다. 같은 해 7월에는 토고와 카메룬에 대해서도 마찬가지의 보호 선언을 공표했고, 이듬해 1885년 2월에는 동아프리카의 일부(현재의 탄자니아, 르완다, 부룬디를 합친 지역), 그리고 같은 해 5월에는 '카이저 빌헬름 란트'라고 이름 붙여진 뉴기니아 섬 북동부와 그것에 인접해 있는 비스마르크 제도(諸島)를 보호령으로 삼았다.

그 이후 빌헬름 시기가 되어 중국의 산둥 반도를 위시해 몇 군데의 해외 영토 및 세력권이 여기에 추가되었는데, 제1차 세계대전까지 존속하는 독일의 해외 영토 및 세력권의 대부분이 실로 비스마르크 시대의, 겨우 1년 반도 채 되지 않는 기간에 획득되었던 것이다. 여기에 이르러 여론이 요구했던 식민지를 보유한 '제국의 꿈'이 결국 실현되었다.

그때까지 해외 식민지의 획득에 부정적이었고 관심마저 갖고 있지 않았던 비스마르크가 왜 이때에 이르러 급히 식민지 정책에 착수했던 것일까? 이것만 해도 커다란 수수께끼인데, 게다가 그의 식민지 정책이 겨우 1년 반의 기간도 채우지 못했으며 그 이후에는 다시 식민지에 대해서 관심을 보이지 않았기 때문에 더욱 그러했다. 그 동기를 둘러싸고 이제까지 몇 차례나 역사가들의 머리를 번뇌하게 만들었으며, 다양한 해석이 등장하고 있다. 그것은 대체적으로 말하자면 내정의 요인으로부터 고찰하는 것(이른바 '내정의 우위')과 주로 외정 방면의 정세 및 필요성에 기초하여 논하는 것(이른바 '외정의 우위')의 두 가지로 나뉜다.

내정의 요인을 중시하는 연구 중에서 가장 영향력이 있는 것이 독일의 역사가 한스-울리히 베흘러(Hans-Ulrich Wehler)가 제창하는 '사회제국주의'론일 것이다. 이 테제는 국내의 여러 문제로부터 눈을 돌리게 하고, 사회적 긴장을 은폐하고 현존의 질서를 안정시키기 위한 지배술로서 제국주의를 간주하는 것이다. 이것에 의하면 비스마르크의 식민지 정책은 1879년의 보호관세 정책 및 보수적 전환과 마찬가지로, 전통적 엘리트의 권력을 유지하기 위한 전략적 수단이라고 간주된다. 당시의 독일 제국의 사회구조에 주목하며 국내 요인과 결부시켜 구조적으로 비스마르크의 식민지 정책을 파악한 것으로, 확실히 매우 흥미로운 지적이라고 할 수 있다. 하지만 이 견해는 어느 쪽인가 하면 빌헬름 시기와의 구조적 연속성을 너무 의식한 나머지 제정(帝政) 시기의 식민지 정책의 특징을 고찰하는 데에는 유익하지만 식민지 획득에 대한 비스마르크의 동기라는 동적 부분을 고찰하는 데에는 반드시 적절하다고는 할 수 없다. 실제로 최근의 연구를 살펴보아도 한스-울리히 베흘러의 테제만으로 이것을 설명하는 것은 찾아볼 수 없다.

한편 외정의 요인을 중시하는 연구의 대표격은 로타르 갈 및 클라우스 힐데브란트(Klaus Hildebrand)를 들 수 있다. 그들이 공통적으로 중시하는 것은 비스마르크의 식민지 정책과 연동하여 전개되었던 친불반영(親佛反英) 정책이다. 이것에 의하면 비스마르크의 노림수는 프랑스에 접근함으로써 해외에서의 영국의 지배에 대항하는 존재를 만들어내는 것에 있으며, 실로 유럽에서의 세력균형을 글로벌한 규모로까지 확대하는 것이었다고 한다. 식민지는 열강이 세력균형을 취하기 위한 이른바 '분동(分銅)'과 같은 것이었다.

그런데 최근 들어 유력시되고 있는 해석은 일반적으로 '황태자 테제'라고 불리는 것이다. 릴(Axel T. G. Riehl)의 연구에 의하면, 비스마르크의 식민지 정책은 이 시기에 언제라도 일어나더라도 이상할 바가 없는 제위(帝位) 교체를 배경으로 행해졌던 것이라고 한다. 이 책의 제6장에서 이미 살펴본 바와 같이, 이때 빌헬름 1세는 87세의 고령이었고, 그의 장남인 황태자 프리드리히 빌헬름은 그 비(영국의 빅토리아 여왕의 장녀)와 함께 자유주의적인 이념 및 정치가들에게 공감을 보이면서 친영국적인 입장에서 비스마르크와 충돌하기 일쑤였다. 그래서 제위 교체에 따른 친영국적인 풍조가 되는 것을 방지하기 위해서 의도적으로 영국과의 긴장관계를 만들어냄으로써 국내의 친영파에 타격을 주고자 했다는 것이다.

의도적으로 영국과의 긴장관계를 만들어낼 필요성은 외정 면에서도 찾아볼 수 있다. 이때 비스마르크는 러시아와의 우호관계를 유지하기 위해서도 의도적으로 영국과의 긴장관계를 만들어낼 필요가 있었던 것이다. 아래에서 이와 관련하여 자세히 살펴보도록 하겠다. 당시 불가리아는 러시아가 가장 신경을 곤두세웠던 지역이며, 그 땅을 다스렸던 '불가리아 공작' 알렉산더•는 러시아 황제의 친척 계통에 해당함에도 불구하고 국내 민족주의와 러시아의 위압적인

• 독일계 귀족인 바텐베르크 가문 출신으로, 독일어 이름은 알렉산더 요제프 폰 바텐베르크(Alexander Joseph von Battenberg)이다. _옮긴이주

태도가 작용하여 반러시아적인 자세를 나타나게 되었다. 게다가 그의 형과 동생은 영국 왕실과 인척 관계에 있었으며, 그 자신도 독일 황태자 프리드리히 빌헬름의 차녀(빅토리아 여왕의 손녀에 해당함)과 혼약하고자 했다. 이 상태로는 불가리아에서의 영국의 영향력이 커지게 되어, 독일도 휘말려버리게 된다. 비스마르크는 자신의 세력권 구상에 기초하여, 그리고 이 건에 자신이 관여하지 않을까 하는 러시아의 의구심을 불식시키기 위해서 알렉산더의 혼약을 파기하기에 이르게 했을 뿐만 아니라 노골적인 반영국 정책을 원했던 것이다. 그 일환으로서 식민지 정책이 있었던 것은 아닐까 한다.

그의 동기를 특정하는 것은 대단히 어렵지만, 그것이 무엇이었든지 여기에서 중요한 것은 그의 동기가 아니라 오히려 결과 쪽이라고 할 수 있다. 일단 식민지 정책이 태동되자, 식민지 획득을 둘러싼 움직임은 ― 이때 독일이 획득한 식민지의 대부분이 경제적 가치를 결여했던 점도 있어서 ― 그가 상정했던 것을 훨씬 초월하여 전개된다. 이러한 '햇볕이 드는 장소'를 추구하는 움직임은 그가 퇴진한 이후에 빌헬름 2세 아래에서의 적극적인 제국주의 정책, 이른바 '세계정책' 아래에서 지나치게 가속화되어, 유럽 바깥에서 다른 열강과의 충돌을 거듭하게 된다. 게다가 식민지 행정이 더욱 비대화되고 위의 이유와 서로 맞물려서 행정 및 재정 두 방면에서 제국에 거대한 부담을 초래하게 되었다.

이렇게 볼 경우, 내정 방면의 것이든 외정 방면의 것이든 제정 시기에 들어서 육성되었던 것을 지키기 위해 비스마르크가 이용하고자 했던 제국주의적인 요소는 그가 감당할 수 있는 사안은 아니었다고 할 수 있는 것이다.

동방으로부터의 위기, 서방으로부터의 위기

1885년 9월부터 1887년에 걸쳐서 비스마르크는 다시 외교 면에서 커다란 위기에 직면한다. 그 때문에 그는 반영국 정책 및 식민지 정책에 신경 쓸 처지가 아니게 되고, 태세를 재정비하여 일어서지 않으면 안 되었다.

사건의 발단은 1878년의 베를린 조약에서 3분할된 '대불가리아'의 하나인 동루멜리아에서 1885년 9월에 발생한 폭동이었다. 게다가 '불가리아 공작' 알렉산더는 열강의 승인이 없는 상태로 불가리아와 동루멜리아의 합병을 선언했던 것이다. 또한 이 움직임을 ('불가리아 공작'의 형제가 영국 왕실과 인척 관계에 있어서 과거에 그가 러시아로부터의 자립을 추구했기 때문에) 영국이 지지하고 러시아는 앞에서 살펴보았던 이유로 인해 그의 아래에서 '대불가리아'가 부활하는 것을 바라지 않게 되었다. 이듬해 1886년 8월 불가리아 국내에서 친러시아파에 의한 쿠데타가 발생하자, 그는 국외로 납치되고 또한 '불가리아 공작'의 퇴위에 내몰리게 되었던 것이다. 이것을 계기로 해서 러시아가 불가리아에 대한 세력을 신장하고자 했는데, 오스트리아·헝가리가 이것에 반발하여, 1887년 7월에 친오스트리아적인 작센코부르크고타(Sachsen-Koburg und Gotha) 왕가의 분가(分家)에 대항하는 코하리(Kohary) 가문 출신의 페르디난드(Ferdinand)가 '불가리아 공작'에 선출되자〔1908년에 불가리아 황제 페르디난드 1세(Ferdinand I)로서 즉위함〕, 발칸 반도를 둘러싸고 러시아와 오스트리아·헝가리의 대립은 더욱 격화되어, 비스마르크의 조정도 헛되이, 그가 동맹 시스템 중에서 가장 중시했던 제2차 3제 협정이 사실상 붕괴되어버렸던 것이다.

이와 같은 때에 하필이면 프랑스와의 관계가 험악해지게 되었다. 프랑스 총리 페리가 1885년에 실각하자, 비스마르크는 독일·프랑스 제휴의 발판을 상실해버렸다. 그뿐만 아니라 이듬해 1886년에는 샤를 드 프레이시네(Charles de Freycinet) 정권의 아래에서 대독(對獨) 보복을 제창하는 조르주 불랑제(Georges Boulanger)가 전쟁장관(Minister of War)에 취임함으로써 독일·프랑스 간에 긴장이 고조되고, 1887년 4월의 슈내벨레 사건〔독일 측으로부터 스파이 혐의를 받았던 프랑스의 세관 관리 기욤 슈내벨레(Guillaume Schnaebelé)가 독일 영내로 유인되어 체포되었던 사건〕에 의해 그것이 단번에 정점에 도달하게 되었다.

그런데 이른바 '불랑제 위기'에 관해서는 비스마르크가 이때 제3차 7년제 군사 예산을 제국의회에서 통과시키기 위해서 선동했던 측면이 대단히 강했던 것인데, 제2차 3제 협정이 붕괴한 지금이 되어서는 긴박해진 프랑스와의 관계는 (그 자신이 가장 우려했던 러시아·프랑스 동맹을 만들어낼 수밖에 없게 되기도 했는데) 비스마르크 외교에서 있어서 대단히 무거운 부담이 되었던 것이다.

다시 '임시변통'으로 대처하다

이와 같은 사태에 직면하게 된 비스마르크는 재차 '임시변통'으로 자신의 동맹 네트워크의 수복에 착수하지 않으면 안 되었다. 1887년 2월 그는 영국과 이탈리아의 사이에서 '지중해 협정'의 성립을 주선하고, 3월에는 오스트리아·헝가리가 거기에 가담했다. 이 협정에서는 3국은 흑해, 에게 해를 포함하는 지중해 지역에서의 현상유지를 향해서 협력해 나아간다는 것이 약속되었다. 게다가 이 협정은 같은 해 12월에 재차 성립되는데(제2차 지중해 협정, 혹은 오리엔트 3국 동맹이라고도 불림), 이 제2차 협정에서는 러시아가 불가리아와 오스만 제국이 관리하는 다르다넬스, 보스포루스 두 해협에 진출하게 될 경우에는 그것을 저지하기 위해 협력하며, 경우에 따라서는 무력을 행사한다는 것이 약속되었다.

또한 그 해의 2월 20일에는 곧 기한 만료를 맞이하는 독일, 오스트리아·헝가리, 이탈리아 간의 '3국 동맹'을 갱신하기 위해서, 이탈리아의 요망 사항(발칸 반도뿐만 아니라 아드리아 해와 에게 해를 포함하는 오리엔트 지방에서 영토 변경이 발생할 때에는 이탈리아에 보상을 제공한다 등)을 받아들여, 이탈리아를 끌어들여 동맹을 갱신하는 데에 성공했다.

또한 '3제 협정'을 대신하는 형태로 비스마르크는 같은 해 6월 18일에 러시아와의 사이에서 양국 간 비밀조약, 이른바 '재보장 조약'을 체결했다. 이 조약에서는 오스트리아·헝가리가 러시아를 공격했을 경우, 또는 프랑스가 독일을 공격을 경우에는 독일·러시아 양국은 호의적 중립의 입장을 취하는 것이 약속

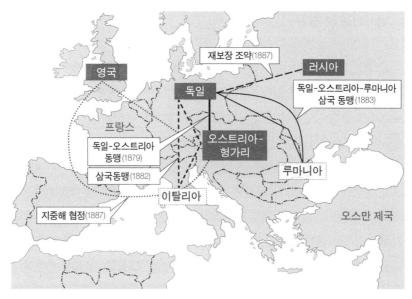

비스마르크의 동맹 시스템(1887)

되었다. 일반적으로는 독일·러시아 양국이 오스트리아·헝가리 혹은 프랑스와 전쟁이 벌어졌을 경우에는 호의적 중립의 입장을 취하게 될 것임에 틀림이 없었는데, 비스마르크는 독일·오스트리아 동맹(러시아가 공격했을 경우에는 상호간에 군사적으로 지원한다)과의 정합성을 유지하기 위해서 이와 같은 한정적인 내용이 되었던 것이다. 가령 비밀 조약이었다고 하더라도 다른 동맹조약에 저촉되지 않도록 하는 비스마르크의 외교적 배려를 이 부분에서 살펴볼 수 있다.

또한 이 조약의 비밀 부속의정서에서는 불가리아를 러시아의 세력권으로서 용인하는 것과 함께, 러시아가 다르다넬스·보스포루스 두 해협에 진출하지 않으면 안 되는 상황이 된 경우에는 러시아를 지지하는 것도 약속되었다. 이렇게 하여 비스마르크는 러시아와의 조약을 통한 결속을 계속해 나아가는 것에 간신히 성공을 거두었던 것이다.

'임시변통'의 결말

이러한 '임시변통'에 의한 대응의 결과, 유럽에는 '비스마르크 체제'라고 일컬어지는 국제질서가 모습을 드러냈다. 그것은 프랑스를 외교적으로 고립시키고 독일을 중심으로 했던 동맹 네트워크였다. 하지만 동시에 그것은 독일의 안전보장을 확보하기 위해서 동맹과 협정이 복잡하게 뒤얽힌 동맹 시스템이며, 프랑스를 고립시켰던 점을 제외하면 비스마르크가 당초 상정했던 이미지와는 크게 동떨어진 것이었다. 이전에 독일의 역사가 울프강 빈델반트(Wolfgang Windelband)가 이 동맹 시스템을 최초부터 일관하여 통일적인 시스템이라고 평가했던 적이 있었지만, 이것에 이의를 제기하는 역사가의 수가 많으며 오늘날에는 이미 살펴본 바와 같이 두 차례의 3제 협정 붕괴라는 사태에 직면하여 서둘러 대처했던 '임시변통의 시스템'으로서 비스마르크의 동맹 시스템을 평가하는 것이 일반적이다.

하지만 이 동맹 시스템에서는 다양한 동맹과 협정이 복잡하게 뒤얽혀져 있으며 '각각의 동맹과 협정이 정합(整合)하는 것인가'라는 의문이 생겨난다. 실로 이 점이 비스마르크 외교 연구의 커다란 테마이며, 선행 연구에서 가장 관심을 모았던 것이 러시아와의 재보장 조약이 결부된 다음의 두 가지 사례였다.

첫 번째는 재보장 조약과 제2차 지중해 협정이다. 전술한 바처럼 비스마르크는 재보장 조약의 비밀 부속의정서에서 러시아의 불가리아, 나아가서는 다르다넬스·보스포루스 두 해협으로의 진출을 용인하고, 제2차 지중해 협정에서 발칸 반도에서의 현상유지를 지지하고 있다. 양자는 명백히 내용의 면에서 저촉되는 것인데, 제2차 지중해 협정에 독일이 참가하지 않고 있기 때문에 표면적으로는 간신히 정합성이 유지되고 있다. 하지만 발칸 문제를 둘러싸고 러시아가 영국과 오스트리아·헝가리에 대해서 전쟁을 일으켰을 경우, 과연 비스마르크는 어떠한 입장을 취하게 될까?

두 번째는 재보장 조약과 독일·오스트리아 동맹이다. 앞에서 살펴본 바와 같이, 재보장 조약은 독일·오스트리아 동맹과 저촉되지 않도록 조약의 문언이 작성되어 있다. 러시아가 오스트리아·헝가리를 공격했을 경우에는 독일은 독일·오스트리아 동맹에 기초하여 오스트리아·헝가리를 군사 지원하는데, 그 반대의 경우에는 재보장 조약에 기초해서 독일은 러시아에 대해서 호의적 중립을 유지하게 된다. 하지만 실제로 러시아와 오스트리아·헝가리의 사이에서 전쟁이 열리게 되어버렸을 경우, 예를 들면 러시아가 도발하여 오스트리아·헝가리에 대해 선제공격을 가했을 경우, 그리고 전쟁 국면이 추이하여 러시아가 오스트리아·헝가리에 대해 공격해 들어오는 사태가 발생했을 경우, 과연 독일은 어떠한 입장을 취해야 할 것인가?

실로 이 점 자체가 비스마르크가 퇴진한 이후 독일 정부의 수뇌를 번뇌하게 만들었던 문제이며, 1890년에 기한 만료를 맞이하는 재보장 조약을 갱신하지 않는다는 판단을 내리게 되는 이유가 되었던 것이다. 하지만 그 판단이 비스마르크가 가장 우려했던 러시아와 프랑스의 군사 동맹을 야기하게 되었던 것은 잘 알려져 있다. 러시아·프랑스 동맹은 1894년에 현실화되었다.

과연 실제로 전쟁이 발생했을 때, 이 동맹 시스템은 기능했을까? 비스마르크가 재임 중에 그와 같은 사태에는 이르지 않았기 때문에 뭐라고 말할 수는 없지만, 비스마르크가 퇴진한 이후에 기능 마비에 빠져버려, 독일이 외교적으로 곤경에 빠지게 만들었을 가능성은 충분히 있었다고 생각된다. 하지만 여기에서 주목하고 싶은 것은 이 동맹 시스템이 실제로 전쟁이 일어났을 경우를 상정하여 구축한 것이라는 점이다. 그러한 의미에서 살펴보았을 때에 처음으로 비스마르크 외교를 '평화 외교'라고 평가하는 것이 가능할지도 모른다.

다만 그것은 모두 비밀 조약이었으며(독일·오스트리아 동맹은 1888년에 공표됨), 게다가 이 동맹 네트워크의 전체상을 파악했던 것은 비스마르크를 포함해 실로 한 움큼밖에 안 되는 소수의 인물들이었으며, 동맹 시스템에서의 비스마르크의 진의가 외교부 간부 사이에서 공유되었는가 하면 그렇지는 못했다. 이미 이 시스템은 비스마르크와 같은 술책이 없게 되면, 기능하기는커녕 존속되는 것마저도 불가능한 것이며, 결국에 있어서 비스마르크가 존재하는 상황 아래에서의 국제질서였을 뿐이었던 것이다.

본래 그는 영토 보상이라는 대단히 전통적인 외교 수법에 의해 열강이 안고 있는 영토 및 식민지 획득 욕구를 이용하면서 5대국 간의 세력균형을 유지함으로써 독일의 안전보장의 확보를 지향했음에 틀림이 없다. 하지만 비스마르크라고 해도 열강의 영토 및 식민지 획득 욕구를 완전히 통제할 수는 없으며, 생각하지 못한 형태로 도래했던 외정 면에서의 위기에 대처하기 위해서 '임시변통'으로 동맹 시스템을 구축했던 것이다. 가령 '임시변통'이었다고 하더라도 그 정도로 복잡한 동맹 네트워크를 순식간에 구축했던 그의 외교적 수완은 확실히 더욱 높게 평가받아야 할 것이다. 다만 그것은 본래 그가 지향했던 것이 아니며, 내정 면뿐만 아니라 외정 면에서도 그는 자신이 안고 있는 이미지를 완전한 형태로 실현시킬 수가 없었던 점을 간과해서는 안 된다.

비스마르크와 제1차 세계대전

비스마르크의 퇴진 이후 누구나 그의 동맹 시스템을 계승하지 못했고, 급기야 빌헬름 시기의 '세계정책'도 재난에 봉착하여 독일은 외교적 곤경에 빠지게 되었고, 또한 제1차 세계대전을 맞이하게 된다. 이 점에 입각해서, 제1차 세계대전과 비스마르크 외교의 관련성을 묻는 연구도 적지 않다. 그중에서 앞에서 소개했던 독일의 역사가 한스-울리히 베흘러와 클라우스 힐데브란트의 주장은 정면으로부터 대립하고 있다고 할 수 있다.

베흘러는 제1차 세계대전으로 통하는 길이 이미 비스마르크 시대에 마련되었다고 여기고 있다. '내정 우위'의 관점에 기초한 그의 주장을 정리해보면, 비스마르크는 한편으로 재보장 조약을 맺고, 다른 한편으로 보호관세 정책을 강화하며 러시아의 '유가 증권'을 베를린의 금융 시장에서 단속하는 조치(1887년의 롬바르드 금지령)를 취했다. 이러한 러시아에 대한 표리부동한 자세가 비스마르크 외교에 의해 화해하는 것이 불가능한 적으로 변모해버렸던 프랑스를 향해 러시아를 내몰게 되어버려, 러시아·프랑스 동맹을 유발해버렸다고 설명한다. 이러한 배경에는 권위주의적인 지배 질서와 전통적인 엘리트 지배가 있었다고 하며, 국내가 의회주의화한다면 이러한 사태를 초래할 일은 없고 이어서는 제1차 세계대전으로 향하는 길이 열리지는 않았을 것이라고 논하고 있는 것이다.

이에 반해서 '외정 우위'의 관점에 서 있는 힐데브란트는 제1차 세계대전에 이르는 길이 비스마르크 시대에 마련되었다는 점에서는 베흘러와 의견을 같이 하지만, 그것은 비스마르크가 초래했던 것이 아니라 오히려 그는 그것에 저항하고자 했다고 논하고 있다. 독일은 유럽의 중앙부에 위치하고 있는 지리적 조건에 의해, 또한 한편으로는 제국주의라는 새로운 시대조류에 의해 위협받았으며, 비스마르크는 이에 대해서 독일이 이 이상 (식민지를 포함하여) 영토를 확대시키는 일은 없다는 자세를 보였는데, 여론도 포함하여 주위로부터는 받아들여지지 않았고 결과적으로 단명하게 되는 '임시변통'의 동맹 시스템 이외에는 선택지가 없었다고 한다.

제1차 세계대전으로 향하는 길을 열었다는 점에 관해서 베흘러는 비스마르크를 가해자로서 비판하고 힐데브란트는 비스마르크를 (대전쟁을 일으킬 수밖에 없는 새로운 시대조류의) 피해자로서 변호한다. 매우 흥미로운 것은 양자의 주장은 어떤 종류의 결정론적인 견해에 기초해서 논하고 있다는 점에서 공통된다. 양자의 주장은 일리가 있는 것이지만, 생각하건대 베흘러는 부정적인 의미에서 그리고 힐데브란트는 그것과는 반대로 긍정적인 의미에서 각각 비스마르크 신화에 갇혀 있는 것이 아닐까? 그리고 이것만으로는 빌헬름 시기의 정치외교를 너무나도 경시해버리게 되는 수밖에 없지 않을까? 비스마르크의 퇴진부터 제1차 세계대전 발발까지의 기간은 겨우 24년에 불과하다. 하지만 그렇다고 해도 24년이다. 비스마르크 신화로부터 거리를 두고, 이 기간의 의미를 고려하면서 조금 더 신중하게 고찰되어야 할 것이다.

제8장

카리스마적 존재가 되다 : 프리드리히스루에서의 만년
(1890~1898)

빌헬름 2세와의 충돌과 사임

1890년 3월 18일은 독일사에 있어서 커다란 하루가 되었다. 이 날 비스마르크가 사표를 제출하고 정계를 떠나게 되었기 때문이다(사표가 수리되었던 것은 그 2일 후였다). 원인은 황제 빌헬름 2세와의 충돌에 있었다.

제6장에서 이미 살펴본 바와 같이 제국 재상의 지위는 제국의회가 아니라 독일 황제에 의거하고 있으며, 비스마르크가 자신의 권력을 유지하기 위해서는 황제와의 관계가 대단히 중요해지게 된다. 빌헬름 1세는 이제까지 수차례나 격렬하게 충돌하는 일도 있었지만, 그에게 있어서 최대의 이해자이자 후원자였다. 하지만 1888년 3월 9일 빌헬름 1세가 91세 탄생일을 눈앞에 두고 타계하자, 황태자 프리드리히 빌헬름이 프리드리히 3세(Friedrich III)로서 즉위했다. 반복해서 말하는 것이 되지만, 그는 영국의 빅토리아 여왕의 장녀를 아내로 맞이했으며, 친영국적이며 국내의 자유주의 세력에 이해를 표시하는 인물이었다. 그 때문에 비스마르크 실각의 가능성이 높다고 생각되었는데, 프리드리히 3세는 이때 후두암을 앓았으며 같은 해 6월 15일 즉위한 지 겨우 99일 후에 56세로 타계해버린다. 그와 같은 경위로 프리드리히의 장남 빌헬름이 29세

비스마르크(중앙)와 빌헬름 2세(1888년 10월 30일)

의 젊은 나이로 황제에 즉위했다. 빌헬름 2세이다.

이 젊은 황제는 자존심이 강하고 황제로서의 자의식이 과했으며 스스로 적극적으로 국가를 통치하고자 의기양양했다. 그러한 한편으로 노재상(老宰相)은 이제까지처럼 황제에 대해서 자신의 의견과 통치 스타일을 내세우고자 했기 때문에 양자가 격렬하게 충돌하고 대립하게 되는 것은 시간 문제였다.

양자의 충돌이 최초에 현저하게 보였던 것은 1889년 5월의 일이었다. 이 시기 루르 지방의 탄광부들이 임금 인상과 노동 조건의 개선을 요구하여 쟁의를 일으키고, 그것이 전국의 탄광 지대에도 확대되어, 이제까지 독일이 경험하지 못한 대규모 노동쟁의로 발전했던 것이다. 사회보험 정책은 추진되었지만 기업의 국제 경쟁력 저하에 대한 우려 등으로 인해 노동 시간과 노동 조건을 규제하는 노동자보험에는 대단히 소극적이었던 비스마르크는 이때에도 노동자 보호에 나서지는 않았고, 거꾸로 노동쟁의를 더욱 격화시킴으로써 위기 관리자로서의 자신의 존재감을 선보이려고 했다.

이에 반해서 빌헬름 2세는 탄광 노동자의 대표단을 접견하고 동정적인 자세를 보였다. 그리고 비스마르크의 의향을 무시하여 이듬해 1890년 2월에는 현행의 노동자보험 규정의 개정과 노동자 보호 문제에 관한 국제회의의 소집을 예고하는 칙령(이른바 '2월 칙령')을 공포했다(이 국제회의는 같은 해 3월에 개최되었다). 이러한 황제의 독자적인 행위에 대해서 불만을 표출할 방도가 없는 비스마르크는 본래라면 필수적인 제국 재상의 부서(추가 서명)를 결여한 상태로 칙령을 공포함으로써 있는 힘껏 저항하는 자세를 보였던 것이다.

외교 정책 분야에서도 두 사람은 충돌했다. 제7장에서도 논했지만, 1880년대 말의 독일·러시아 관계는 쌍방의 관세 경쟁과 롬바르드 금지령의 영향도 있어서 재보장 조약을 체결했음에도 불구하고(비밀 조약이므로 존재는 거의 알려지지 않았던 점도 있어서) 험악한 분위기가 확대되었다. 게다가 그와 같은 상황 아래에서 러시아가 외자(外資)를 불러들여서 국내의 근대화와 군비 증강을 추진했기 때문에 러시아에 대한 '예방 전쟁론'(상대의 군비가 정돈되기 전에 선제공격을 한다는 논의)이 독일 국내(특히 참모본부)에서 논의가 이루어지게 되었다. 이러한 배경도 있었기에 황제는 러시아의 동향을 두려워했던 것인데, 비스마르크는 외교 정책에서는 친러시아 자세를 일관하며 예방 전쟁론을 물리쳤던 것이다.

또한 프로이센의 국가 체제를 둘러싸고도 두 사람은 격렬하게 충돌했다. 비스마르크는 1852년 프로이센의 관방령(官房令)을 꺼내들며, 프로이센 정부의 개개의 대신(大臣)이 총리를 거치지 않고 국왕(=독일 황제)에게 의견을 올리는 것을 금지했다. 이것은 국내에서 '비스마르크 체제'의 기둥 가운데 한 가지였는데 빌헬름 2세는 이것에 격렬하게 반발하며 더욱 강력하게 정부의 직무에 개입하고자 했던 것이다.

이러한 젊은 황제와 늙은 재상의 대립은 이미 복구가 불가능한 수준으로까지 도달했다. 이때 늙은 재상은 75세가 될 예정이었는데, 그의 황제에 대한 대결 자세 및 투쟁심은 줄곧 쇠퇴할 기미를 보이지 않았다. 하지만 그러한 비스마르크에게 강렬한 일격을 주었던 것이 1890년 2월 20일의 제국의회 총선거 결과였다. 그 직전에 기한 만료일을 맞이하게 되는 '사회주의자 진압법'을 연장할 때에 비스마르크는 더욱 엄격한 조항(무기한 입법으로 사회주의자를 거주지로부터 추방하는 권한을 경찰에게 부여하는 것)을 추가하고자 했는데, 1890년 1월 25일에 제국의회에서 부결되었다. 황제에 대항하여 자신의 정책을 추진하기 위해서라도 이때의 총선거에서는 1887년의 총선거 이래 제국의회에서 다수파를 형성하여 비스마르크를 밑받침해왔던 카르텔 3당(보수당, 제국당, 국민자유당)이 어떻게 해서든지 이기기를 바랐다. 결과는 그가 생각했던 바와 같이 이루어지지 않았고, 3당은 선거에서 패배하여 세력이 후퇴해버린다. 그는 제국의회에서도 기반을 상실했던 것이다.

사태가 여기에 이르게 되자, 비스마르크는 1890년 3월 18일 재상 파면을 결의한 빌헬름 2세에게 보내는 사표를 제출했다. 이 가운데 늙은 재상은 — 어쨌든 그다운 것이지만 — 젊은 황제가 현존 질서를 파괴하고 모험적인 정책을 행하고자 한다고 하면서 암암리에 비난하고, 그것을 통해서 한 차례 보복을 하고자 했다. 이 사표를 받아들였을 때에 빌헬름 2세가 분노를 폭발시켰는지, 아니면 구태의연하게 계속해서 군림해왔던 강대한 늙은 재상으로부터의 해방감을 만끽했는지 여부는 명확하지 않지만, 이 사표는 3월 20일에 수리되었다. 이때 황제는 그에게 '라벤부르크 공작'의 칭호와 '명예 계급'으로서의 '원수(元帥) 권한부(付) 기병(騎兵) 상급대장'을 수여했다. 27년에 달하는 프로이센 총리, 19년에 달하는 독일 제국 재상으로서의 그의 활동은 여기에서 막을 내리게 되었던 것이다. 격동의 27년간이었다.

주위의 반응

비스마르크가 사직한다는 통지는 각국을 놀라게 만들었다. 당시의 영국 총리 솔즈베리 경에 이르러서는 비통한 심정을 느끼는 정도였는데, 당시 각국에 공통적으로 보이는 반응은 장기간에 걸쳐서 프로이센·독일에 군림하고 국제 정치에 다대한 영향을 미쳤던 거물의 퇴장에 대해서 감상적이 되기보다는 오히려 앞으로 도대체 어떻게 될 것인가 하는 불안감 쪽이었다.

그러나 독일 국내의 반응은 이것과는 대조적이었다. 국내 사람들 대다수는 비스마르크의 사임에 대해서 안도의 한숨을 쉬며 받아들였던 것이다. 그것은 비스마르크의 정치 자세와 적지 않게 관련되어 있는 것이었다. 이미 살펴보았던 것처럼, 비스마르크의 견지에서 본다면 독일은 새로운 유럽 세력도 가운데에서 오로지 은인자중(隱忍自重)을 계속하지 않으면 안 되었다. 세 차례의 전쟁을 수반한 제국의 성립 과정과 그것이 유발했던 결과와 반응을 상기한다면, 확실히 그랬을지도 모른다. 하지만 그것은 국제정치의 관점으로부터 유도된 방침이며, 반드시 국내 사정에 대응했던 것은 아니었다. 당시 대다수 사람들의 관점에서 본다면, 항상 계속해서 군림해왔던 비스마르크의 정치는 수명을 다했으며 늙은 재상은 이미 달성된 것을 자기의 권력과 함께 계속 유지하고자 하는 과거의 인물이었던 것이다. 바로 그렇기 때문에 젊고 현대적인 인상을 주는 빌헬름 2세에게 더욱 기대감이 모였다. 이 젊은 황제라면 비스마르크에 의해 만들어진 폐쇄감을 타파하고 독일의 힘과 위신을 국내외에서 높여줄 것이라고 본 것이다. 그들의 관점에서 본다면, 이것은 낡은 속박으로부터의 해방 및 기대감에 가슴이 벅차오르는 새로운 출발이었던 것이다.

실로 비스마르크 시대는 여기에서 막을 내리게 된 것이다.

그렇지만 정작 비스마르크가 정계에서 은퇴하자, 독일 국내의 대중은 손바닥을 뒤집듯이 그를 열렬하게 맞이하게 된다. 그것은 일찍이 그가 베를린으로부터 떠나던 1890년 3월 29일에 보였다. 그 자신이 '제1급 매장식(埋葬式)'(회상록에 의함, GW-NFA, IV, 466)이라고 평가한 바와 같이, 이날 역에는 정부 수뇌 및 각국의 외교관뿐 아니라 그를 송별하기 위해서 수많은 대중이 몰려들어 〈독일의 노래(Deutschlandlied)〉와 〈라인의 수호(Wacht am Rhein)〉를 불렀으며, 대성황을 보였던 것이다.

이것을 계기로 해서 독일 내에서 비스마르크에 대한 이상하기까지 할 정도의 숭배가 시작되는데, 이것에 대해서는 이 장의 마지막에서 정리하며 논해보도록 하겠다.

은퇴 이후의 정치 활동

베를린을 떠난 비스마르크는 프리드리히스루로 거주지를 옮기고 거기에서 여생을 보내게 된다. 하지만 황제와의 충돌에 의해 사직할 수밖에 없었던 비스마르크가 이 상태로 순순히 은퇴 생활을 보냈을 리가 없다. 권력에 대한 미련과 정적(政敵)에 대한 원망 등이 결부되어 그는 다양한 형태로 독일 정치에 관여하려고 한다.

은퇴 이후 비스마르크의 정치 활동에서의 특징은 저널리즘의 활용이다. 회상해보면 그는 국회의원 시절에는 ≪십자장신문≫으로 건필(健筆)을 발휘했고 제국 제상 시기에는 정부 계통의 ≪북독일 일반신문≫과 ('눈앞의 전쟁' 위기로 각광을 받았던) ≪포스트≫ 등의 매체를 통해서 자신의 견해를 대필하거나 혹은 공표함으로써 항상 독일의 여론을 움직여왔는데, 은퇴 이후에도 그 수법에는 변함이 없었다. 사임한 직후에는 신문기자의 인터뷰에 적극적으로 응했던 그는 ≪함부르크 소식(Hamburger Nachrichten)≫ 정치면의 편집 책임자 헤르만 호프만(Hermann Hofmann)을 통해서 빈번하게 자신의 발언을 기사화시킴으로써 정치적 발전의 장을 확보했다. 그뿐만 아니라 로타르 갈의 표현을 빌리자면 일종의 '프로파간다 네트워크'를 구축하여 거기에서 현 체제에 대한 비판을 전개했다. 게다가 과거의 늙은 재상의 발언이라는 점으로 인해 기밀 사항에 저촉될 수밖에 없는 것도 있었다. 대중은 그의 발언에 주목했고, 다른 한편으로 빌헬름 2세와 그때마다의 정권에 있어서는 실로 눈 위의 '혹'과도 같은 존재였다.

프리드리히스루의 비스마르크 저택(1884)

은퇴를 했어도 비스마르크는 앙갚음 차원에서 황제를 계속해서 곤혹스럽게 만들었던 것이다.

그런데 이러한 ≪함부르크 소식≫에서의 비스마르크의 발언 가운데 압권은 1898년 10월 24일 자 기사였다. 거기에는 1890년 6월에 기한이 만료되어 소멸되었다고는 해도 부대 조항과 합쳐서 극비로 취급되었던 독일·러시아 재보장 조약의 내용 가운데 일부가 실리게 되었던 것이다. 이것에 의하면, 독일·러시아 양국의 어느 한쪽이 공격받았을 경우에는 다른 한쪽은 호의적 중립을 유지한다는 취지의 협정을 맺었는데, 비스마르크의 뒤를 계승한 제국 재상 레오 폰 카프리비(Leo von Caprivi)에 의해 이 협정이 갱신되지 않았다면서 통렬하게 비판했다. 가령 이미 소멸되었다고 해도 극비로 취급되는 내용이 비스마르크에 의해 발설된 것이어서 그 반향은 대단히 컸다. 정부 수뇌의 간담을 상당히 서늘하게 만들었을 것이다.

또한 직접적으로 정치에 관여하는 길도 그는 확보했다. 1891년 3월 그는 국민자유당의 요청을 받아 하노버(Hannover)·레(Lehe) 선거구에서의 제국의회

보궐 선거에 출마하여 당선되었다. 이곳은 국민자유당의 과거 지도자 베니히센의 선거구여서 비스마르크의 압승이 예상되었는데, 결과는 생각했던 만큼의 득표수를 얻지는 못했다(비스마르크는 1만 544표, 대항마인 사회민주당의 입후보자는 5,486표였다). 그것이 영향을 미쳤는지, 그가 제국의회에 모습을 드러냈던 것은 한 차례도 없으며 그 이후에도 다시 입후보하는 일은 없었다.

하지만 비스마르크가 당선하여 제국의회 의원이 되었다는 사실에 변함은 없다. ≪함부르크 소식≫을 위시한 일련의 미디어에서의 발언과 서로 맞물려서 정계에서의 비스마르크의 존재감은 여전히 건재했으며, 그를 지지하는 자이든지 아니면 적대하는 자이든지 모두 관계없이 그를 의식하지 않을 수 없었을 정도였다.

회상록『성찰과 회상』

위와 같은 정치 활동을 합쳐서 그는 자신의 정치 활동을 돌이켜보며 회상록의 집필에도 힘을 쏟았다. 일의 계기는 은퇴 직후인 1890년 7월 코타(J. G. Cotta) 출판사로부터 한 권에 10만 마르크의 조건으로 회상록의 집필 의뢰를 받았던 것이었다. 회상록 집필에 있어서 그는 과거의 복심(腹心) 로타르 부커(Rothar Bucher)를 프리드리히스루에 불러들여 그에게 구술 필기하도록 하는 형태로 추진되었다. 부커는 과거 1848년 혁명 무렵에 프로이센 정부에 적대했던 경위로 영국으로 망명했는데, 비스마르크에 의해 그 재능을 높이 평가받아 귀국 이후에 측근으로서 (특히 외교정책 분야에서) 장기간 재상을 밑받침했던 이색적인 경력을 갖고 있는 인물이다.

부커는 비스마르크의 회상록의 집필에도 그 재능을 유감없이 발휘했다. 불규칙한 생활 리듬의 비스마르크에 대해서 여러 가지 난관을 강인한 근성으로 견뎌대며 특기인 속기 능력으로 그의 발언을 기록했다. 하지만 두 사람은 바로 충돌했다. 비스마르크의 발언이 너무나도 감정적인 자기주장(때로는 자기변호)으로 일관되어서, 역사적 사실에 반하는 것이 빈번하게 발생했던 것이다. 실제로 비스마르크 옆에 있으면서 중요 안건을 (그것도 음지에서) 처리해왔던 부하의 관점에서 본다면, 이러한 왜곡은 도저히 참을 수 없는 것이었다. 두 사람의 대립은 몸 상태가 악화된 부하가 휴가를 청하여 프리드리히스루를 떠나는 것으로 막을 내리게 되었다. 이 하나의 사건이 재난이 되었는지는 몰라도, 부하는 그 직후인 1892년 10월에 세상을 떠나고 회상록 집필은 그 이래 진전되지 못했다.

이러한 경위에서 (당초 예정보다 규모를 축소시키는 형태로) 완성된 회상록 『성찰과 회상』•(당초에는 *Erinnerung und Gedanke*로서 출판되었지만 후일 출판사의 의향도 있어서 *Gedanken und Erinnerungen*이 되어 오늘날에 이르고 있음)은 비스마르크의 사후인 1898년 11월에 제1부에 해당하는 최초의 세 권이 발표되었다. 거대한 업적을 남긴 비스마르크의 정치적 유언이라고 하여, 순식간에 약 50만 부가 판매되며 거대한 베스트셀러가 되었다.

실제로는 이 회상록은 2부로 구성되어 있으며, 제1부에 해당하는 제3권이 이를테면 일종의 '이의신청서'였다. 비스마르크는 이 가운데에서 그가 사직에 이르게 되었던 경위를 논하며 자신을 사임하게 만들었던 빌헬름 2세에 대해서 용서 없는 비판을 가했다. 그 때문에 제3권은 빌헬름 2세의 치세하에서는 출판이 꺼려졌지만, 제1차 세계대전의 패배로 인해 황제가 네덜란드로 망명한 이후에 1921년이 되어 결국 간행되었다. 이 회상록이 후술하게 되는 비스마르크의 신화화에 커다란 역할을 수행하게 된다.

그런데 오늘날에는 세 권에 해당하는 그의 회상록은 한 권의 서적으로서 현재에 이르기까지 출판처의 변동이 없이 변함없이 출판되고 있다. 일본에서는

• 이 책의 영어판 서지사항은 다음과 같다. *The memoirs, being the reflections and reminiscences of Otto, Prince von Bismarck* (H. Fertig, 1966). _옮긴이주

제3권만 『정국은 이렇게 움직인다(政局は斯くして動く)』라는 제목으로 1924년에 번역·출간되었다.

비엔나에서의 한 장면

당시 독일 정부 수뇌가 은퇴 이후의 비스마르크를 얼마나 경계했는지를 말해주는 일화가 있다. 그것은 1892년 6월에 비엔나에서 개최된 비스마르크의 장남 헤르베르트와, 오스트리아·헝가리의 귀족인 게오그르 안톤(Georg Anton) 호이오스 백작(Countess Hoyos)의 딸 마르게리테[Marguerite, 그녀의 어머니 쪽 조부는 영국인 기사(技師) 로버트 화이트헤드(Robert Whitehead)이며 그녀의 남동생 알렉산더(Alexander Graf von Hoyos)는 오스트리아·헝가리의 외교관]의 결혼식에 참석했을 때에 일어난 한 장면이다.

헤르베르트는 1886년 이래 외교장관으로서 비스마르크를 밑받침해왔는데, 아버지의 사임에 맞추어 그도 1890년 3월 23일에 사표를 제출했다(수리는 그로부터 3일 후에 이루어졌다). 그는 이전에 어느 여성과 결혼하고자 했지만, 아버지의 맹렬한 반대를 받아 울면서 단념했던 적이 있었다. 그러한 그가 결국 아버지의 눈에 쏙 드는 여성과 결혼하게 되어, 그 결혼식을 위해서 비스마르크가 비엔나를 방문하게 되었던 것이다.

이러한 움직임에 빌헬름 2세와 독일 정부 수뇌는 과민하게 반응했다. 더 이상 제국 재상의 지위에 있지 않다고 해도 비엔나를 방문하는 비스마르크가 동맹국의 군주로서 장기간에 걸쳐 교류를 해왔던 오스트리아 황제 프란츠 요제프에게 경의를 표하기 위해 방문하지 않을 리가 없다. '현행 체제에 비판적인 비스마르크가 그 자리에서 도대체 무엇을 말할 것인가', 그것을 생각하는 것만으로도 정신없는 일이었으며, '비엔나의 대중이 그를 어떻게 환영할 것인가'라는 점도 크게 주의하게 되는 바였다. 이 때문에 빌헬름 2세는 특별히 프란츠 요제프에게 비스마르크와 접촉하지 않도록 요청했다. 제국 재상 카프리비도 비엔나 주재 대사 로이스*(외교관으로서 장기간 비스마르크 외교를 밑받침해왔던 친비스마르크 성향의 인물들 중의 한 명)에게 비스마르크의 방문에 대해서 대사관 측은 환영하지 말 것과 결혼식에 초대되는 것을 회피하도록 지시했다. 그리고 그들은 이러한 요청 및 지시사항 대로 일을 실행했다.

그러나 그 결과는 독일 황제와 정부 수뇌가 가장 피하고자 했던 일을 유발시켜버렸다. 비스마르크는 여행길에 이르는 곳마다 열렬하게 환영을 받았고 게다가 대중은 그에게 동정적이었다. 그리고 비엔나에서의 고의적인 냉대에 대해서 그는 해당 지역의 언론 매체 앞에서 독일의 현행 체제를 통렬하게 비판하는 것과 함께, 반정부파로서 제국의회로 돌아오는 것이 아닌가 하는 억측에 대해서는 명확하게 부정하지 않고 일정한 유보적 함의를 지닌 회답을 했다. 게다가 전술했던 카프리비가 로이스에게 보냈던 지시기 공개되자, 갈수록 독일 여론은 비스마르크에게 동정적이 되어, 그것만으로도 황제와 그 정부에 대해 한층 더 비판이 모이게 되었던 것이다.

황제와의 '화해'

개선의 징후가 보이지 않는 비스마르크와 빌헬름 2세의 관계에 '변화'가 보이게 된 것은 1894년 초의 일이었다. 에버하르트 콜브에 의하면, 계기가 된 것은 그 1년 전 8월 말에 비스마르크가 온천 요양지에서 병환으로 쓰러져 목숨이 위태롭다는 것이 노정된 일이었다. 빌헬름 2세의 측근들은 이 상태로 화해가 실현되지 못하고 비스마르크가 죽어버리게 될 경우, '국내에서의 황제의 평가는 과연 어떻게 되어버릴 것인가'라는 점에 주의를 기울이게 되었다.

* Heinrich VII, Prince Reuss of Köstritz를 지칭한다. _옮긴이 주

이리하여 화해를 위한 움직임이 모색되었다. 그리고 1894년 1월 결국 그것이 실현되었다. 비스마르크는 빌헬름 2세의 초청을 받아서 베를린의 궁정을 방문하고, 그 3주일 후에는 답례로서 황제를 프리드리히스루에 초청하여 맞이했다. 이리하여 양자의 화해가 실현되는 것처럼 생각되었다. 하지만 이때 양자의 사이에는 정치적인 화제에 대해서는 일절 논의가 이루어지지 않았고, 실로 쌍방의 노선 수정과 정치적인 타협 등에 대해서는 아무것도 이루어지지 않았다. 단순히 국내 여론을 배려하여 양자가 서로를 단순히 방문했을 뿐인, 겉치레에 불과한 형식적인 '화해'에 불과했던 것이라고 할 수 있다.

실제로 그 이후에도 황제는 언뜻 보면 비스마르크에 대해서 여유 있는 자세를 보이면서도 그의 비스마르크에 대한 불신감은 소멸되지 않았고, 비스마르크 쪽도 이제까지의 비판적인 자세를 굽히지 않았다.

요한나의 사망, 마지막 시기

이리하여 정계에서 은퇴를 한 이후에도 비스마르크는 어떤 종류의 집념과 원한이 혼재되어 있는 형태로 줄곧 쇠퇴할 기미를 보이지 않는 투쟁심으로 정력적으로 활동을 계속했다. 하지만 그러한 그를 습격해온 가장 충격적인 사건은 가장 사랑했던 아내 요한나의 사망이었다.

선행 연구를 종합적으로 살펴보면, 요한나에 대한 평가는 대체적으로 긍정적이지 않다. 제1장에서도 언급했지만, 그녀는 자신의 라이프 스타일에 고집을 계속하면서 오직 한결같이 헌신적으로 남편을 극진하게 대했고 그 생애를 그에게 바쳐왔다. 상대방 속에서 자신을 찾아내고, 아울러 상대방을 통해서 비로소 자신의 존재 의의를 찾아냈는데, 실로 그와 같은 그녀의 생활 방식 자체가 비스마르크를 더욱 독선적으로 만들어버리고 건강을 현저하게 훼손시킬 정도로 그의 폭음·폭식을 허락하게 만들었던 것은 아니었을까?

이와 같은 비판은 확실히 그러할지도 모르지만, 바로 그와 같은 여성이었기 때문에 때로는 자기 자신을 주체하지 못할 정도로 격렬한 기질과 섬세한 신경 및 자존심 강한 자아를 지닌 사람으로 마음으로부터의 위로와 평안함을 줄 수 있었을 것이다. 결혼했을 당초에 비스마르크는 요한나에 대해서 "그것이 없었다면 살 수 없었던 자신의 일부"라고 평가한 일이 있었는데, 그것은 결코 과장이나 아첨 등이 아니며 숨길 수 없는 그의 본심이자 평생 계속해서 그러했던 것이다.

예를 들면 요한나는 1887년에 위중한 천식에 걸렸을 때, 장남 헤르베르트가 이 상태로 어머니가 사망하게 된다면 "아버지도 완전히 온전하지 못하게 될 것이며, 이 집안도 끝나게 될 것이다"[1887년 7월 2일 의형(義兄) 란차오에게 보내는 편지, H. v. Bismarck, 458]라고 누설했던 적이 있다. 또한 비스마르크 자신도 1891년 10월 다음과 같이 논하고 있다. "만약 그녀가 신의 부름을 받게 된다면, 나는 이 세상에 남고 싶지 않다"(문필가 호이트만과의 대담에서, GW, IX, 150).

비스마르크를 한평생 계속 밑받침해주었던 그녀는 1894년 11월 27일, 향년 70세로 이 세상을 떠났다. 그 시신은 임종을 했던 땅인 바르친에 안치되었다. 그녀를 떠나보낸 직후의 심정을 비스마르크는 누이동생 말비네에게 다음과 같이 토로하고 있다.

나에게 남겨져 있던 것 그것은 요한나이며, 그녀와의 교류, 그녀가 날마다 쾌적하게 보낼 수 있도록 바랐던 것, 그리고 48년간을 돌이켜보면 마음에 넘쳐나는 감사의 마음을 행위로 보이는 것이었다. 하지만 지금은 모든 것이 지루하고 공허하다. …… 민중이 나에게 보내주고 있는 과분한 호의와 칭찬에 대해서 나는 자신이 은혜를 모른다고 매도해버린다. 내가 (은퇴한 이후부터의) 4년 동안에 그것을 기뻐했던 것은 그것을 그녀도 — 나의 적에 대해서는 귀천(貴賤)을 불문하고 분노하면서도 — 기뻐해주었기 때문이었다. 하지만 지금은 그러한 불씨도 서서히 나의 속으로부터 소멸되어가고 있다(1894년 12월 19일, GW, XIV/2, 1017).

요한나를 상실한 이후의 비스마르크는 의기소침해져 프리드리히스루를 떠나는 일도 거의 없었다. 물론 타고난 투쟁심이 완전히 사라졌던 것은 아니지만 (전술한 바처럼 1896년 10월에는 ≪함부르크 소식≫에 재보장 조약의 존재를 폭로하여 카프리비 외교를 통렬하게 비판했던 적이 있었음), 요한나를 상실한 이후부터 임종을 맞이할 때까지의 수년 동안을 지배했던 것은 더 이상 권력에 대한 집착심도 아니었고 정적에 대한 원한도 아니었으며, 회상록에서 보이고 있는 바와 같은 역사적 사실을 왜곡하며 강인하게 행하는 자기 정당화를 제외한다면, 로타르 같이 지적하는 바와 같이 체념이자, 고독감이자, 살아 있는 것에 대한 권태감 쪽이었던 것이다. 원래 건강한 편이 아니었지만, 여기에 이르러 육체적인 쇠락이 단번에 두드러지게 되었다. 신체를 움직일 수 없게 되었던 것도 있어서 혈행 장해(血行障害, 특히 한쪽 다리)가 심해져, 격렬한 통증에 시달리는 일도 있었다.

그리고 임종의 순간이 찾아오게 된다. 1899년 7월 30일 밤, 비스마르크는 이 세상을 떠났다. 향년 83세였다. 그가 임종 시에 했던 말을 둘러싸고는 다양한 말들이 남겨져 있기 때문에 유족 가운데에서도 명확하지 않으며, 선행 연구를 살펴보아도 이것이라고 단정적으로 말할 수 없다. 하지만 (그를 헌신적으로 도와주었기 때문일지는 모르겠지만) 비스마르크가 영면(永眠)하기 전에 감사의 기분을 전했던 상대인 헤르베르트의 부인 마르궤리테에 의하면 "나의 요한나를 다시 만날 수 있도록"(마르궤리테의 일기에 의해, OBS, A-37c)이라는 것이었다. 그의 시신은 프리드리히스루의 부지 내에 안치되었다. 오늘날 그의 묘당(廟堂)에 가면, 그의 관 옆에는 그가 임종 시에 했던 말대로 가장 사랑하는 아내 요한나의 관이 바르친으로부터 옮겨져 그의 옆에 안치되어 있다. 그의 관에는 생전의 그로부터는 상상할 수 없을 정도로 억제되어 있으면서도(아니 어쩌면 이쪽이 솔직한 그의 내면일지도 모르지만), 그의 정치 인생을 단적으로 표현하고 있는 묘비명이 아래와 같이 새겨져 있다.

후작 폰 비스마르크, 1815년 4월 1일 출생, 1898년 7월 30일 사망. 황제 빌헬름 1세의 충실한 한 명의 독일인 신하(Fürst von Bismarck, geb. 1. April 1815, gest. 30. Juli 1898. Ein treuer deutscher Diener Kaiser Wilhelms I.)

카리스마적 존재로: 비스마르크 신화의 탄생

비스마르크가 이 세상을 떠나자, 그의 회상록이 간행되었던 일과도 서로 맞물리며 비스마르크 숭배가 이채롭게도 왕성해지는 기세를 보이게 된다. 하지만 그것은 이미 그의 생전부터 보였던 것이며, 그 자신도 파악하고 있었다(앞에서 소개했던 1894년 12월 19일의 누이동생에게 보내는 서간에 의하면, 그는 이러한 움직임을 반드시 환영하지는 않았던 것으로 보인다). 그러한 최초의 표현은 전술한 바처럼 1890년 3월 29일, 정계를 떠났던 비스마르크가 베를린에서 물러날 때에 보였던 대중의 열광적인 송별 모습이었다.

대중의 비스마르크에 대한 열광은 늙은 재상의 퇴진에 따른 찰나적인 것이 아니었다. 1890년 그의 75세의 생일에는 눈사태와 같은 규모의 축하문이 그가 있는 곳으로 답지했으며 1895년에 80세의 생일을 맞이했을 때에는(제국의회에 의한 비스마르크 축하 결의가 중앙당, 자유사상가당, 사회민주당 등에 의해 부결되었던 적도 있었지만) 일설에 의하면 약 1만 통의 축전, 45만 통이 넘는 카드가 보내져, 프리드리히스루의 우체국이 이 날에 한정하여 직원을 증가시켜 어쨌든 대처하는 모습이었다. 다양한 기관과 단체의 대표단이 연이어서 프리드리히스루를 경의를 표하기 위해 방문했고 약 450개의 도시가 비스마르크를 명예시민으로 선출했다.

비스마르크 사망 이후의 비스마르크 숭배는 전술한 바처럼 이채로운 성황을 보였다. 그가 잠들어 있는 프리드리히스루는 일종의 국민적인 순례지가 되었고 독일의 모든 곳에 그의 이름을 딴 거리와 광장이 나타났으며, 비스마르크의 동상과 기념비가 수많이 만들어지게 되었다.

함부르크의 비스마르크 동상

　비스마르크의 동상이라고 하면 제국의회 의사당 앞에 설치되었던 것(현재는 전승기념탑이 있는 티어가르텐으로 이동되어 만들어짐)으로 대표되었던 것처럼, 어김없이 군복 차림이며, '철혈 재상'을 방불케 하는 무력적(武力的)인 인상을 주었던 것인데, 이것이 20세기 초가 되자, 비스마르크의 동상은 거대해지고 흡사 초인적인 영웅의 모습으로 변용되어간다. 그러한 가장 전형적인 예가 함부르크에 우뚝 서 있는 높이가 약 15m(토대 부분을 포함하면 35m)에나 달하는 중세의 기사를 방불케 하는 거대한 비스마르크 동상이다. 여기까지 이르게 되면, '철혈 재상' 혹은 독일 통일을 향해서 세 차례의 전쟁을 주도했던 그의 모습밖에 상기되지 않으며, 독일 제국의 안전보장을 확보하기 위해 교묘한 외교정책을 전개했던 그의 모습은 살펴볼 수 없다. 그런데 비스마르크 기념비 중에는 그의 동상 외에 탑과 전망대 등도 있으며, 현대적이라고 말하면 듣기에는 좋을

지도 모르지만 해설을 보지 않으면 비스마르크와 결부시키는 것이 어려울 정도의 추상적인 것도 수많이 살펴볼 수 있다.

이와 같은 무력적인 이미지를 전면에 내세웠던 비스마르크 숭배는 1914년에 제1차 세계대전이 발발하자, 전시하의 독일 국민을 단결시키는 역할을 수행하게 된다. 탄생 100주년에 해당하는 1915년에는 무수한 기념행사와 출판물에 의해 비스마르크는 독일의 수호성인으로 간주되었다. 이때 그의 무력적인 이미지는 더욱 전면에 내세워지게 되었으며, 그것은 다음에 보이는 그의 제국의회 연설의 한 문장에 의해 강력하게 뒷받침을 받게 되었다.

우리 독일인은 신을 두려워하지만 그 밖에는 그 어떤 것도 두려워하지 않는다 (1888년 2월 6일 제국의회에서의 연설, GW, XIII, 347).

이 문장의 바로 뒤에 그는 "신에 대한 두려움으로부터 이미 우리는 평화를 사랑하도록 육성되었던 것이다"라고 논하고 있으며, 결코 호전적이며 독선적인 입장을 취했던 것은 아니라는 점(그렇기는커녕 이러한 자세를 거꾸로 경계했음)은 명백하다. 하지만 이러한 평화 지향의, 무력적인 것과는 상반되는 요소가 여기에서는 모두 제거되어버렸다. 과격화된 비스마르크 숭배는 이미 '숭배'라는 말로 뒷마감할 수 없는 차원으로까지 도달했고, 또 한 명의 '비스마르크'를 만들어냈던 것이었다.

이러한 조류는 제1차 세계대전에서 독일이 패배하자 더욱 강화되어, 적극적으로 패전 이후에 독일의 대중에게 받아들여지게 된다. 패전을 초래했던 황제와 정부 수뇌에 대한 비판이 비스마르크를 갈수록 부각시켜, 절대적인 존재로 만드는 데 한몫했던 것이다. 제1차 세계대전 중에 보였던 국민통합 장치로서의 비스마르크는 나치 시대에 이르러서도 유효했다. 제2차 세계대전이 발발하기 직전인 1939년 2월 이제 갓 완성된 전함에 그의 이름을 붙였던 것도 결코 우연이 아니다.

이리하여 비스마르크는 정계를 떠나고 그리고 이 세상을 떠나게 되었을 때에 처음으로 숭배의 대상이 되고, 카리스마적인 존재가 되어 그 이후의 독일에 계속해서 군림했던 것이다. 한스-울리히 베흘러는 비스마르크의 통치 스타일을 막스 베버(Max Weber)에 의한 지배의 세 가지 유형 가운데 하나인 '카리스마적 지배'로서 규정했다. 확실히 비스마르크는 '카리스마적'인 존재로 보아도 좋을 것이다. 하지만 최근의 연구가 밝히고 있는 바와 같이, 그가 카리스마로서 숭배 받았던 것은 그가 정계를 떠났던 1890년 이래의 일이며, 게다가 그 실상과는 크게 동떨어져 있는 것이었다. 여기에서 보이는 카리스마로서의 '비스마르크'는 항상 군복을 착용하고 '철혈 재상'을 방불케 하는 무력적이고 강력한 리더십을 지니고 있으며, 독일 민족주의를 체현하는 천재적인 '정치능력'을 갖고 있는 인물이었다. 그것은 20세기 독일이 거쳤던 격동의 역사가 실로 그렇게 만들어버렸던 것이라고 할 수 있다.

무엇이 비스마르크를 대정치가가 되도록 만들었는가?

반복해서 말하는데, 위와 같은 비스마르크 상(像)은 우리에게도 익숙해 있을지도 모르지만, 이미 살펴보았던 것처럼 그 실상과는 다소 차이가 있다.

그는 이제까지 계승되어왔던 전통적인 권익에 집착하는 태생적으로 프로이센 융커로서, 독일 민족주의로부터는 본래 동떨어져 있던 인물이었다. 프로이센 군주주의를 신봉하고, 프로이센을 자신과 일치시켜 대국으로서의 프로이센의 국익을 추구함으로써 자신의 권익을 지키고자 했던 것이다. 생각하지 못했던 형태로 독일 제국을 창건했던 이후에도 그는 이러한 자세를 굽히는 일이 없었다. 자신에게 편리한 좋은 통치 시스템을 구축함으로써 자기의 권익과 권력을 유지하고자 했던 것이다.

확실히 비스마르크는 '철혈 연설'에 입각해서 나아가는 것처럼 세 차례의 전쟁을 주도했다. 하지만 그는 최초부터 전쟁을 지향했던 것은 아니며, 정세의 변화를 교묘하게 이용하여 자신과 프로이센을 둘러싼 어려운 상황을 타개하는 하나의 선택지로서 전쟁이 계속되었던 것에 불과하다. 통일전쟁 시기를 또한 포함하여 그의 일련의 외교 정책을 진지하게 살펴본다면, 그를 일컬어 무력적이었다고 결론짓는 일은 도저히 불가능하다. 거기에 내정과 외교의 그 어떤 측면을 보더라도 그가 애당초 생각했던 대로 실현해냈던 것은 아니다.

이와 같은 관점으로부터 본다면, 비스마르크라는 인물은 자기 자신을 국가와 동일시할 정도로 자존심이 강하고 자신의 권익에 고집하는 저속한 정치가처럼 간주하게 되어버린다. 하지만 그럼에도 역시 비스마르크는 19세기 최대의 독일 정치가인 것이다. 그를 ― 당시의 시대조류를 감안하여 시대에 뒤처진 단순한 농촌 융커 출신의 정치가로 끝나지 않도록 ― 그렇게 만들었던 것은 다음과 두 가지의 요소가 있었기 때문이라고 여겨진다.

첫째는 그의 정치 수법이다. 그는 19세기 전반기의 보수 반동적인 풍조 아래에서 의회, 신문, 협회 등의 근대적인 수법을 교묘하게 이용해서 두각을 드러냈다. 게다가 오스트리아와 대립을 할 때에 그는 북독일에서의 프로이센의 패권을 확립하기 위해서 본래라면 자신의 대척점에 위치해 있던 독일 민족주의마저 목적을 달성하기 위해서 도구로서 이용했다. 북독일 연방, 나아가서는 독일 제국 창건 때에서는 스스로 헌법을 작성해서 입헌주의를 자신에게 편리하고 좋은 형태로 만들어냈다. 또한 제정 시기에 있어서는 유럽에서의 새로운 세력균형을 유지하기 위해서 열강이 갖고 있던 제국주의적인 식민지 획득의 욕구마저 이용하고자 했던 것이다.

이러한 것은 모두 다 비스마르크의 정치적 입장과 완전히 합치되는 것이 아니다. 그럼에도 그는 마키아벨리아적으로 이러한 것을 주저하는 일 없이 이용했던 것이다. 하지만 민족주의이든 제국주의이든 아니면 저널리즘을 통한 여론에 대한 압박이든, 그가 이용하고자 했던 것은 모두 그 자신의 의도대로 움직이는 것은 아니었으며 거꾸로 그것에 자기 자신이 휘둘려지게 되어버리는 전개가 되었던 일도 있었다. 그 꼴은 독일의 문호 괴테의 유명한 패러디에 등장하는 것과 같은, 스스로 마법을 걸었던 것은 좋았지만, 그 마법을 푸는 방법을 알지 못하기 때문에 감당할 수 없는 상황에 빠져버렸던 '마법사의 제자'로 평가받을 정도이다. 그의 혁신적인 정치 수법은 새로운 가능성을 만들어내는 것과 동시에, 자신이 감당할 수 없는 것을 유발시킨다는 의미에서 대단히 위험한 것이기도 했다.

비스마르크를 대정치가답게 만들었던 또 하나의 요소는 갑작스럽게 엄습해온 상황의 변화에 민감하게 반응하며 대처할 수 있는 뛰어난 정치적 반사신경이라고 할 수 있는, 그가 상황의 변화를 대단히 대담하게 이용하는 술책에 장점을 갖고 있었다는 점이다. 그것은 시간을 걸쳐서 습득하여 연마되었던 것과 같은 거물이 아니라 어쨌든 천성의 소질이라고 말할 수 있는 것이라고 해도 좋을 것이다. 비스마르크 자신도 다음과 같이 논하고 있다.

> 정치란 가능성이 교시(教示)하는 것이다(1867년 8월 11일의 저널리스트 프리드만 마이어와의 대담 중에서, GW, VII, 222).

> 정치란 대학의 선생들이 뽐내고 있는 것과 같은 학문이 아니라 실로 술책인 것이다(1848년 3월 15일 제국의회에서의 연설, GW, XII, 420).

> 정치란 학문이 아니라 술책이며, 가르쳐줄 수 있는 것이 아니며 태생적으로 지니고 있는 재능이지 않으면 안 된다(1897년 여름의 대담 중에서, Poschinger, II, 306).

여기에서 말하는 상황의 변화라는 것의 대부분은 비스마르크가 스스로 일으켰던 것은 아니다(자신이 유발했던 변화는 그 대부분이 상정했던 것과는 반대로 마이너스의 결과로 끝나기 일쑤였다). 바로 그렇기 때문에 조건반사적으로 그가 구사했던 술책이 얼마나 뛰어났는가를 엿볼 수 있으며, 실로 그러한 의미에서 비스마르크는 '정치적 천재'였던 것이다.*

비스마르크가 성취했던 것은 결국 길게 지속되지 못했고 20세기에 독일이 거쳤던 격동의 역사 속에서 사라져버렸다. 그것을 어떻게 평가할 것인가를 둘러싸고는 다양한 의견이 있을 수 있겠지만, 비스마르크가 이 세상을 떠난 지 수십 년 이후에 발생해버렸던 역사적 사건·현상의 결정적인 원인을 그에게서 찾는 것은 다소 무리한 것이 아닐까? 역사적으로 볼 때, 그가 성취했던 것이 자신의 목표와 어느 정도 합치했는가, 그것이 크게 변화하고 있었던 당시의 시대조류에 어느 정도 합치했는가, 과연 그것은 길게 지속될 수 있는 것이었는가에 대해서는 의견이 나뉠 수 있을지도 모르지만, 비스마르크라는 정치가가 독일 제국을 건국하고, 독일을 중심으로 했던 국제질서를 만들어내며 독일과 유럽에서 한 시대를 구축했다는 사실에는 변함이 없는 것이다.**

---

* 비스마르크는 '정치적 천재'였을 뿐만 아니라 '외교적 천재'이기도 했다는 평가를 받고 있다. 이와 관련해서는 다음을 참조하기 바란다. 時野谷常三郎, 『ビスマルクの外交』(大八洲出版, 1945); 鹿島守之助, 『ビスマルクの外交政策』(鹿島研究所, 1958); 前田靖一, 『鮮烈·ビスマルク革命: 構造改革の先駆者/外交の魔術師』(彩流社, 2009); 神野正史, 『世界史劇場 天才ビスマルクの策謀』(ベレ出版, 2020); 伊藤貫, 『歴史に残る外交三賢人: ビスマルク, タレーラン, ドゴール』(中央公論新社, 2020). _옮긴이 주

** 비스마르크의 정치외교술에 대한 최근 연구로는 다음을 참조하기 바란다. Otto Pflanze, *Bismarck and the Development of Germany: The Period of Unification, 1815-1871* (Princeton University Press, 2020); W. M. Simon, *Germany in the Age of Bismarck* (Routledge, 2021); John Hubert Greusel, *Blood And Iron: Origin Of German Empire As Revealed By Character Of Its Founder, Bismarck* (Lector House, 2021); Volker Ullrich, *Bismarck: The Iron Chancellor* (Haus Publishing, 2022); J. C. G. Rohl, *Germany without Bismarck: The Crisis of Government in the Second Reich, 1890-1900* (University of California Press, 2022). _옮긴이 주

지은이 후기

　비스마르크 탄생 200주년을 3년 앞둔 2012년 1월 말, 기억하고 있는 이도 있을지 모르지만, 하나의 뉴스가 세계를 놀라게 만들어 이 책의 주인공인 비스마르크가 일약 각광을 받게 되었다. 즉, 비스마르크의 육성을 녹음했던 것이 미국에서 '재발견'되었던 것이다.

　사건의 경위는 다음과 같다. 미국의 발명왕 토머스 에디슨 아래에서 일했던 테오도르 방게만(Theodor Wangemann)은 1889년 에디슨이 발명한 축음기를 실연(實演)하고자 유럽으로 갔다. 그때 그는 저명한 인사의 육성을 정력적으로 녹음하고 돌아왔으며, 10월 7일에는 프리드리히스루를 방문하여 비스마르크의 육성을 녹음했던 것이다. 하지만 그 사실은 시간이 경과함에 따라 사람들의 기억으로부터 엷어지게 되어, 망각의 피안에 놓여버렸다. 일부 보도에 의하면, 1957년에는 그 소재가 확인되었던 듯한데, 나아가 그 이후 약 50년이 지나게 되어 이리하여 결국 '재발견'에 이르게 되었던 것이다. 지금은 이 뉴스를 순식간에 전 세계로 전했던 인터넷 사이트에서 그의 육성을 들을 수 있다.

　실제로 들어보았다. 약 1분 정도의 녹음으로 잡음이 심해서 잘 들을 수 없는 부분도 있다. 전반에 그는 〈마르세유 행진곡(La Marseillaise)〉을 비롯해 몇 가지 노래의 가사를 읊조리고 후반에서는 아들을 위한 조언을 남기고 있다. 놀라운 것은 그가 했던 조언의 내용도 물론이거니와〔업무이든 음식이든 어떤 일이든 정도껏 하라고 했지만 의사의 충고도 듣지 않고 폭음·폭식의 끝장을 보여준 인물이 행한 발언이라고는 생각되지 않는다. 다만 의외로 이것이 그의 꾸미지 않은 본심일지도 모른다), 그의 목소리의 '높음'이었다.

이제까지의 연구에 의하면, 비스마르크의 목소리는 가늘고 날카로우며 남성의 가성에 가까운 높이였던 것으로 간주되어왔다. 그런데 실제로 들어보니 이것이 외의로 높지 않다는 것이다. 물론 목소리의 높고 낮음의 판단에는 개인차이가 있기 때문에 일률적으로 결정할 수는 없겠지만 그럼에도 남성의 가성이라고 할 수 있는 높이는 아니었다. 이 '재발견'은 종래의 비스마르크 이미지를 뒤엎기에 충분한 것이었다고 할 수 있다.

이러한 에피소드가 이야기해주고 있는 바와 같이, 기존에 우리가 갖고 있었던 비스마르크의 이미지는 반드시 사실이라고 한정할 수 없다. 경우에 따라서는 '비스마르크 신화'에 의해 만들어져 증폭된 것이 있을 가능성이 있다는 점은 이미 이 책에서 지적했던바 대로이다.

그렇다면 비스마르크란 실제로 도대체 어떠한 인물이었던 것일까? 이 책에서는 한 시기에 그랬던 것처럼 그를 변호하고 현저하게 찬양하는 것도 하지 않는다면, 쓸데없이 비판하며 탄핵하는 것도 하지 않고, 최신의 연구 성과에 입각하면서 1차 사료에 토대를 두고 실증적이면서 공평하게 논하면서 그의 실상 혹은 등신대의 생생한 모습을 묘사하고자 노력해왔다. 비스마르크의 탈신화화를 지향하며 기본 사항으로 간주되었던 것을 다시 조사하고 나아가서는 탄생지 쇤하우젠, 바르친의 구저택, 그리고 마지막 노년 시기를 보낸 곳인 프리드리히스루에 직접 가서 자신의 눈으로 확인하기도 했다.

그 결과, 이 책이 도달한 비스마르크의 이미지는 모두에서 제시했던 수많이 존재하는 비스마르크를 형용하는 표현들 중의 어떤 특정한 것에 그의 인물상을 집약할 수 있는 것이 아니었다. 그 몇 가지를 물리치는 것은 가능했을지도 모르지만, 어떤 한 가지로 집약될 수 있을 정도로 그의 생애와 업적은 단순하지 않기 때문이다. 이 책을 집필하며 그리고 일단 부제(副題)를 붙이고자 했을 때, 재차 이것을 통감했다. 독일의 역사가 토마스 니퍼다이(Thomas Nipperdey)에 의하면, 인간이 선인과 악인으로 양분될 수 없는 것처럼 역사의 기본적인 색채는 흑색과 백색이 아니라 회색이며, 무한한 음영을 지닌 회색이라고 한다.

그것과 연계하여 비유적으로 말하자면, 이 책이 제시한 비스마르크의 이미지는 '전통'과 '혁신'이라는 두 가지의 요소가 융합된 것이며 그 음영 속에서 비로소 파악할 수 있는 것이었다고 할 수 있다. 그가 내포하는 전통적 요소와 혁신적 요소는 당시의 시대 상황에서는 상반되는 것이었다. 그렇지만 그것이 '외부로부터의 자극'을 받아서 교묘한 술책으로 정합되었을 때, 그는 정치적인 위업을 성취할 수 있었다. 그 술책의 근사함 자체가 비스마르크를 대정치가로 일컬어지도록 만든 것이라고 할 수 있다.

이 책을 담당해주신 주코신서(中公新書) 편집부의 다나카 마사토시(田中正敏) 씨로부터는 평소에 이 책은 전문가를 위한 것이 아니라 일반의, 그야말로 이 책을 통해서 비스마르크를 처음으로 알게 되는 것인지도 모르는 독자를 향해서 집필해주기를 바란다고 대단히 주의를 받았는데 물론 그 '규칙'은 지킬 생각이었다. 하지만 개인적으로는 바로 이 책을 통해서 처음으로 비스마르크를 알게 되는 일반 독자이기 때문에 참신함이나 기발함을 추구하지 않고 건실하고 제대로 전하지 않으면 안 된다는 생각이 강해졌고, 도리어 복잡한 양상이 되어버렸을지도 모른다. 지금은 다만 이 책을 통해서 비스마르크라는 인물의 생생한 일면, 혹은 그 실상의 일단이라도 독자에게 전해져, 그때까지 갖고 있었던 비스마르크의 이미지를 업데이트하는 것이 가능할 수 있었으면 하는 바람이다.

어쨌든 비스마르크 탄생 200주년에 해당하는 2015년에 이와 같은 형태로 비스마르크의 평전을 낼 수 있었던 것은 이제까지 비스마르크 연구 오직 하나만을 행해왔던 사람으로서는 더 이상 바랄 수 없는 매우 다행스러운 일이었다. 이 책이 완성되기까지에는 국내외의 수많은 분들에게 신세를 졌다. 모든 분들의 이름을 기록하는 것은 지면의 관계로 불가능하지만 그중에서도 이 책의 창시자에 해당하는 세 분들, 즉 이 책의 초교를 수차례나 읽어주시고 세세하고 정성껏 지도해주셨던 저자의 은사인 와세다대학 오우치 고이치(大內宏一) 선생님, 이 책의 집필의 계기를 제공해주신 앞에선 언급한 주코신서 편집부의 다나카 씨를 소개해주셨던 간토가쿠인대학(關東學院大學) 기미즈카 나오타카(君塚直隆) 선생님, 그리고 분주한 일상 속에서도 저자를 '비스마르크의 세계'로 이끌어주시고 질책하며 격려해주셨던 다나카 마사토시 씨의 이름을 적어두고자 한다. 마음으로부터 깊은 감사의 말씀을 전해드린다.

이 책의 관점이 되고 있는 '전통'과 '혁신'에 관해서는 세이케이대학(成蹊大學) 이타바시 다쿠미(板橋拓己) 선생님이 연구 대표로 이끌었던 과학연구비 보조금의 연구회 〈독일 외교사의 재검토: '전통'과 '혁신'의 시각으로부터〉로부터 차용한 것이다. 여기에서의 토론으로부터 다양한 시사점을 얻을 수가 있었다.

비스마르크 재단(Otto-von-Bismarck-Stiftung)의 이사로서 필자가 본 대학(Bonn University)에서 유학하던 시절의 은사이기도 한 울리히 라펜퀴퍼(Ulrich Lappenküper) 교수에게는 프리드리히스루에서의 사료 조사를 위시해 이 책을 집필하는 데에 엄청난 신세를 졌다. 비스마르크의 탄생지인 쇤하우젠을 방문했을 때에는 같은 비스마르크 재단의 안드레아 호프(Andrea Hopp) 박사에게 폴란드의 바르치노(Warcino, 독일어: Varzin)에 있는 구(舊)비스마르크 저택〔현재는 임업학교(Technikum Leśne w Warcinie)의 교사(校舍)로서 사용되고 있음〕을 방문했을 때에는 교장 피오트르 만카(Piotr Mańka) 선생님으로부터 여러 가지 안내를 받는 등 엄청난 신세를 졌다. 여기에서 깊은 감사의 말씀을 전해드리고자 한다. 또한 만카 선생님에 대해서는 2014년 9월에 타계하신 것을 여기에서 마음으로부터 애도의 뜻을 표해두고자 한다.

독일 외교 사료의 열람 및 복사 등에 관해서는 독일 외교부 문서관의 게르하르트 카이퍼(Gerhard Keiper) 박사에게 신세를 졌다. 문서관 직원 분들에게도 감사의 말씀을 전해드린다.

그리고 마지막으로 필자의 연구 활동을 항상 밑받침해주고 있는 아내를 비롯한 가족에게도 감사를 전하고자 한다.

2015년 1월 비스마르크 탄생 200주년의 연초에

이이다 요스케

옮긴이 후기

"독일에서의 프로이센의 지위는 프로이센의 자유주의가 아닌
프로이센의 힘(Macht)에 의해 결정될 것이다"

"중요한 것은 역사를 쓰는 것이 아니라, 역사를 만드는 것이다"
_ 오토 폰 비스마르크

1890년 3월 29일, 독일 제국의 재상에서 물러나며 베를린을 떠나려는 비스마르크를 베를린 역에서 송별하기 위해 수많은 대중이 몰려들었습니다. 그들은 비스마르크의 위대한 업적을 칭송하며 " …… 방어와 공격의 정신으로 / 형제처럼 서로 함께 단결하면 …… 독일, 모든 것 위에 군림하는 독일 / 세상에서 가장 위대한 독일!"이라는 〈독일의 노래(Deutschlandlied)〉를 부르고, " …… 수백 수천의 사람들이 꿈틀대고 / 모든 이들의 눈이 밝게 빛난다 / 독일의 정직과 경건함과 힘으로 / 성스러운 국경을 수호하네 ……"라며 〈라인 강의 파수꾼 (Die Wacht am Rhein)〉을 존경과 감사의 마음을 담아 열정적으로 함께 제창했습니다.

비스마르크에 대한 역사적 평가는 그의 생전은 물론 사후에도 매우 다양하

게 이루어지고 있습니다. 우선 비스마르크는 19세기 유럽을 대표하는 대(大) 정치가로서 세 차례에 걸친 독일 통일전쟁에서 승리를 이루어내고 1871년 독일 제국의 창건을 이룩한 불세출의 '철혈 재상'이자 '영웅'으로 평가받기도 합니다. 한편 그는 비타협적인 정치적 입장과 저돌적인 정책 추진 등으로 인해 '백색 혁명가', '히틀러의 선구자' 등의 부정적인 인물로 간주되기도 합니다. 또한 비스마르크는 유럽에서 역동적인 동맹 시스템을 구축했던 치밀한 외교적 수완을 전개하여 '성실한 중매인'으로 회자되기도 하며, 보통선거를 실시하고 사회보험 제도를 도입함으로써 근대 복지국가의 탄생에 토대를 닦은 것으로도 평가받고 있습니다.

비스마르크는 "창조는 투쟁에 의해 생긴다. 투쟁 없는 곳에 인생은 없다", "운명에 부닥치는 사람에게는 운명이 길을 비킨다", "정치란 가능성·실현성의 예술이며, 차선(次善)의 예술이다"라는 명언을 남겼습니다. 그에게 있어서 삶은 투쟁이었고, 투쟁은 운명이었으며, 그 운명은 가능성의 예술로 승화되었다고 할 수 있습니다. 또한 불굴의 인내심과 성실함을 견지했던 비스마르크는 프랑크푸르트에서 그의 아내에게 보내는 편지에서 "나는 아무런 말도 하지 않기 위해 많은 단어들을 사용하는 예술에 있어서 신속한 발전을 해내고 있답니다"라고 했는데, 이것은 "만약 당신이 세상을 속이고 싶다면, 진실을 말하라"라고 했던 그의 말과 역설적으로 일맥상통하는 바가 있습니다.

이러한 맥락 아래에서 이 책은 전통과 혁신 사이에서 거시적인 청사진을 그려냈던 혁명적 보수주의자(revolutionary conservative)로서의 측면을 포함해, 다면적인 면모를 지닌 비스마르크에 대해 가장 최근의 연구 성과를 반영하고 있는 매우 높은 수준의 입문서이자 학술서라고 할 수 있습니다. 특히 미국과 영국 등에서 이루어지고 있는 기존의 비스마르크 연구가 인종적·문화적 편견에 치우칠 수 있는 단점이 상존하고 있는 가운데, 이 책의 저자가 미국과 영국의 연구 성과를 흡수하는 것은 물론 독일과 일본에서의 비스마르크 연구를 집대성하고 있는 근현대 독일 외교사 전문가라는 점은 커다란 차별성이라고 할 수 있습니다.

아울러 이 책의 저자가 비스마르크에 대한 포괄적인 문헌 연구를 수행하여 이를 반영하고 있을 뿐만 아니라, 독일 외교부의 문서관은 물론 비스마르크가 출생한 곳과 노년 시기를 보냈던 독일 현지 장소를 직접 방문하여 관련 자료를 눈으로 확인하며 집필했기 때문에, 각 시기별 비스마르크의 모습이 역동적이며 생동감 있게 묘사되고 있습니다.

이번에 이 책을 옮기면서 세 가지 측면을 중시했습니다. 우선 첫째, 일반 독자 분들께서 쉽게 이해할 수 있도록 생소한 용어와 인물에 대해서는 원문에 독일어 및 영어 표기를 부기했습니다. 둘째, 비스마르크와 관련하여 좀 더 설명이 필요한 주요 인물 또는 사건에 대해서 '옮긴이 주'를 넣어 부연 설명을 했습니다. 셋째, 이 책의 참고문헌 표기와 관련하여 독일어 및 영어 문헌의 경우에는 저자의 표기 방식을 그대로 준용하여 효율성을 극대화하고자 했습니다.

무엇보다 어려운 여건 속에서도 이 책이 세상에 나올 수 있도록 물심양면으로 지원해주신 한울엠플러스(주)의 김종수 사장님, 신속한 출간을 위한 제반 작업에 모든 노력을 다해주신 기획실과 편집부의 모든 분에게 진심으로 감사의 말씀을 전해드리고자 합니다. 모쪼록 이 책을 통해 독자 분들께서 분열과 대립으로 점철되었던 과거의 역사를 통합하고 '비움과 채움의 균형'이 조화를 이루는 대전략(大戰略)을 실행하며 강력한 독일 제국을 구축하기 위해 노력했던 비스마르크의 모습을 심층적으로 파악함으로써, 인류 전체의 번영에 이바지하고 세계 전체의 이익에 기여하는 미래의 역동적인 '한반도 시대'를 조망하고 대비하는 데 조금이라도 도움이 될 수 있기를 진심으로 바랍니다.

2022년 6월

이용빈

비스마르크 연보

1815.4.1.	쇤하우젠에서 탄생(아버지 페르디난트와 어머니 빌헬미네의 사남으로서)
1816.	일가와 함께 크나이프호프로 이동
1822.1.	베를린의 브라만 기숙학교에 입학
1827.9.	프리드리히 빌헬름 김나지움 입학
1830.	그라우엔 클로스터 김나지움으로 전학
1832.5.	괴팅겐대학 입학
1833.9.	베를린대학으로 전학
1835.5.22.	제1차 국가시험 수험 → 합격, 베를린 재판소에서 근무
1836.6.30.	제2차 국가시험 수험 → 합격, 아헨의 정부 관청에서 근무
1837.9.	포츠담의 정부 관청으로 전근
1838.3.	1년간 지원병으로 근무(~1839.)
1839.	융커로 진로를 바꿈
1846.12.2.	'엘베 강' 제방 감독
1847.1.12.	요한나 폰 푸트카머와 혼약
5.	프로이센 연합 주의회 의원에 보궐 선출
7.28.	요한나 폰 푸트카머와 결혼
1848.3.18.	베를린에서 3월 혁명 발발
8.18~19.	'융커 의회' 개최
8.21.	장녀 마리 출생
1849.2.	프로이센 하원의원(~1851.5.)
12.28.	장남 헤르베르트 출생
1850.3.~4.	에르푸르트 '연합' 의회 의원
12.3.	프로이센 하원에서 '올뮈츠 연설'
1851.5.8.	독일 연방 의회 프로이센 대표로 취임 → 7월 정식으로 공사로 취임

1852.8.1.	차남 빌헬름 출생
1853.10.	러시아와 오스만 제국이 교전 → 크리미아 전쟁으로 발전
1854.4.25.	프로이센 추밀고문관에 선출
1855.	프로이센 상원 의원에 선출
1856.3.30.	(크리미아 전쟁) 파리조약 체결
1856.4.26.	'대보고서' 작성
1858.10.7.	왕제 빌헬름 섭정 취임('신시대' 도래)
1859.1.29.	베텔부르크 주재 공사로 전임
4.	이탈리아 통일전쟁 발발
1861.1.2.	프리드리히 빌헬름 4세 사망 → 빌헬름 1세 즉위
1862.5.22.	파리 주재 공사로 전임
9.23.	잠정 총리 취임 → 10.8. 총리 겸 외교장관으로 정식 취임
9.30.	프로이센 하원 예산위원회에서의 '철혈 연설'
1863.2.8.	아벤슐레벤 협정
6.1.	'출판령' 제정
8.	오스트리아로부터의 '제후 의회' 초청을 둘러싼 대응
1864.2.1.	덴마크 전쟁 발발
8.1.	(덴마크 전쟁) 비엔나 사전 강화조약 체결
10.30.	비엔나 강화조약 체결
1865.8.14.	가스타인 협정 체결
9.15.	백작에 서훈됨
10.	나폴레옹 3세와 비아리츠에서 회담
1866.5.7.	페르디난트 코헨블린트에 의한 습격 사건
6.	프로이센·오스트리아 전쟁 발발
7.3.	(프로이센·오스트리아 전쟁) 쾨니히그레츠 전쟁
7.26.	(프로이센·오스트리아 전쟁) 니콜스부르크 사전 강화조약 체결
8.23.	(프로이센·오스트리아 전쟁) 프라하 조약 체결
9.3.	프로이센 하원에서 '사후 승낙법' 가결
9.7.	프로이센 하원에서 '병합법' 가결

1867.3월 말~	룩셈부르크 위기
4.16.	북독일 연방 헌법 성립
4.23.	은사금으로 바르친을 구입
5.7.	런던 회의 → 룩셈부르크 위기 종식
7.14.	북독일 연방 재상에 취임
1868.2.	독일 관세동맹 의회 선거
1870.6.	스페인 왕위 계승 문제로 호엔촐레른지그마링겐 가문 출신의 세자 레오폴 트가 왕위 수락을 표명 → 7.6. 프랑스가 맹렬하게 항의
7.13.	'엠스 전보'
7.19.	독일·프랑스 전쟁 발발
9.2.	스당 전투에서 나폴레옹 3세 항복
11.	남독일 제방이 북독일 연방에 가맹
1871.1.18.	베르사유 궁전에서의 독일 황제 즉위 선언식
2.26.	(독일·프랑스 전쟁) 베르사유 사전 강화조약 체결
3.21.	후작에 서훈됨
4.16.	독일 제국 헌법 성립
5.4.	독일 제국 재상에 취임
5.10.	(독일·프랑스 전쟁) 프랑크푸르트 강화조약 체결
6.24.	프리드리히스루를 포상으로서 수여받음
1872.	'문화투쟁' 본격화
12.21.	프로이센 총리 퇴진 → 알브레히트 폰 론이 총리에 취임
1873.5.11.~14.	프로이센 5월 제법(諸法) 성립
10.22.	3제 협정 성립
11.19.	프로이센 총리에 다시 취임
1874.4.20.	제국의회에서 7년제 군사 예산 성립
1875.4~5.	'눈앞의 전쟁' 위기
1878.5.11.	에밀 회델에 의한 빌헬름 1세 암살 미수 사건
6.2.	카를 노빌링에 의한 빌헬름 1세 암살 미수 사건 → 제국의회 해산
6.13.	베를린 회의 개막(~7.13.)

10.21.	사회주의자 진압법 성립
1879.7.12.	보호관세법 성립
10.7.	독일·오스트리아 동맹 조약 체결
1880.8.23.	프로이센 상무상 겸임
1881.6.18.	제2차 3제 협정 체결
1882.5.20.	독일·오스트리아·이탈리아 삼국 동맹 조약 체결
1883.6.15.	질병보험법 성립
10.30.	독일·오스트리아·루마니아 삼국 동맹 성립
1884.4.24.	식민지 정책에 착수(~1885.)
7.6.	산재보험법 성립
11.15.	베를린·콩고 회의(~1885.2.26.)
1887.1.14.	제국의회 해산 → 총선거(2월 하순) 카르텔 3당 승리
2.12.	영국·이탈리아 지중해 협정 성립(3.24. 오스트리아 가맹)
6.18.	독일·러시아 재보장 조약 체결
11.10.	롬바르드 금지령 포고
12.12., 16.	제2차 지중해 협정 성립
1888.3.9.	프리드리히 1세 사망 → 프리드리히 3세 즉위
6.15.	프리드리히 3세 사망 → 빌헬름 2세 즉위
1889.6.22.	'노령폐질(老齡廢疾)보험법' 성립
1890.2.20.	제국의회 총선거 → 카르텔 3당 패배
3.18.	사표 제출(3.20. 수리됨)
3.20.	'라벤부르크 공작'의 칭호와 '원수 권한부 기병 상급대장'을 수여받음
1891.4.30.	제국의회 의원(~1893.6.)
1892.6.	헤르베르트의 결혼식에 참석하기 위해 비엔나 방문
1894.1.	빌헬름 2세와의 '화해'
1894.11.27.	아내 요한나 사망
1898.7.30.	프리드리히스루에서 서거(향년 83세)

참고문헌

문서관 사료

Otto-von-Bismark-Stiftung, Friedrichsruh (비스마르크 재단, 이 책에서는 *OBS*로 약칭함)

Politisches Archiv des Auswärtigen Amtes, Berlin (독일 외교부 문서관, 이 책에서는 *PA-AA*로 약칭함)

비스마르크에 관한 간행 사료집

Bismark, Otto von, *Gedanken und Erinnerugen*, 3 Bde., Stuttgart: J. G. Cotta 1898/1921 (회상록은 아래의 *GW*의 제15권, *GW-NFA*의 제4부에 수록됨). 定金右源二 譯, 『政局は斯しくて動く』(大日本文明協會, 1924), 일본어역은 제3권만 되어 있음.

Bismark, Otto von, *Die gesammelten Werke*, bearb. von Herman von Petersdorff et al., 15 (in 19) Bde., Berlin: O. Stollberg 1924-35 (이 책에서는 *GW*로 약칭함)

Bismark, Otto von, *Gesammelten Werke. Neue Friedrichsruher Ausgabe*, hrsg. von Holger Afflerbach et al., Paderborn/München/Wien/Zürich: F. Schöningh 2004- (2015년 1월 현재 제3부 7권과 제4부 1권이 앞서서 간행 중이며, 이 책에서는 *GW-NFA*로 약칭함)

Bismark, Otto von, *Werke in Auswahl*, hrsg. von Gustav Adolf Rein et al., 8 (in 9) Bde., Darmstadt: Wissenschaftliche Buchgesellschaft 1962-83.

Poschinger, Heinrich von (Hrsg.), *Fürst Bismark. Neue Tischgespräche und Interviews*, 2 Bde., Stuttgart/Leipzig/Berlin/Wien: Deutsche Verlags-Anstalt, 1895.

정부기관 간행 사료집

Die auswärtige Politik Preußens 1858-1871. Diplomatische Aktenstücke, hrsg. von der HIstorischen Reichskommission unter Leitung von Erich Brandernburg et al., Oldenburg: G. Stalling 1932- (전체 12권 중에 제11권과 제12권은 아직 미간행됨. 제7권은 Berlin: Duncker & Humbolt에 의해 2008년에 간행됨. 이 책에서는 APP로 약

칭함)

Die Große Politik der europäischen Kabinette 1871-1914. Sammlung der diplomatischen Akten des Auswärtgen Amtes, hrsg. von Johannes Lepsius et al., 40 (in 54) Bde., Berlin: Deutsche Verlagsgesellschaft für Politik und Geschichte 1922-27.

주변 인물의 일기, 편지, 회상록 등

Bismarck, Herbert von, *Staatssekretär Graf Herbert von Bismarck. Aus seiner politischen Privatkorrespondenz,* hrsg. von Walter Bußmann, Göttingen: Vandenhoeck & Ruprecht 1964.

Gerlach, Leopold von, Briefe des Generals Leopold von Gerlach an Otto von Bismarck, hrsg. von Horst Kohl, Stuttgart/Berlin: J. G. Cotta'sche Buchhandlung Nachfolger 1912.

Hofmann, Hermann, Fürst Bismarck 1890-1898, 3 Bde., Stuttagart/Berlin/Leipzig: Union Deutsche Verlagsgesellschaft 1913-14.

Keudell, Robert von, *Fürst und Fürstin Bismarck. Erinnerungen aus den Jaren 1846 bis 1872,* Berlin/Stuttgart: W. Sepmann 1901.

Motley, John Lothrop, *Morton's Hope, or the Memoirs of a Provincial,* 2 vol., New York: Harper & Brothers 1839.

Saburov, Petr A., *The Saburov Memoirs, or Bismarck & Russia Being Fresh Light on the League of the Three Emperors 1881,* ed., by J. Y. Simpson, Cambridge: Cambridge University Press 1929.

비스마르크 관련 주요 평전

Engelberg, Ernst, *Bismarck,* 2 Bde., Berlin: Siedler 1985/90. 野村美紀子 譯, 『ビスマルク : 生のプロイセン人・帝國創建の父』(海鳴社, 1997) 일본어역은 제1권만 되어 있음.

Engelberg, Ernst, *Bismarck. Sturm über Europa,* hrsg. und bearb. von Achim Engelberg, Berlin/München: Siedler 2014.

Eyck, Eirch, *Bismarck. Leben und Werk,* 3 Bde., Erlenbach/Zürich: Eugen Rentsch

1941-44. 救仁郷繁 外 譯,『ビスマルク傳』全8巻(ぺりかん社, 1993-99).

Feuchtwanger, Edgar, *Bismarck. A political history*, London/New York: Routledge 2014. Gall, Lothar, *Bismarck. Der weiße Revolutionär*, Frankfurt(M)/Berlin/Wien: Propyläen 1980. 大内宏一 譯,『ビスマルク:白色革命家』(創文社, 1988).

Hillgruber, Andreas, *Otto von Bismarck. Gründer der europäischen Großmacht Deutsches Reich*, Göttingen/Zürich/Frankfurt(M): Musterschmidt 1978.

Kolb, Eberhard, *Bismarck*, München: C. H. Beck 2009.

Krochkow, Christian Graf von, *Bismarck. Eine Biographie*, München: Deutscher Taschenbuch Verlag 2000.

Marcks, Erich, *Bismarck. Eine Biographie 1815-1851*, Stuttgart/Berlin: Deutsche Verlags-Anstalt 1939.

Meyer, Arnold Oskar, *Bismarck. Der Mensch und der Staatsmann*, Stuttgart: K. F. Koehler 1949.

Mommsen, Wilhelm, *Bismarck. Ein politisches Lebensbild*, München: F. Bruckmann 1959.

Palmer, Alan, *Otto von Bismarck. Eine Biographie*, Düsseldort: Classen 1976 (Original: *Bismarck*, London: Weidenfeld &Nicolson 1976).

Pflanze, Otto, *Bismarck and the Development of Germany*, 3 vols., Princeton (NJ): Princeton University Press, 1990.

Richter, Werner, *Bismarck*, Frankfurt(M): S. Fischer 1962.

Schmidt, Rainer, *Otto von Bismarck (1815-1898). Realpolitik und Revolution*, Stuttgart: W. Kohlhammer 2004.

Steinberg, Jonathan, *Bismarck. A Life*, Oxford/New York: Oxford University Press 2011. 小原淳 譯,『ビスマルク』全2巻(白水社, 2013).

Taylor, A. J. P., *Bismarck. The Man and the Statesman*, London: Hamilton 1955.

Ullrich, Volker, *Otto von Bismarck*, Reinbek bei Hamburg: Rowohlt 2008.

Waller, Bruce, *Bismarck*, Oxford/Malden(MA): Blackwell 1997.

大内宏一. 2013.『ビスマルク:ドイツ帝國の建國者』世界史リブレット人シリズ, 山川出版社.

加納邦光. 2001.『ビスマルク』, 清水書院.

信夫淳平. 1932.『ビスマルク傳』, 改造社.

鶴見祐輔. 1935.『ビスマーク』, 大日本雄弁會講談社.

유럽어 문헌

Althammer, Beate, *Das Bismarckreich 1871-1890*, Paderborn/München/Wien/Zürich: F. Schöningh 2009.

Baumgart, Winfried, *Europäisches Konzert und nationale Bewegung. Internationale Beziehungen 1830-1878*, Paderborn/München/Wien/Zürich: F. Schöningh 1999.

Becker, Karl Erich (Hrsg.), *Bismarck-Bibliographie. Quellen und Literatur zur Geschichte Bismarcks und seiner Zeit*, Köln/Berlin: Grote 1966.

Bußmsnn, Walter, *Das Zeitalter Bismarcks 1852-1890 (Handbuch der Deutschen Geschichte, III/2)*, Frankfurt (M): Akademische Verlagsgesellschaft Athenaion 1968.

Canis, Konrad, *Bismarcks Außenpolitik 1870 bis 1890*, Paderborn/München/ Wien/Zürich: F. Schöningh 2004.

Dehio, Ludwig, "Ranke und der deutsche Imperialismus", in *Historische Zeitschrift* 170 (1950), 307-328.

Gall, Lothar (Hrsg.), *Das Bismarck-Problem in der Geschichtsschreibung nach 1945*, Köln/Berlin: Kiepenheuer & Witsch 1971.

Gerwarth, Robert, *The Bismarck Myth. Weimar Germany and the Legacy of the Iron Chancellor*, Oxford: Oxford University Press 2005.

Grypa, Dietmar, *Der Diplomatische Dienst des Königreichs Preußen (1815-1866). Institutioneller Aufbau und soziale Zusammensetzung*, Berlin: Duncker & Humblot 2008.

Hampe, Karl-Alexander, "Neues zum Kissinger Diktat Bismarcks von 1877", in *Historiches Jahrbuch* 108 (1988), 204-212.

Heidenreich, Bernd/Kraus, Hans-Christof/Kroll, Frank-Lothar (Hrsg.), *Bismarck und die Duetschen*, Berlin: Berliner Wissenschafts-Verlag 2005.

Hildebrand, Klaus, *Deutsche Außenpolitik 1871-1918 (EDG)*, München: R. Ordenbourg 2008.

Hildebrand, Klaus, *Das vergangene Reich. Deutsche Außenpolitik von Bismarck bis Hitler 1871-1945*, Stuttgart: Deutsche Verlags-Anstalt 1996.

Hillgruber, Andreas, *Bismarcks Außenpolitik*, Freiburg: Rombach 1972.

Huber, Ernst Rudolf, *Deutsche Verfassungsgeschichte seit 1789*, 8 Bde., Stuttgart: W. Kohlhammer 1957-90.

Kaernbach, Andreas, *Bismarcks Konzepte zur Reform des Deutschen Bundes*, Göttingen: Vandenhoeck & Ruprecht 1991.

Kohl, Horst, *Bismarck-Regesten*, 2 Bde., Leipzig: Rengersche Buchhandlung 1891-92.

Kumpf-Korfes, Sigrid, *Bismarcks "Draht nach Rußland", Zum Problem der sozial-ökonomischen Hintergründe der russisch-deutschen Entfremdung im Zeitraum von 1878 bis 1891*, Berlin (Ost): Akademie-Verlag 1968.

Lappenküper, Ulrich, *Die Mission Radowitz. Untersuchungen zur Rußlandpolitik Otto von Bismarcks (1871-1875)*, Göttingen: Vandenhoeck & Ruprecht 1990.

Lenz, Max, *Geschichte Bismarcks*, München: Duncker & Humblot 1913.

Meyer, Arnold Oskar, *Bismarcks Kampf mit Österreich 1851-1859*, Berlin/Leipzig: K. F. Koeler 1927.

Mommsen, Wilhelm, "Zur Beruteilung der Deutschen Einheitsbewegung", in *Historische Zeitschrift* 138 (1928), 523-543.

Nipperdey, Thomas, *Deutsche Geschichte 1815-1866*, München: C. H. Beck 1998.

Nipperdey, Thomas, *Deutsche Geschichte 1866-1918*, 2 Bde., München: C. H. Beck 1998.

Noack, Ulrich, *Bismarcks Friedenspolitik und das Problem des deutschen Machtverfalls*, Leipzig: Quelle & Meyer 1928.

Orloff, Nikolai, *Bismarck und die Fürstin Orloff. Ein Idyll in der hohen Politik*, München: C. H. Beck 1936.

Pröve, Ralf, *Miltär, Staat und Gesellschaft im 19. Jahrhundert (EDG)*, München: R. Ordenbourg 2006. 阪口修平 監譯, 丸畠宏太・鈴木直志 譯, 『19世紀ドイツの軍隊・國

家·社會』(創元社, 2010).

Riehl, Axel T. G., Der "*Tanz um der Äquator*". *Bismarck antienglische Kolonialpolitik und die Erwartung des Thronwechsels in Deutschland 1883 bis 1885*, Berlin: Duncker & Humblot 1993.

Sempell, Charlotte, "Unbekannte Briefstellen Bismarcks", in *Historische Zeitschrift* 207 (1968), 609-616.

Stern, Fritz, *Gold and Iron. Bismarck, Bleichröder, and the Building of the German Empire*, London: George Allen & Unwin 1977.

Studt, Christoph, *Lothar Bucher (1817-1892). Ein politisches Leben zwischen Revolution und Staatsdienst*, Göttingen: Vandenhoeck & Ruprecht 1992.

Thies, Jochen, *Die Bismarcks. Eine deutsche Dynastie*, München/Zürich: Piper 2013.

Ullmann, Hans-Peter, *Politik im deutschen Kaiserreich 1871-1918 (EDG)*, München: R. Oldenbourg 1999.

Wehler, Hans-Ulrich, *Bismarck und der Imperialismus*, Köln: Kiepenheuer & Witsch 1969.

Wehler, Hans-Ulrich, *Das Deutsche Kaiserreich 1871-1918*, Göttingen: Vandenhoeck & Ruprecht 1973. 大野英二·肥前榮一 譯, 『ドイツ帝國 1871-1918年』(未來社, 1983).

Wertheimer, Eduard von, *Bismarck im politischen Kampf*, Berlin: R. Hobbing 1930.

Winckler, Martin, *Bismarcks Bündnispolitik und das europäische Gleichgewicht*, Stuttgart: W. Kohlhammer 1964.

Windelband, Wolfgang, "Die Einheitlichkeit von Bismarcks Außenpolitik seit 1871", in idem, *Gestalten und Probleme der Außenpolitik, Reden und Aufsätze zu vier Jahrhunderten*, Berlin/Essen/Leipzig: Essener Verlagsanstalt 1937, 127-155.

Winderlband, Wolfgang, *Bismarck und die europäischen Großmächte 1879-1885*, Essen: Essener Verlagsanstalt 1940.

Wolter, Heinz, *Bismarcks Außenpolitik 1871-1881*, Berlin(Ost): Akademie-Verlag 1983.

일본어 문헌

飯田洋介. 2010.『ビスマルクと大英帝國: 傳統的外交手法の可能性と限界』. 勁草書房.

飯田芳弘. 2013. 『想像のドイツ帝國: 統一の時代における國民形成と聯邦國家建設』. 東京大學出版會.

大内宏一. 2014.『ビスマルク時代のドイツ自由主義』. 彩流社.

鹿島守之助. 1971[1939].『ビスマルクの平和政策』日本外交史別卷1. 鹿島研究所出版會.

木谷勤, 1977.『ドイツ第2帝制史研究: '上からの革命'から帝國主義へ』. 青木書店.

君塚直隆, 2010.『近代ヨーロッパ國際政治史』. 有斐閣.

木村靖二 編. 2001.『ドイツ史』最新世界各國史13. 山川出版社.

葛谷彩. 2005. 『20世紀ドイツの國際政治思想: 文明論・リアリズム・グローバリゼーション』. 南窓社.

坂井榮八郎. 2003.『ドイツ史10講』. 岩波新書.

田中友次郎. 1984.『ビスマルクの研究』. 出版東京.

田中直吉. 1940.『獨逸外交史論』第1卷. 立命館出版部.

成瀬治・山田欣吾・木村靖二 編. 1996-97.『ドイツ史』世界歷史大系全3卷. 山川出版社.

林健太郎. 1977.『ドイツ史研究』. 東京大學出版會.

細谷雄一. 2012.『國際秩序: 18世紀ヨーロッパから21世紀アジアへ』. 中公新書.

益田實・小川浩之 編著. 2013.『歐米政治外交史 1871~2012』. ミネルヴァ書房.

松本佐保. 2013.『バチカン近現代史: ローマたちの'近代'との格闘』. 中公新書.

三宅正樹・石律朋之・新谷卓・中島浩貴 編著. 2011.『ドイツ史と戰爭: '軍事史'と'戰爭史'』. 彩流社.

望田幸男. 1979.『ドイツ統一戰爭: ビスマルクとモルトケ』. 教育社歷史新書.

주요 도판 출전

Otto-von-Bismarck-Stiftung, Friedrichsruh. ii, 23, 151, 215, 221

Politisches Archiv des Auswärtigen Amtes, R. 11674. 143

E. Engelberg, *Bismarck. Urpreuße und Reichsgründer*, Berlin: Siedler 1998. 29, 71

L. Gall/K.-H. Jürgens, *Bismarck. Lebensbilder, Bergisch Gladbach*: G. Lübbe 1990. 23, 85, 165, 221

지은이 소개

이이다 요스케(飯田洋介)

이바라키현(茨城縣) 출생

와세다대학(早稻田大學) 제1문학부 졸업

와세다대학 대학원 문학연구과 박사과정 수료, 문학 박사

와세다대학 문학학술원(文學學術院) 조수(助手) 역임

오카야마대학(岡山大學) 대학원 교육학연구과 준교수 등 역임

현재 고마자와대학(駒澤大學) 문학부 역사학과 교수(전공 분야: 독일 근현대사·외교사)

저서: 『비스마르크와 대영제국: 전통적 외교수법의 가능성과 한계(ビスマルクと大英帝国: 傳統的外交手法の可能性と限界)』(2010), 『유럽 엘리트 지배와 정치문화(ヨーロッパ・エリート支配と政治文化)』(공저, 2010), 『구미 정치외교사, 1871~2012(欧米政治外交史: 1871~2012)』(공저, 2013), 『교양 독일 현대사(教養のドイツ現代史)』(공저, 2016), 『독일의 역사를 알기 위한 50장(ドイツの歴史を知るための50章)』, Der Wiener Frieden 1864: Ein deutsches, europäisches und globales Ereignis (공저, 2016), 『역사 속의 독일 외교(歴史のなかのドイツ外交)』(공저, 2019), 『독일문화사전(ドイツ文化事典)』(공저, 2020), 『글로벌 역사로서의 독일·프랑스 전쟁: 비스마르크 외교를 바다로부터 다시 파악하기(グローバル・ヒストリーとしての独仏戦争: ビスマルク外交を海から捉えなおす)』(2021) 외

옮긴이 소개

이용빈

인도 국방연구원(IDSA) 객원연구원 역임

일독협회(日獨協會, JDG) '독일어 연수 과정' 수료

미국 하버드대학 HPAIR 연례 학술회의 참석(외교 분과)

이스라엘 국회, 미국 국무부, 미국 해군사관학교 초청 방문

러시아 모스크바 국립 국제관계대학(МГИМО) 학술 방문

홍콩국제문제연구소 연구원

저서: *East by Mid-East* (공저, 2013) 외

역서: 『슈퍼리치 패밀리: 로스차일드 250년 부의 비밀』(2011), 『중국의 당과 국가: 정치체제의
　　　궤적』(2012), 『김정은 체제: 북한의 권력구조와 후계』(공역, 2012), 『중국 외교 150년사』
　　　(2012), 『시리아: 아사드 정권의 40년사』(2012), 『현대 중국정치』(제3판, 2013), 『러시아
　　　의 논리』(2013), 『중국법의 역사와 현재』(2013), 『이란과 미국: 이란 핵 위기와 중동 국제
　　　정치의 최전선』(2014), 『북한과 중국』(공역, 2014), 『중국과 일본의 대립』(2014), 『중국인
　　　민해방군의 실력: 구조와 현실』(2015), 『망국의 일본 안보정책』(2015), 『현대 중국의 정치
　　　와 관료제』(2016), 『이슬람의 비극』(2017), 『홍콩의 정치와 민주주의』(2019), 『푸틴과 G8
　　　의 종언』(2019), 『미국의 제재 외교』(2021), 『美中 신냉전?: 코로나19 이후의 국제관계』
　　　(2021), 『이스라엘의 안보 네트워크』(근간) 외

비스마르크
독일 제국을 구축한 정치외교술

지은이 | 이이다 요스케
옮긴이 | 이용빈
펴낸이 | 김종수
펴낸곳 | 한울엠플러스(주)
편집 | 배소영

초판 1쇄 인쇄 | 2022년 6월 23일
초판 1쇄 발행 | 2022년 6월 30일

주소 | 10881 경기도 파주시 광인사길 153 한울시소빌딩 3층
전화 | 031-955-0655
팩스 | 031-955-0656
홈페이지 | www.hanulmplus.kr
등록 | 제406-2015-000143호

Printed in Korea.
ISBN 978-89-460-8188-8 03920

이규하 교수 논문집
원로 역사학자의 독일 현대사 연구

• 이규하 지음
• 2018년 12월 31일 발행 ㅣ 신국판 ㅣ 320면

원로 역사학자의 독일 현대사 고찰

히틀러와 제2차 세계대전을 중심으로 독일 역사를 아우르다

히틀러와 제2차 세계대전을 중심으로 독일의 현대 역사를 살펴본다. 전쟁을 화두로 독일 내 역사적 흐름은 물론, 당시 독일과 여러 가지 이해관계가 얽혀 있던 미국, 영국, 일본, 중국, 러시아와의 관계를 짚는다. 각 장에서는 히틀러와 제2차 세계대전과의 관계, 동·서독 분단이 이루어지는 과정, 동독의 붕괴를 가져온 체제의 구조적 결함, 한국전쟁 발발과 서독의 재무장 정책, 러일전쟁과 이후 양국 간 관계, 영일동맹과 그 영향에 대해 알아본다. 독일 격동기의 역사와 정치를 다각적으로 조망한 뒤 부록에서 독일의 역사주의 철학을 소개하며 마무리한다.

독일 대통령 요아힘 가우크 회고록
동독의 민주화와 통일운동을 증언하다

- 요아힘 가우크 지음 ㅣ 손규태 옮김
- 2018년 3월 26일 발행 ㅣ 신국판 ㅣ 376면

자유와 민주화를 갈망한 독일의 넬슨 만델라
억압 속에서도 민주주의에 대한 신념을 고수한 자유주의자

　　요아힘 가우크는 동독 출신 정치인으로, 동독 시절 조그마한 마을의 목사였다가 독일이 통일된
후 대통령에까지 오른 인물이다. 내각제 국가인 독일에서는 총리가 실질적인 권한을 갖고 있긴 하
지만, 총리를 견제하는 권한을 가진 대통령의 역할 또한 매우 중요하다. 이런 대통령직에 동독 출
신으로서 자유주의자이자 무당파라 할 수 있는 가우크가 모든 정당의 고른 지지를 받아 선출된 것
은 눈여겨볼 일이다. 우리나라로 치면 남북이 통일된 후 북한 출신의 정치가가 대통령 후보로 나
와 남북한 모든 정당과 국민의 지지를 받고서 당선된 것이나 마찬가지라 할 수 있기 때문이다. 가
우크가 사람들로부터 고루 인정을 받을 수 있었던 것은 그가 일생을 통해 보여준 행적과 깊은 관
련이 있다.

독일의 사회통합과 새로운 위험

한독사회학자들의 눈으로 본 독일 사회

- 홍찬숙·차명제·전태국·이종희·이승협·노진철·김주일 지음
- 2017년 12월 14일 발행 | 신국판 | 416면

독일의 성공 뒤에 매달린 문제들, #난민 #극우주의 #소득 양극화
독일은 또 어떻게 문제를 극복할 것인가

독일에서 사회학을 공부한 한국 사회학자들이 독일의 사회통합 과정과 아직 남아 있는 과제들을 살펴본다. 평화통일과 더불어 제2차 세계대전 전범국 이미지에서도 벗어난 독일은 현재 정치·경제·사회·문화 등 지표에서 세계 최고 수준을 기록하고 있다. 그럼에도 독일 사회 내부에는 난민 쇄도, 소득 양극화, 극우주의 득세, 불안정한 노동시장, 핵 위험 등 해결해야 할 과제들이 많이 남아 있다. 이 책은 독일의 사회국가적 성공에 대한 막연한 동경에서 벗어나 객관적·실증적 데이터를 바탕으로 독일 사회통합의 명과 암을 들추어낸다. 시민사회, 다문화 경험, 노동시장, 탈핵, 대마 합법화 등 독일의 다양한 사회적 경험을 객관적으로 살펴보는 과정은 한국 사회에 산적해 있는 사회통합 과제를 풀 수 있는 힌트를 마련해줄 것이다.

한국 외교관이 만난 독일모델

MODELL DEUTSCHLAND

- 장시정 지음
- 2017년 9월 1일 발행 ∣ 신국판 ∣ 720면
- 2018년 세종도서 교양부문

독일과 오스트리아에서 10년 이상 외교관으로 활동한 저자의
관찰과 경험이 녹아 있는 독일모델에 대한 거시적 통찰

이 책은 독일모델에 관한 것이다. 독일 사회 전반에 걸쳐 나타나는 패턴적 현상을 관찰하고 찾았다. 연방제, 합의제 의회정치, 법치주의, 사회국가, 사회적 시장경제, 균형재정, 미텔슈탄트, 공동결정제, 지식과 교육, 듀얼시스템, 에너지 전환 같은 제도적 현상을 소개하고 한자정신, 종교개혁 등 전통과 신성로마제국으로부터 바이마르공화국과 히틀러의 제3제국을 거쳐 전후 과거사 극복과정 그리고 통일 후 두 번의 경제기적을 이룩하기까지의 역사적 발전과정이 이러한 제도적 현상에 어떻게 연관되어 있는지를 밝히고자 시도했다. 독일의 정치, 경제, 역사, 사회와 그것을 관통하는 연성적 요소 등 결국 독일의 모든 것에 관한 이야기이지만, 독일에 대하여 좀 더 진지하게 알고자 하는 독자들이라면 결코 무료하지는 않을 것이다. 아울러 이 책의 전반에 걸쳐 간간히 수록된 저자의 외교관 생활로부터 경험한 에피소드들은 독자들이 이 책의 무거운 주제에도 불구하고 결코 무겁지 않게 이 책을 접근하도록 도와줄 것이다.

독일 사회민주당 150년의 역사

* 베른트 파울렌바흐 지음 | 이진모 옮김
* 2017년 5월 1일 발행 | 신국판 | 224면

연대와 협치, 투쟁과 저항으로 이뤄낸 유럽 최장의 정당사

　독일 사회민주당은 유럽에서 가장 전통이 깊은 정당 가운데 하나이다. 19세기 중반부터 지금에 이르기까지 유럽사에서 중요하게 대두한 문제 대부분이 독일 사민당의 역사 속에 녹아 있다. 그중 자본주의 발달에 따른 자본가와 노동자의 갈등은 지금까지 사민당이 집중해온 문제였으며 그들의 역사는 이를 해결하기 위한 노력이었다고 평가해도 과언이 아니다. 저자는 독일사의 정체성, 사회민주주의 노동운동과 노동자문화 등을 집중적으로 연구해온 현대사가이다. 사민당의 과거사 정책을 담당하면서 서독의 탈나치화에 큰 영향을 끼쳤던 그의 시각으로 사민당의 역사를 바라본 이 책은 현재 독일 정치와 노동 현실을 이해하는 데 큰 도움이 될 것이다.